幼儿园教研活动设计与实施

——实践指导手册

（第二版）

莫源秋 等◎著

中国轻工业出版社

图书在版编目（CIP）数据

幼儿园教研活动设计与实施：实践指导手册／莫源秋等著. —2版. —北京：中国轻工业出版社，2022.3（2025.5重印）

ISBN 978-7-5184-3783-2

Ⅰ. ①幼…　Ⅱ. ①莫…　Ⅲ. ①幼儿园－教学活动－教学设计　Ⅳ. ①G612

中国版本图书馆CIP数据核字（2021）第263608号

责任编辑：吴　红　　责任终审：高惠京
策划编辑：吴　红　　责任校对：刘志颖　　责任监印：吴维斌

出版发行：中国轻工业出版社（北京鲁谷东街5号，邮编：100040）
印　　刷：三河市鑫金马印装有限公司
经　　销：各地新华书店
版　　次：2025年5月第2版第5次印刷
开　　本：787×1092　1/16　印张：16
字　　数：180千字
印　　数：16001—18000
书　　号：ISBN 978-7-5184-3783-2　定价：58.00元
读者热线：010-65181109
发行电话：010-85119832　010-85119912
网　　址：http://www.chlip.com.cn　http://www.wqedu.com
电子信箱：1012305542@qq.com

如发现图书残缺请拨打读者热线联系调换
250558Y1C205ZBW

第二版前言

《幼儿园教研活动设计与实施》自2014年出版发行，7年来重印了10次，说明它获得了同行们的认可。在此我对同行们的关注和认可表示由衷的感谢！

本次修订《幼儿园教研活动设计与实施》的主要目的是想让本书更具有实践指导性和可操作性，因此增加了副标题“实践指导手册”。本次修订的主要任务是对第一、二、三、四章的内容和体系进行全面的修订。

第一章增加了“幼儿园教研活动的内容”“幼儿园教研活动的主要类型”“幼儿园教研活动中的角色与扮演”，目的是让读者明确在幼儿园教研活动中作为园长或普通教师应该做什么、应该具备哪些教研素质，让大家明确自己在教研素质提高方面的方向，今后能更加胜任教研工作，并从中得到专业发展。

在第二章的“幼儿园教研活动设计的程序与规范”部分，我增加了“可供参考的教研问题”，为大家提供了130多个涉及幼儿园教育工作不同方面的教研问题。这些问题是我从自己的视角发现的，不一定适合每位教师和每所幼儿园去做真实的探讨，但我期待这些参考问题能打开大家对教研活动选题的思路。当然，我更希望这其中的某些问题或某个问题能真正成为各位教师和各所幼儿园的教研活动选题，因为这些问题是我对幼儿园教育的思考，更是我对幼儿园教育的期待——如果哪位教师或哪所幼儿园选择了我提出的参考问题作为自己或本园的教研活动选题，那么我愿意为大家提供我的思考和建议。大家可以通过“秋风幼教”公众微信号（gxmyq2288）与我取得联系，我一定不遗余力地为大家贡献我的专业智慧。

在此次修订中，我重构了第二、三、四章的“幼儿园教研活动设计的原则”“幼儿园教研活动实施的原则”“幼儿园教研活动评价的原则”等部分的内容，将原来比较笼统的写法变成“理由＋落实”的写法，目的是让大家在明白该原则的含义及相关原理后，知道在实践中如何去操作执行，让各项原则在表述上更加靠近“手册”的意蕴。

在第三章的“幼儿园常见教研活动类型与实施技巧”部分，我增加了“同课异构”“会诊式教研活动”“六顶反思帽法”“小纸条法”等内容，让教研活动在类型上更加全面，在操作上更加精细、实用，特别强调各种教研活动类型的操作流程与标准。比如，在“小纸条法”中就介绍了这种教研活动的流程：写条→换条→亮条→解条→展条。而流程中各环节的目的如下：

- “写条”是将自己的观点进行阐释，即自我反思；
- “换条”是了解他人的想法，即换位反思；
- “亮条”是对观点的呈现；
- “解条”是对别人观点的理解与反思，即对理念与行为的构建；
- “展条”是将研讨结果公布出来，促使教师更深入地反思，形成多元互动。

我对第五章和第六章的部分内容也做了修订，使其更加切合当前的幼儿园教研需求。

期待《幼儿园教研活动设计与实施》（第二版）在幼儿园教研活动方面能给大家更多的理论指导，更期待本书能给大家更多的教研活动操作层面的指导。

再次感谢大家对本书的关注！

莫源秋

2021年9月

第一版前言

近年来，“研究者”“研究型幼儿园教师”逐渐成为许多幼儿园教师热衷追求的一种职业理想，或者说“成为研究者”“成为研究型幼儿园教师”成了幼儿教育界的一种时髦口号。为此“人人都有研究课题”成了时下评价幼儿园及其教师业务素质的一个十分重要的指标，“做课题研究”成了许多幼儿园对其教师工作的一项基本要求，许多幼儿园还将“科研成绩”当作年终评奖的重要依据，许多幼儿园及其教师在不断地向外炫耀他们正在开展“国家级课题 ××× 研究”“省级课题 ××× 研究”……

我认为，如果这些所谓的研究与当前幼儿园面临的保教问题无关，那么它们是没有必要的，因为幼儿园教师成为“研究者”，其应有之义是“教师要形成研究的习惯，教师要以其工作及其工作对象作为研究对象，研究成为其工作和生活的一部分，其研究是为了改善保教工作和提高工作效率”。

幼儿园教师所进行的教研活动必须与其具体的保教工作紧密结合，它必须是基于保教实际工作需要的研究——“在保教工作中，通过保教工作，为了保教工作”，其主要目的是解决保教工作中遇到的问题，寻求真实的答案或改进性的措施。

幼儿园教研活动就是幼儿园教师将教研活动与其具体的保教工作紧密结合的一种有效方式。它旨在提高幼儿园保教工作的效率，着力于解决幼儿园教师保教工作所面临的实际问题，进而提高其工作的胜任感和幸福感——若真能这样，对幼儿园教师而言，就从别人“叫我成为‘研究者’”变成“我”发自内心地“要成为‘研究者’”。

当前许多幼儿园教师对“研究工作”十分抵触和厌倦，其根本原因就在于这些所谓的“研究工作”远离了幼儿园工作的实际需要，大家从“研究工作”中没有得到任何真实的“好处”——它对改进工作不仅没有任何帮助，反而增加了教师的工作负担。

幼儿园教师不是专业研究工作者，他们工作的核心就是将幼儿带好。我们坚决反对不顾幼儿园教师的保教工作实际需要去要求他们进行所谓的研究。幼儿园教师的教研活动必须围绕如何“带好幼儿”这一核心，必须为这一核心工作服务，而不应让幼儿园教师过多地“分心”。

本书试图阐明幼儿园教研活动的性质、特点、目的及意义，强调从解决幼儿园保教工作实际面临的问题出发，有效地开展各种形式的教研活动，让幼儿园教师从中得到“好处”——解决实际问题，提高专业能力，让工作变得更加轻松，增强职业幸福感。

本书各章节的作者为：广西幼儿师范高等专科学校莫源秋（第一、二、四、六章），莫源秋和河南省开封市教研室刘振民（第三章），广西大学第二幼儿园刘利红和莫源秋（第五章），广西田东县第一幼儿园张艳（第五章的园本教研案例1），广西教育厅幼儿园张文莉（第五章的园本教研案例2）。全书由莫源秋统稿、审稿和定稿。

由衷地希望教研活动成为每位幼儿园教师发自内心向往的一种活动！

莫源秋

2014年2月

目　录

第一章

幼儿园教研活动的概述

教研活动是提高幼儿园保教工作质量和效率，促进幼儿园教师专业成长的重要手段。了解幼儿园教研活动的定义、特点、意义、目的、目标、任务、内容和主要类型，教研活动中的角色与扮演等，对于我们更好地设计和组织幼儿园教研活动有着十分重要的意义。

一、幼儿园教研活动的定义

幼儿园教研活动是指组织幼儿园教师[1]参加的，以幼儿园教师在幼儿园保教工作过程中所面对的具体的保育和教育问题以及在幼儿园家长工作过程中面临的问题为研究对象，以直接提高保教工作、家长工作效率和促进幼儿园教师专业发展为目的的教育研究活动。

幼儿园教研活动是教育研究活动，不是就事论事的事务性活动，它是一项带有研究性的活动，应该有所探索、有所发现。如，某幼儿园根据本园特色建设的需要，持续地组织全园教师研究“如何组织好艺术领域的教育活动”——他们研究的内容有“艺术特色的教育目标”“艺术特色的教育内容”“艺术特色的教育组织形式”“艺术特色的教育环境”“艺术特色的教师素质”等，他们的研究就属于教研活动。而某些幼儿园领导请一些专家来给本园教师做报告，或者每学期检查各班的教育教学常规，或者让教师学习某个幼儿园教育政策文件或某种幼儿园教育理论等，由于这些活动缺乏实质性研究（没有研究的真问题、没有研究的目的、没有研究的过程），就不能称之为教研活动。

[1] 本书中的“幼儿园教师”包括幼儿园里的教师和保育员。保育员也是教育工作者，是幼儿园教师中的一员。

幼儿园开展“优质课[1]”比赛，或者组织“班级环境创设比赛”等，这类活动只是用一个标准来评价，对评选者和被评者都没有一个研究过程，因此，它们都不能算是教研活动。但若是对“优质课”评价标准进行研究，那么性质就不一样了。如，对体育游戏活动应从哪几个方面进行评价，是用等级表示还是用分值表示，幼儿园教师可以找几份标准在实际工作中使用，比较其利弊，最后认定并修订某一标准，将其作为本园使用的评价标准。这个过程即研究过程，这样的活动便是教研活动，这项工作便属于教研工作。

保育员、教师是参加教研活动的主体，教研活动是组织教师参加的业务学习活动，保育员和教师都有参加的权利，也有参加的义务。

幼儿园教研活动的主要目的是直接提高保教工作和家长工作效率。如，教师研究了幼儿的生活常规，使其更加合理，幼儿生活常规工作马上就有改善——更有利于幼儿的发展，更有利于提高保教工作效率，这就是教研活动的直接效果。

二、幼儿园教研活动的特点

了解幼儿园教研活动的特点，不仅对幼儿园选择教研活动项目、明确教研活动目标和设计教研活动方案有着十分重要的意义，而且对于幼儿园教研活动的管理工作也有重要的指导意义。研究表明，幼儿园教研活动具有以下五个特点。

（一）参与人员的全体性

参与教研活动是幼儿园教师的权利、责任和义务。幼儿园教研活动具有全员性。幼儿园里的所有人员都应该参与本园的教研活动。

各个年龄段的幼儿园教师都需要参加本园的教研活动——不管是青年教师，还是中老年教师，都不能例外。不要认为只有青年教师才需要参加教研活动，其实，中老年教师一样需要在教研活动中提高自己的业务水平。

各种水平的幼儿园教师都需要参加本园的教研活动——不管是保教工作水平

[1] 本书中的“课”是指幼儿园里的“教育活动”，而非“教师讲和幼儿听”的课。

低的幼儿园教师，还是保教水平高的幼儿园教师，都需要参加幼儿园教研活动。不要认为，只有专业水平低的幼儿园教师才需要参加教研活动。其实，幼儿园教研活动是一项旨在促进不同专业水平的教师在专业上都得到相应发展的工作。专业水平低的教师和专业水平高的教师都需要在教研活动中提高自己的保教工作水平。专业水平高的教师在教研活动中还可以给其他教师提供专业引领，加速其他教师的专业发展。幼儿园还应该为专业水平高的教师设计相应的教研活动，以确保他们的专业水平在教研活动中也得到不断的提高。

幼儿园各岗位的人员都需要参加本园的教研活动——无论是幼儿园教师，还是幼儿园管理者或者保育员，都需要参加幼儿园教研活动，因为幼儿园里的所有工作人员都是教育工作者，都承担着教育的重任。不要认为，只有幼儿园教师才需要参加教研活动。其实，幼儿园管理者也需要参加幼儿园里的教研活动，因为教研活动是幼儿园管理者了解幼儿园教育的一种重要手段，而且他们也需要在教研活动中提高自己的幼儿教育专业素养，以便能更好地支持、引领幼儿园里其他工作人员的专业发展。保育员同样需要参加幼儿园教研活动，因为：幼儿园保育工作需要研究；保育工作过程中蕴含着教育机会，需要保教结合。不过，令人遗憾的是，保育员极少有机会参与教研活动，其主要原因如下。

- 幼儿园里没有适合保育员参加的教研活动。
- 幼儿园管理者将幼儿园看作纯粹的教育机构，认为保育工作无足轻重，因此他们只重视教学研究，而不重视甚至忽视保育工作研究。
- 幼儿园管理者将保育员仅仅看作幼儿生活的照顾者，他们认为照顾幼儿生活是一项很简单的工作，生活就是生活，与教育无关，因此保育员就没有必要参加教研活动。
- 幼儿园管理者认为保育工作很简单，没有什么值得研究的。

“保教并重”“保教结合”是幼儿园教育工作的基本原则，它体现着幼儿园教育工作的特殊性。仅仅重视研“教”而忽视研“保”，这是幼儿园研究工作的一大误区。为了更好地促进幼儿的身心健康发展，“重教轻保”这一错误倾向必须得到修正。

（二）“保研”“教研”“家研”并重

“保教结合”“保教并重”是幼儿园教育的一个重要特点，保育工作和教育工作都应该成为幼儿园教研活动研究的对象。但许多幼儿园及其教师存在“重教轻保”的观念，保育工作没有受到足够的重视，导致许多幼儿园的教研活动仅仅将教育工作作为教研的对象。

幼儿园保育工作中存在的问题并不少，并且它严重地影响幼儿的健康与成长。比如，“如何让幼儿过上有规律的、健康的生活”这一问题就很值得研究，其中包括幼儿在幼儿园“憋大便”、幼儿食欲不好导致教师“塞饭”等问题。“吃好”“睡好”“‘拉’好”对许多在园学习和生活的幼儿来说简直是一种奢望——在幼儿园里，许多孩子没有饿的感觉也得吃饭，不想吃、吃得慢又会挨教师的批评；许多孩子还没有睡意就要上床睡觉，在床上睡不着觉又要挨教师的批评；还有许多孩子放学后急迫地要赶回家上厕所，如果某一天家长来得稍晚一点儿，不少孩子忍不住就会拉在裤子里，结果又要挨教师的批评……这些问题存在的原因及解决的策略极少有教师去研究，而出了问题后教师却只会批评幼儿。教师只关注孩子的教育问题，极少去关注孩子的生活问题，但是，孩子们如果“吃不好”“睡不好”“‘拉’不好”，哪有心情去接受教师的所谓教育呢？！

幼儿园教研活动不应仅仅是教师的权利和义务，也应是保育员的权利和义务。“保教结合”是幼儿园教育的一个重要特点，教育中的保育需要研究，保育中的教育也需要研究，保育工作本身也值得研究。

幼儿园教师有两个服务对象——幼儿和家长。如何更好地服务于幼儿的成长需要研究，如何更好地服务于家长也同样需要研究。幼儿园家长工作做得好不好，直接关系到幼儿园教师能否体验到职业生活的幸福。研究表明，对于一般幼儿园教师而言，家长工作的难度远远超过幼儿教育工作的难度，因为职前教育时，幼儿园教师没有很好地接受过幼儿园家长工作知识技能方面的训练，工作后也很少接受这方面的训练。许多幼儿园教师离开幼儿园教育这个职业，不是因为幼儿太难教、太难管理，而是因为家长太难打交道、太难管理、太难教育。幼儿园家长工作问题，是幼儿园教师无法回避、需要直面的问题。因此“家研”工作，也应该是幼儿园教研活动的重要内容。

基于上述认识，为了方便表述，本书后面所提到的“幼儿园教研活动”“幼儿园教研工作”理所当然地包括“保研”“教研”“家研”三个方面的内容。在幼儿园教研活动语境里谈的“保教工作”，指幼儿园教师所从事的全部工作，它理所当然地涵盖“保育工作”“教育工作”“家长工作”三个方面的工作。

（三）实践性

以幼儿园教师为主体的幼儿园教研活动，其基本特点就是实践性，即“在保教工作中，通过保教工作，为了保教工作”。它具体体现在以下四个方面。

1．为保教工作而研究

幼儿园教研活动研究的问题来源于幼儿园教师的实践需要，幼儿园教研活动以解决幼儿园教师在保教工作中遇到的实际问题为目的，教研活动的结果是提高保教工作的科学性和合理性。

2．在保教工作中研究

在保教工作中研究，即将幼儿园教研活动与实际保教工作融为一体，在工作中研究，在研究中工作，参与教研活动的人就是应用教研活动成果的人。这样既可以避免“研究”与“工作”两张皮，又可以避免因“研究”与“工作”分离而增加教师的工作负担。

3．边行动边调整

幼儿园教研活动属于“行动研究”，研究者在保教工作过程中发现保教工作的问题，然后在相关理论指导下调整保教工作的方法和策略；之后又发现保教工作中的新问题，进而在相关理论指导下调整保教工作方法和策略……如此循环往复，不断发现新问题，不断改善工作方式和方法，从而不断地促进幼儿园保教工作质量和效率的提高。

4．重在解决保教工作中的实际问题

幼儿园教研活动最重要的目的不在于理论的建构，而在于解决保教工作中的

实际问题，在于改善幼儿园的保教工作。

那种单纯以论文发表数量或者获奖多少来评定幼儿园教研活动效果的做法是片面的，也是错误的，因为幼儿园保教工作的效果应该更多地体现在经过某项教研活动后，其实际工作有了哪些改善，幼儿得到了哪些更好的发展，教师的工作效率得到了哪些提高。

（四）针对性

幼儿园教研活动应该具有针对性，它所关注的是“自己的问题”，即它所研究和解决的问题是本园、本年级、本班、本人所面临的真实的保教工作问题。不同的幼儿园、不同的年级组或教育领域组、不同的教师，由于各自基础不同，所处的环境不同，工作中存在的问题也不一样，因此，不同的幼儿园、不同的年级组或教育领域组、不同的教师，其教研任务也应该有所不同。对于同一个幼儿园工作人员，由于在不同时期其工作面临的主要问题不一样，因此，其教研任务也是不一样的。

每所幼儿园都应该根据本园保教工作中存在的普遍问题，根据轻重缓急制订适合本园实际的教研计划。每个年级组或教育领域组也应该根据本组教师保教工作所面临的普遍问题制订相应的教研计划，比如，小班组第一学期主要研究如何让孩子更快地适应幼儿园的集体生活，大班组最后一个学期则研究如何帮助孩子顺利完成从幼儿园到小学的过渡，等等。

幼儿园教研任务，除了全园性的任务、年级组或教育领域组的研究任务外，还应该由教师个人根据自己所处的专业成长不同阶段所面临的不同问题及自己的专业成长需要，制订出有利于提高自己工作效率的个人教研计划，将教研活动与工作融为一体，在研究中不断地提高自己的专业素质，不断地提高自己的工作效率，从而更好地促进幼儿的发展。

幼儿园教研活动要避免“跟风式”教研。有些幼儿园的教研活动是：外面“‘兴’什么”，他们就在园内“‘研’什么”。比如，有些幼儿园管理者外出观摩学习后，就把看到的、听到的都带回来，然后在本园内实行一番蹩脚的、变味的“克隆”：今天研究“综合主题”，明天研究“方案教学”“主题网络”“多元智能”“体验教学”……这类教研活动的结果，只能是“捡了芝麻，丢了西瓜”，有时甚至可能把最适合自己的、最得心应手的东西丢了，而换来了时髦的、不适合自己的东西。

要真正开展好本园的教研活动，就必须弄清本园、本人的实际情况，弄清当前本园、本人保教工作中遇到的主要问题是什么，多研究和探讨用什么办法来解决，要灵活而不要偏激，任何教育模式都“只有最合适的，没有绝对最好的”。

（五）研究性

幼儿园教研活动应该具有研究性，它所要探寻的应该是“真问题”，即从相关文献中和通过访问相关人员都无法找到现成答案的问题，必须通过研究才能找到“答案”，教研活动的目的就是发现适合本园、本班条件且适合本人解决保教工作问题的最佳方法。[1]

三、幼儿园教研活动的意义

教研活动对幼儿园教师、对提高保教工作质量都有着十分重要的意义。

（一）教研活动是幼儿园保教工作的需要

不管你愿意还是不愿意，不管你意识到还是没意识到，保教工作有效、高效进行的前提条件都是要不断地进行有效的研究。其中主要原因有五个。

第一，幼儿园保教工作的对象不断地变化着。这一批幼儿与上一批幼儿，由于成长环境不同而有着不同的特点；即使是同一批幼儿，他们的发展也不断地受到各种因素的影响，而且这些影响因素也在不断地变化着。因此，要做到保教工作有效、高效，幼儿园教师就必须不断地研究幼儿以及影响幼儿发展的各种因素。

第二，幼儿园的教育活动资源情况随着社会的变化而不断地发生变化。如何利用社会所提供的教育新资源更加高效地促进幼儿的发展，也需要不断地通过教研活动来进行研究。

第三，幼儿园教师自身的专业素质、情绪情感状态、态度、价值观等也在不断

---

[1] 莫源秋．幼儿园教育研究新探［M］．南宁：广西人民出版社，2007：3-8，161-175．

地发展变化着。对此也要进行相应的研究，以找到相应的教育措施。

第四，要使他人的保教工作经验变成自己的有效、高效的保教工作行动，不能直接照搬、生搬硬套。这就要求幼儿园教师进行相应的教研，让他人的经验园本化、班本化、个体化。

第五，幼儿园教师要实现专业成长、形成自己独特的保教工作风格、提高保教工作效率，也同样需要不断地研究和解决自己在保教工作中所面临的真实问题。

（二）教研活动有助于高效解决幼儿园保教工作问题

幼儿园教研活动具有实用性，其实用性主要表现在它有助于解决幼儿园教师在保教工作中的真实问题，进而提高保教工作效率。它有助于解决的保教工作问题主要有两个方面。

第一，当前幼儿园保教工作中普遍存在的问题。比如：幼儿园保教工作如何与《3—6岁儿童学习与发展指南》的要求相结合？如何实现“以游戏为基本活动”？如何将“生活即课程”的理念贯穿于幼儿园一日生活的各个环节中？如何培养幼儿的自主性和责任感？如何确定各项教育活动的情感态度目标、行为目标和认知目标？如何在各项教育活动中实现情感态度目标、行为目标和认知目标并贯穿始终？

第二，保教工作中临时出现的教育教学问题、保育工作问题或家长工作问题。比如：教师提出的问题一个幼儿也回答不了，这时该如何应对？一个幼儿把大便拉在裤子里却不愿意告诉教师，这时教师怎么做更有利于这个幼儿的健康发展？

幼儿园教研活动是幼儿园教师将学习、研究与工作实践真正结合起来的专业活动。让幼儿园教师通过学习，用先进的幼儿园教育理念指导对当前幼儿园保教工作中碰到的真实问题进行深入的研究，做到保教实际工作与教研活动同步进行；通过教研活动，找出解决本园、本人保教工作问题的途径与方法；通过实践检验教研活动的成果是否适合保教工作的现实需要，从而较好地解决保教工作问题——这反映了“保教工作促进教研工作，教研工作又反哺保教工作”的教育理念。

（三）教研活动有利于促进教师的专业发展

幼儿园教师参与教研活动的间接意义在于：在参与中教育自己，在参与中提高自己，在参与中促进自己的发展。在教研活动中，幼儿园教师能较好地提高自己的保教工作能力、研究能力、问题意识和研究意识等。

教研活动是对幼儿园教师专业发展的基本规范。常规教研活动主要就是针对教师在日常保教工作中出现的各种问题进行研讨交流，对规范保教工作流程和明确保教工作规范要求是有促进作用的。教研活动涉及教育活动和生活活动的设计，还涉及教育活动和生活活动的组织与管理等细节，在参与者相互启发的过程中一次次地走向完善、走向成功。正是教研活动中的一次又一次参与研讨、观摩与展示，促进了幼儿园教师的发展。

此外，要进行教研活动，解决保教工作中的问题，教师不仅需要不断地学习有关的保教工作理论及其策略，还需要不断地思考与总结，而这些活动都有利于幼儿园教师的保教能力和专业理论水平的提高。进行教研活动，使幼儿园教师能够注意发现和分析保教工作中的各种问题，对原来的做法进行反思，并探索出解决问题的原则和方法，从而提高其对保教工作的研究能力。在教研活动过程中的研讨、总结、交流可以使教师开阔视野、增长见识，有利于幼儿园教师成为有思想、有教育智慧、有悟性的保教工作者。

（四）教研活动是团结教师、增强幼儿园凝聚力的有效途径

在维系幼儿园人心方面，奖金和命令等的作用是极其有限的，而且幼儿园所发的奖金是不太容易使教师得到满足的，即使奖金能使教师得到完全的满足，在满足之后教师的动力也会很快失去。

幼儿园教师是知识分子，应该更重视精神方面的追求。教研活动可以在一定程度上满足幼儿园教师在精神方面的需求——满足他们的交往需要、成就需要和自我实现的需要。

人与人之间感情的加深是需要条件的，比如，相互间有经常沟通的机会、有共处的机会等。而教研活动则可以使幼儿园管理者和教师拥有一个共同的奋斗目标——共同研究和解决幼儿园保教工作中存在的问题，管理者与教师因此有更多

共处、交往、交流的机会，容易使大家形成共同的兴趣和爱好，甚至形成共同的价值取向，这都有利于增进管理者和教师之间的感情，有利于增强幼儿园的凝聚力。当然，管理者还有其他一些和教师交往、交流的机会，比如聚餐、旅游、开展文体娱乐活动等，但这些都只是一时之举，而共同探讨保教工作问题则是随时随地都可以进行的，基本上不受资金等方面的限制。因此，教研活动对加深幼儿园管理者与教师之间的感情有着特殊的作用。

（五）教研活动有利于提高教师工作的兴趣和热情

苏联著名教育家苏霍姆林斯基曾说过：“如果你想让你的教师的劳动能够给教师带来一些乐趣，使天天上课不至于变成一种单调乏味的义务，那你就应该引导每一位教师走上从事教育研究活动这条幸福的道路上来。”这话是很有道理的。

幼儿园保教工作表面上的平凡性、琐碎性和单调重复性往往使教师易于产生厌倦感和不安心理。而教研活动则能给教师看似平凡、单调的工作带来成就感、充实感和满足感。教研活动还会使幼儿园的保教工作变得充满挑战性和乐趣：只要去研究，就会发现幼儿园保教工作每天都有新的东西——幼儿是新的（包括幼儿的精神面貌、求知欲望、能力、行为、个性等），教学内容是新的，教学方法是新的，每天的收获也都是新的。如果对保教工作缺乏研究，保教工作就有可能变成一种单调、乏味的体力劳动。

园长应该在教师精神创造这个领域上下功夫，让教师过一种有主题的生活，每天都有所追求、有所思考、有所进步，努力把教师引导到研究保教工作这条幸福的道路上来，使教师真正把保教工作当作一项崇高的事业来追求。

（六）教研活动能够增强教师职业的价值感和尊严感

马克思在论及职业选择时曾写道：“能给人以尊严的只有这样的职业，在从事这种职业时，我们不是作为奴隶般的工具，而是在自己的领域内独立地进行创造。”虽然当前幼儿园教师不是作为“奴隶般的工具”在工作，但就整体状态来看，幼儿园教师队伍中的大多数人恐怕还未达到“在自己的领域内独立地进行创造”的水平。而教研活动则会给教师的创造提供机会和可能。通过教研，教师发现问题并提出解决问题的新方法、新思路，这本身就是一种创造。通过教研进行创造并培养具有创造精神和能力的人，将提升教师的价值与尊严，也将最终提升教师的专业地位。

幼儿园教师不应满足于“燃烧了自己，照亮了别人”的蜡烛精神，不应满足于只做一名“教书匠”，而要把幼儿园保教工作当作一项研究性工作来做，不断地有所创造，既要做蜡烛，也要做太阳，在点燃别人智慧火花的同时，也显示出自己的光彩。

四、幼儿园教研活动的目的

幼儿园教研活动的目的是幼儿园教研活动设计与组织的出发点与归宿，对设计和组织幼儿园教研活动具有指导性意义。幼儿园教研活动的目的一般分为两类：直接目的和间接目的。

（一）直接目的：提高保教工作效率

进行幼儿园教研活动的最直接的目的就是解决幼儿园保教工作中的问题，就是促进保教工作效率的提高——以较少的投入取得较好的工作效果。

保教工作效率 = 保教工作效果 ÷ 保教工作的投入

对于上述保教工作效率公式，我们可以做如下三点解读。

第一，要从整体上来看保教工作效果。单项效果好，整体效果不一定好。比如，经过教研活动后在知识传授方面的教学效果很不错，而在培养幼儿良好的情感态度方面效果却很差，进而导致总体效果差，因为培养幼儿良好的情感态度更重要。

第二，要从整体上来看保教工作的投入。比如，我们在进行集体教学的教研时，不要盲目追求在最短的时间内获得最大的教育效果（幼儿获得的知识技能最多、积极的情感态度变化最大），因为“时间”只是众多投入中的一种，时间投入少了，而其他投入（如人力、物力、财力等）可能增加了。在投入方面要有一个整体平衡的观念，不要只从一个方面去看投入。我们要反对为了减少某一方面的付出而不计其他方面的付出去突出教研活动效果的倾向，因为如此顾此失彼的做法是十分低效的。

第三，要从整体上来看教研活动后的保教工作效率。评价保教工作效率要看教研活动后保教工作的整体效果与保教工作整体投入的比率，保教工作效率与保教工作整体效果成正比，与保教工作整体投入成反比。

幼儿园教研活动应该是“效率优先”，而不应该是“效果优先”。评价教研活动后的保教工作效率，不能只看效果，不看投入——有些教研活动后的保教工作效果很不错，但它的投入却是正常保教工作的很多倍，这种不顾成本地追求效果的做法也是我们要反对的。比如，一位幼儿园教师经过半个学期的充分准备后，向同行们展示了一节几乎完美无缺的观摩研讨课。同行们看了以后都说这节课上得真的太好了，无法挑出其任何缺点。而笔者却认为，这样的课虽然教学效果很好，但并非高水平的课，因为它的投入太多。为了这节课，不仅上课的教师忙了半个学期，同教研组的教师也为她忙了半个学期——和她一起“磨课”，一起准备上课的材料，一起布置上课的环境，一起制作上课的课件……

幼儿园教研活动的根本目的是提高保教工作效率，而不是为了创新。许多幼儿园在设计和开展教研活动时盲目追求创新，为创新而创新，而不考虑能否提高保教工作效率。在幼儿园教研活动中，我们反对“以改革为动力”“以创新为目的”这样的口号，因为所谓的“改革”和“创新”如果不是以效率的提高为前提，那么它们就都是自我折腾、劳民伤财。

幼儿园开展任何一项教研活动，都应考虑如何更好地提高保教工作效率。幼儿园教研活动的成果主要也体现在教研活动后保教工作效率得到了多大程度的提高。现实中存在这样一种误区：将相关论文的质量和数量当作评判教研活动水平的重要标准，甚至以写论文为教研活动的最重要的目的。笔者到许多幼儿园听教师介绍其教研活动成果时，听到更多的是教师在教研活动过程中写了多少篇论文，并且有多少篇论文获得了什么级别的奖励或者在什么级别的刊物上公开发表。

一所幼儿园的教研活动水平应该体现在教研活动后其保教工作得到了哪些改进，幼儿得到了哪些发展，而教研论文的多少并不一定直接影响保教工作效率的改变，因此，可以说教研论文并不是教研活动直接追求的一种结果，它仅仅是教研活动可能带来的一种“副产品”。

幼儿园教研活动以及经过研讨推出的观摩课，应该在更好地促进幼儿发展与减轻教师的负担两方面找到一个平衡点。笔者反对为了让幼儿学到更多的东西而不计成本地投入，无限地增加幼儿园教师的负担。这会使教师长期承受巨大的身心压力，不利于教师的身心健康，最终“促进幼儿更好地发展的目标”也将落空。[1]

如果大家在教研活动中都以效率为原则，不断地追求高效的幼儿园保教工作，那么，教师参与教研活动的热情将被进一步激发，教师将从教研活动中真正受益，将逐渐感受到工作的轻松愉快和教研活动的意义。

（二）间接目的：提高教师业务水平

幼儿园开展教研活动的直接目的是解决幼儿园保教工作中的问题，在研究和解决这些问题的过程中，必然会促使教师提高保教能力和研究保教工作的能力。因为在教研活动的过程中，为了解决实际工作中所面临的问题，幼儿园教师必然会去学习相关的幼儿教育理论，去探讨相关问题及其成因，从而解决保教工作中的实际问题，提高其工作效率。

提高教师业务水平是在解决保教工作实际问题、提高保教工作效率的过程中产生的。提高保教工作效率是因，提高教师业务水平是果，教研活动的两个目的不能颠倒。

教研活动并不是提高教师业务水平的唯一途径，因为提高教师业务水平有很多途径和方法，比如，由老教师传帮带、去高等院校深造提高学历、参与观摩学习活动等。假如仅仅从提高教师业务水平的角度来考虑教研活动，则可能会狭隘地从教师的教育教学技能训练出发，而忽视了本园保教工作所面临的实际问题，进而可能会出现“教师的进步”没能更好地促进幼儿发展的结果。

五、幼儿园教研活动的目标

幼儿园教研活动目标是幼儿园教研活动目的的具体化。幼儿园教研活动目的让我们明确幼儿园教研活动的大方向，而幼儿园教研活动目标则让我们明确在幼儿园开展教研活动后，幼儿园、幼儿园教师、保教工作、幼儿发展等方面要发生哪些具体变化。

---

[1] 莫源秋．开展幼儿园教研活动应有的放矢［J］．幼教博览，2010（5）：8-10．

各幼儿园可根据自身的实际情况制定教研活动的目标。这里列举一些幼儿园教研活动的目标，仅供参考。

（1）幼儿园方面的目标

- 逐渐形成浓厚的研究氛围。
- 效率第一逐渐成为幼儿园的一种文化追求。
- 专业上逐渐得到主管部门、同行、家长的认可。
- 逐渐形成具有本园特色的保教工作流程与标准。

（2）幼儿园教师方面的目标

- 保教工作更加规范，效率更高。
- 更新保教工作理念，逐渐形成正确的、现代的保教工作理念。
- 工作的胜任感、成就感和幸福感逐渐得到提高。
- 专业交流意识和能力得到提高。
- 喜欢并积极参与幼儿园的各项教研活动。
- 了解参与各种教研活动的流程与规范。
- 形成教研活动中的自我管理能力、自律意识和良好习惯。
- 积极运用并实践教研活动的成果。
- 追求并逐渐形成自己独特的保教工作风格。

（3）保教工作方面的目标

- 游戏逐渐成为基本活动。
- 幼儿的活动、感受、体验、需要受到足够的重视。
- 更加高效地促进幼儿身心的发展。
- 生活的教育功能得到充分挖掘。
- 本地教育资源得到充分利用与挖掘。
- 形式主义的东西逐渐消失。

（4）幼儿发展方面的目标

- 得到更好的发展。
- 更加喜欢幼儿园及其活动。
- 与教师的关系更加融洽、正向。
- 与小伙伴关系友好、积极、主动。

（5）**家长工作方面的目标**

- 家长更加认可幼儿园的工作。
- 家园沟通更加顺畅。
- 家园关系更加积极正向。
- 家长更加理解、配合、支持幼儿园教师的工作。

六、幼儿园教研活动的任务

幼儿园教研活动的主要任务有以下三个方面。

（一）全园性教研活动任务

1. 探讨如何落实国家的各种幼儿教育政策法规的精神

幼儿园应对照国家颁布实行的《幼儿园工作规程》《幼儿园教育指导纲要（试行）》《3—6岁儿童学习与发展指南》《幼儿园教师专业标准（试行）》《幼儿园园长专业标准（试行）》等与幼儿园保教工作有关的法规，看看本园在哪些方面做得不够，选择其中问题比较大的方面，研究本园保教工作应如何最有效地落实相关政策法规的精神。

幼儿园应该动员全园力量来完成这一类教研任务，因为这类任务的完成将有助于幼儿园保教工作更加有效、规范地开展，从而促进幼儿健康发展。

2. 相互观摩、研讨、交流保教工作经验

幼儿园应根据本园在保教工作中存在的问题，确立研究方案，组织教师合力研究，然后在学期中或学期末让研究者相互展示或交流各自解决相关问题的策略与措施，让大家分享各自的经验与做法，然后，再研讨各种经验与做法所蕴含的保教工作原理，进而创造出富有智慧的保教工作操作体系。

（二）不同年级组、领域组的教研任务

1. 探讨各年龄段保教工作中存在的主要问题及其解决策略

各组可分别探讨小班、中班、大班各年龄段保教工作存在的主要问题，如“小

班入园焦虑与有效应对策略研究”“大班的入学准备问题与对策研究”“小班生活常规教育研究”等。

幼儿园应该分别动员承担各年龄段保教工作的教师来完成这一类教研任务，这类教研任务的完成将有助于解决幼儿园各年龄段普遍存在的直接影响保教工作质量的问题，从而提高保教工作质量和效率。

2. 探讨各领域保教工作中存在的主要问题及其解决策略

幼儿园可分别组织有共同兴趣的教师成立研究小组，探讨幼儿园健康教育、艺术教育、科学教育、语言教育、社会教育等领域存在的问题，进而优化各领域活动，促进幼儿更好地发展。

（三）幼儿园教师个人的教研任务

处于不同专业成长阶段的幼儿园教师所面临的保教工作问题是不一样的，因此，每位教师在完成全园性教研任务和年级组、领域组教研任务的基础上，还要根据自己专业成长的需要制订个人保教工作研究计划，促进自己的专业成长。

七、幼儿园教研活动的内容

了解幼儿园教研活动的内容，有助于我们设计出内容更加全面、更有针对性的教研活动。

幼儿园教研活动的内容主要包括幼儿园保育工作研究、幼儿园教育工作研究、幼儿园家长工作研究和幼儿园教研工作与管理研究这四个方面。

各幼儿园可根据自身实际情况确定教研活动的内容。这里从宏观上列举一些幼儿园教研活动的内容，仅供参考。

(1) 幼儿园保育工作研究

- 各项保育工作的流程与标准研究。
- 保育工作中的帮助与照顾的界限研究。
- 一日生活中的保育工作研究。
- 各项教育活动中的保育工作研究。

- 保育工作中的教育策略与方法研究。
- 保育的内容、策略、方法研究。

(2) **幼儿园教育工作研究**

- 各项教育教学工作的流程与标准研究。
- 教育教学过程中的保育工作研究。
- 教育教学的目标、内容、策略、方法、手段和重难点研究。
- 教育教学活动过程中的师幼互动流程与标准研究。

(3) **幼儿园家长工作研究**

- 家园沟通研究。
- 家园合作研究。
- 家园共育研究。
- 家园冲突研究。

(4) **幼儿园教研工作与管理研究**

- 各项教研工作的流程与标准研究。
- 幼儿园教师、管理者在幼儿园教研活动中的角色研究。
- 幼儿园教师参与教研活动的积极性研究。
- 幼儿园教研活动运行机制研究。

八、幼儿园教研活动的主要类型

幼儿园教研活动主要包括以下四种类型。

（一）探究型教研活动

探究型教研活动主要是指从幼儿园或幼儿园教师个人存在的保教工作问题中选择和确定某一专题进行研讨交流，幼儿园教师在研讨交流的过程中主动地获取专业知识技能、形成专业态度以解决保教工作问题的教研活动。在整个教研活动过程中，教研活动主持人与幼儿园教师共同探索保教工作新知的过程，就是围绕解决保教工作相关问题相互合作和交流的过程。简言之，在探究型教研活动中，主持人起主导作用，决定着教研活动的内容、方向、方法、进程和结果。在此类教研活动中，主持人与参与教研的幼儿园教师（即参与者）是平等与合作的关系，教研成果是主持人与参与者共同研讨的智慧结晶。

在这一类型的教研活动中，主持人应该积极引导参与者拓宽知识视野，并注意引导参与者积极分享自己的教研活动收获，要善于发现参与者在研讨交流中思维的亮点，让大家的智慧相互碰撞，激发出更多的专业火花，让大家在教研活动过程中得到更多的启发。

（二）竞赛型教研活动

竞赛型教研活动是指为了解决比较普遍地存在着的某个或某类保教工作问题，幼儿园将相关保教工作问题向全体教师公布，并给予他们一定的时间进行研究，然后让他们在适当的时间以适当的方式展现自己解决该保教工作问题的措施和过程，评委们据此进行优劣评判和奖励，进而激发大家研究和解决保教工作问题的积极性的一种教研活动。

由于与评比、奖励挂钩，这一类教研活动能较大地提高幼儿园教师参与教研的热情，能较充分地挖掘幼儿园教师的教学研究潜力。

竞赛型教研活动，不仅为幼儿园教师提供了研究、学习、交流的平台，也为他们展示自己的专业素养提供了舞台。在充分地发挥参与竞赛的教师的主观能动性的同时，也能发现他们在真实的保教工作情境中解决保教工作问题的智慧，进而促进其保教工作能力的提升。

这类教研活动不讲形式主义，只看各位教师解决保教工作问题的效果和效率。

（三）观摩研讨型教研活动

观摩研讨型教研活动是指2~3位幼儿园教师展示自己的保教工作，然后邀请本园的其他教师和其他幼儿园的教师，一起来研讨本次教研活动所展示的保教工作所蕴含的教育原理、优点、不足、改进措施等的一种教研活动。在此类教研活动中，有新教师或青年教师观摩优秀教师上课、优秀教师观摩新教师或青年教师上课、常态研究式观摩等几种情况。此类教研活动具有以下四个特点。

- 模仿性。参与观摩研讨型教研活动的教师，尤其是新教师或青年教师一般都会自觉或不自觉地重复被观摩优秀教师的保教工作行为，包括被观摩优秀教师上课的声音、语气、表情、动作、态度以及师幼互动方式等方面。

- 现场性。参与观摩研讨型教研活动的教师，运用一定的观摩方法亲临保教工作现场，开展情境式观摩，对展示者的保教工作目标达成度、工作内容的准确度、工作方法的贴切度以及教学组织能力与风格等均能有所感受。
- 全程性。参与观摩研讨型教研活动的教师，一般都会从展示者的保教工作开始至结束进行全程观摩。
- 研讨交流。观摩研讨型教研活动的最后一个环节是研讨交流，探讨本次展示活动所蕴含的教育原理及其所展示的保教工作技能技巧，让大家不仅知其然，还知其所以然，从而促进参与本次教研活动的所有幼儿园教师的专业成长。

观摩研讨型教研活动对展示者和观摩者的专业成长都有帮助。在准备展示活动及展示活动的过程中，展示者的专业理念和方法都得到提炼；展示结束后的评议活动能让其从不同角度去审视自己的保教工作，走出自己的专业局限。观摩者在教研活动中能直观地观摩学习别人的做法，并在研讨交流中提高自己的专业认识。

作为一种集体式的教研活动，观摩研讨型教研活动直观易学，能激发专业研讨的火花不时闪现，因此深受幼儿园教师的欢迎，并被幼儿园经常使用。

（四）指导型教研活动

指导型教研活动主要是指由幼儿园外请或内请专业水平高的幼儿园教师对一线幼儿园教师进行保教工作的技巧、方法以及保教工作中的机智等方面的引导与启发的教研活动。

幼儿园指导型教研活动有两个基本目标：第一，引导幼儿园新教师或青年教师尽快适应工作岗位的要求，达到幼儿园保教工作的基本要求。第二，幼儿教育专业水平较高者引导幼儿教育专业水平较低者，或者具有某方面专业特长的教师对其他教师进行相应专业技能的引导和训练。

九、幼儿园教研活动中的角色与扮演

了解教研活动的不同参与者在教研活动过程中所扮演的角色和应该具备的素质，有利于我们更好地发挥各自的作用，进而提高教研活动的成效。

（一）普通幼儿园教师在教研活动中的角色

普通幼儿园教师在教研活动中主要扮演以下三种角色。

1．教研问题的发现者

前文已提及，幼儿园教研活动所研究的问题应该是本园保教工作人员所面临的真实问题，要研究和解决的是本园的问题。而这些问题主要就是在本园教师的保教工作中出现并由他们发现和提出的。从发现、提出这些问题，到探讨解决方案，再到实施解决方案，每一个细节、每一个过程都是本园教师的亲身经历。教研活动中研究的问题来源于教师开展保教工作所面临并发现的问题。这些问题可能是困扰一位教师的个性化问题，也可能是影响到一部分或大部分教师的共性问题。而当保教工作问题是以共性问题的性质被提出和研究时，它就转化为园级教研活动的课题。

2．教研活动的执行者

幼儿园教研活动是以幼儿园教师为参与主体的，他们既是教研问题的主要发现者，也是教研问题的主要研究者。每位幼儿园教师在教研活动过程中都要为教研问题的解决贡献自己的专业智慧：提出自己对问题的看法，提出自己解决问题的策略，展示自己解决问题的策略。在教研活动过程中，幼儿园教师既要看看别人怎么做、听听别人怎么说，也要思考别人为什么这么做、为什么这么说，还要将自己的所感所悟分享出来，与其他参与者相互启发、共同进步。

3．教研活动结果的受益者

幼儿园教研活动是围绕着解决教师的保教工作问题而具体开展的，其直接目的就是改进幼儿园教师的保教工作行为，提高保教工作效率。因此，幼儿园教师不仅要积极参加各种教研活动，还要努力将本次教研活动所取得的各项成果用到自己的实际工作中去，改进自己的保教工作行为，提高自己的保教工作效率，从而更好地促进幼儿的健康发展。[1]

（二）主持人在教研活动中的角色

在教研活动过程中，主持人的主持质量会直接影响到教研活动的效果。主持人在整个幼儿园教研活动中担负着对参加教研活动的教师给予启发、鼓励，对研讨中的观点给予欣赏，进行概括、总结和升华等任务。主持人在幼儿园教研活动中主要承担着以下几个角色。

1. 教研活动的设计者

教研活动主持人设计一个研讨活动要考虑各方面的因素，如研讨话题要从幼儿园教师的保教工作中来，难度既适合教师的现有水平，又对教师有一定的挑战性。话题往往是一场教研活动的起点和核心，根据研讨的内容提出适宜的话题，是主持好一场教研活动的重要前提。

“有效提问”的专题教研活动

在“有效提问”的专题教研活动中，从研讨的环节可以看出，整个研讨活动主要围绕有效提问的基本特征、有效提问的策略和有效反馈的策略这三个核心问题展开，环环相扣，脉络清晰。主持人除了必须熟悉研讨的主题，了解参研教师的情况外，还要精心设计一些问题，从而使研讨活动逐步地由浅入深，达到良好的效果。在研讨活动之前，我根据研讨的主题拟出了系列题目，提前要求教师做准备，如：“请收集有关教学提问的理念名句，并把其中你最喜欢的一句写在小卡片上。”“你认为什么样的提问是有效提问？”“举例说明你在平时的教学实践中是如何精心提问的。”等等。在了解教师已有经验的基础上，我又适时抛出了一系列

[1] 黄志敏，黄子强．园本教研中教师主体性问题浅析［J］．山东教育：幼教版，2007（Z6）：9-11．

问题，如："你认为什么样的提问是有效提问？它有什么特点？""平时你是如何精心设计提问的？请结合实例来说一说。""怎样合理有效地进行反馈？如果你在这方面有所感悟、有所积累的话，请谈谈你的做法。""对本次教研活动，请谈谈你的感受，可以说说收获，也可以谈谈困惑和问题。"等等。这一系列问题由浅入深，层层深入。在研讨活动中，教师先对我提出的问题进行讨论，再针对每个问题提出自己的困惑和看法，共同讨论，最后得出结论。[1]

从上述教研活动过程中可以看出：高效的教研活动是需要精心设计的，教研活动主持人对教研活动的有序、有效开展有着十分重要的意义，教研活动主持人对教研活动的主题要有较深入的了解，否则就无法有效地主持教研活动。

为了更好地激发教师参与教研活动的积极性，以及更好地解决保教工作中的实际问题，主持人要注意选择合适的教研活动方式。当前在幼儿园使用得比较多的教研活动方式主要有研讨式、现场解剖式、辩论式、案例解释式和体验式等。

（1）研讨式教研

研讨式教研适用于很多教研活动主题，既可以是教育教学、环境规划的研讨，也可以是班级管理、幼儿发展和保育工作的研讨等。

（2）现场解剖式教研

现场解剖式教研主要适用于环境规划和一日活动的现场研讨。比如，观摩活动研讨，就是现场解剖一位或几位教师的教育教学活动或保育工作，通过剖析典型现场，探寻保教工作问题的解决策略，提升幼儿园教师的保教工作技能。需要注意的是，在教研活动过程中，不要将观摩研讨活动变成讲评会，不能将其变成对相关教师专业水平的甄别，主持人需要在观摩现场寻找问题作为研讨的焦点，以点带面，引导整个教研活动成为解决专业问题而不是讨论个人问题的活动，成为着实提高大家的保教工作水平的活动。

（3）辩论式教研

辩论式教研有助于大家更深入地思考问题，更清晰地把握现代保教工作理

---

[1] 张惠珍．园本教研中的角色分析——由一次"有效提问"研讨活动所引发的思考［J］．学前课程研究，2009（Z1）：110-112．

念。实践中比较模糊、争议比较多的问题，尤其适合用辩论这种教研方式。教师可以根据观点分成正反两个阵营，大家各抒己见，使问题越辩越明。比如，对于“高质量的幼儿园教育一定需要教师自制玩具吗？”“幼儿园一定要办出自己的特色吗？”“将民族元素融入幼儿园活动区就一定好吗？”等问题，都可以采用辩论的方式来研讨。

（4）案例解释式教研

案例解释式教研是选取典型的、带有普遍性的案例进行研讨的活动。案例可以是主持人精心选择的，也可以是现场激发大家共同筛选的。案例可以以文字的形式呈现，也可以以图片或视频的形式呈现。这些案例不仅蕴含着教师的儿童观、教育观，而且最容易引发教师的思考。案例解释式研讨可以在教研活动中搭建起教师从实践到理论，再从理论到实践的桥梁。它也是一种很有意义的教研活动方式。

（5）体验式教研

体验式教研是发生在真实的幼儿园保教情境中的教师研修实践活动。它与幼儿园教师的日常保教工作体验相联系，教师通过直面真实的、现场的保教事件，反思自己及他人的保教工作问题，研究自己及他人的保教行为。体验式教研活动不是外部的强制——“要我研究”，而是幼儿园教师与教研内容的自然“相遇”——“我想研究”。它在形式和内容上体现出以下四个特征[1]。

①实地本位。

幼儿园教师把自己和自己身边的人和事作为观察、思考与探究的对象，共同寻找感到困惑的问题，共同剖析和解决关键的问题，产生不同的想法与建议，并在各自的教育实践中吸纳、梳理、提升，最终形成个体化的实用经验，从而不断更新教育观念、改进教育行为。

②过程导向。

体验式教研活动不是结果导向的，例如简单追求教研成果的展示和教研经验的分享。它是过程导向的，展示问题发生发展的“背景”与“过程”，再现教研情境

---

[1] 周洁．让教研与教师的体验“相遇”：幼儿园体验式教研活动的实施与思考［J］．早期教育：教育教学，2020（1）：22-24．

中生动的细节和信息，引导教师对教研问题进行整体性的、情境化的、动态深入的研究。

③人文情怀。

体验式教研活动与教师的日常教育生活具有相当程度的一致性，降低了教研的起点和难度，提升了教师从事教研的兴趣和信心。同时，这种教研活动关注教师的实际研究兴趣、问题和需求，教研内容和方式让教师觉得对自己的实际工作有价值，从而愿意投入时间和精力。

④问题意识。

体验式教研活动的目的不是告知答案，而是引发幼儿园教师的问题，启发幼儿园教师的思考，激发他们进一步研究的意识和行为，如，在体验式教研活动中，幼儿园教师会思考这样一些问题：活动中有什么可借鉴的？我有什么问题？如果是我，我会怎么做？接下来还可以怎么做？

角色互换是体验式教研模式的主要表现方式。这种方式主要通过教师与幼儿或家长的角色交换，使幼儿园教师亲身体验幼儿或家长在不同情境下的感受，并以此探寻师幼互动、家园互动的有效策略与方法。扮演“教师”“幼儿”“家长”“旁观者”的人在体验、观摩后交换体验、感受、建议、心得，同时利用第三方的评价机制，对教研方案进行调整与优化，使教研方案更具可行性与适用性。比如，在组织主题为“针对幼儿入园哭闹不止的情况采取的有效应对策略”的教研活动时，教师就可以通过角色互换的方法，亲身感受和体验幼儿入园时的真实场景。为了让每一个幼儿都能够开开心心地入园，并且在幼儿园里度过愉快而有意义的一天，负责幼儿入园管理的教师就可以扮演幼儿的角色，并选派一名教师扮演当班教师的角色，而其他教师则扮演第三方评价小组的成员。当角色扮演环节结束以后，全程观摩了角色表演的第三方评价小组的成员，针对教师设置的体验式情境，提出相应的评价建议。[1]

主持人可根据教研活动的目的，选择适当的教研活动内容，然后根据教研活动目的和内容选择适当的教研活动方式，进而提高教研活动的成效。

---

[1] 彭林．立体构筑幼儿园教研活动　提升体验式教研成效［J］．学周刊：学前教育，2021（20）：175-177．

2．教研活动的引领者

教研活动研讨环节的效果如何，重要的是看教师的思维是否被激发，他们是否积极地思考问题。因此，主持人除了要精心预设教研活动过程中的每一个提问，还要仔细倾听参与教研活动的每一位教师的发言，了解他们对问题的观点，发现其中的亮点和矛盾点，然后给予相应的强化，提出更能激发大家思考的问题，将研讨交流活动引向深入，引向问题的高效解决。

在教研活动过程中，主持人要调动大家参与研讨的积极性，引导大家由浅入深、由表及里地开展研讨，使教研活动不流于形式，真正起到解决保教工作问题、转变教师保教观念、提高教师专业智慧的作用。

3．教研活动的提升者

在教研活动的每个阶段，主持人都需要承上启下做一个小结，概括大家研讨的主要观点，组织大家做简单的归纳总结，以便教师更好地把握教研成果。这种总结应该是一种专业提升，可以帮助教师明确问题的症结所在，并提出解决问题的可行性方案。

这个环节很重要，它是对主持人教育理论素养和灵活思维的考验，这一方面需要主持人在教研活动前做足准备，另一方面要求主持人在教研活动过程中捕捉教师讨论的热点，并对教师的观点有较为深入的理解。[1]

4．教研活动的调控者

主持人是整个教研活动过程的管理者。作为管理者，主持人在主持教研活动的过程中应该注意以下几点。

（1）以问题来激发大家的研讨

在观摩研讨活动中，研讨的问题可来自执教者，也可来自观摩者的疑问（包括评课中有争议的问题）；而在案例研讨活动中，主持人根据案例和研讨的目的直接提出所要研讨的问题，掌握研讨的方向，并以此引发教师的讨论交流。对于研

---

[1] 董旭花．园本教研主持人的角色定位和素质要求［J］．幼儿教育：教育科学，2009（Z6）：54-57．

讨氛围不怎么浓厚的幼儿园来说，这种由主持人直接提出问题的方式同样适用。主持人根据具体情况直接抛出问题，让参与教研的教师直奔主题展开讨论，如此研讨效率更高。当然，主持人在预设教研问题的同时，也要注意根据研讨交流的情况适时生成新的教研问题，一步步地将教研活动引向深入。

对于不同水平的教师，主持人提出的问题应有所不同。比如：面对那些自信心不足、少言寡语的教师时，主持人应有意识地提一些较简单的问题，让这些教师能够回答，必要时还应用眼神鼓励他们大胆发言或者直接点名让其发言；面对一些有较多教研经验的熟手型教师，主持人抛出的问题要有一定的难度或有一定的争议性、挑战性，以激发他们的思考。

（2）有智慧地回应教师的提问

面对教师提出的问题，主持人可采用以下几种回应方式。

①反问。

主持人可针对问题进行反问，如："你认为呢？""大家觉得这个问题背后的原因是什么？""大家觉得这个问题该怎么解决？""大家平时是否遇到过这样的问题？如果遇到了，当时大家是怎么解决的？"等等。这样把问题抛给大家，可以让参与教研的教师一起思考，集思广益，共同解决问题，在讨论中互相激发灵感、互相帮助。这也是让大多数教师得到锻炼的好机会。

②暂不处理。

有些问题比较有价值，既是保教工作中普遍存在的问题，又是短时间里比较难以解决的问题。对于这样的问题，主持人在本次教研活动中可让大家不做讨论，而是将其作为大家在本次研讨活动后的"作业"并向大家提出相应的要求。如，请教师在本次研讨活动后查找各种资料，进行相关内容的学习研究，或者指定一些班级开展与问题相关的活动供大家观摩研讨。一段时间之后，大家有了理论和实践作基础，再来做专题研讨和交流，就可使问题得到彻底的解决。

（3）理性化解冲突

在研讨活动中，骨干教师在其中总是比较活跃，他们往往能较快地抓住问题的实质，总是抢先得到发言的机会；而那些沉默寡言的教师会形成一种依赖心理——"反正有人先说，人家都说完了，我就不必开口了"，于是，他们在教研活动中就更加沉默。因此，主持人要注意对这两部分人的调控，做一些平衡性工作。

在研讨交流中，难免会有不同的观点，有时几位教师会争得面红耳赤。这时主持人要根据实际情况引导争论，引导教师就事论事，决不能就事论人——对别的发言者进行人身攻击。

主持人要巧妙地引发不同的声音，鼓励教师积极思考，提出基于自己的经验、理论、思考的不同看法，启发他们努力论证自己的观点。教研活动不求统一的标准答案，只求教师能自圆其说。幼儿园教研活动既追求“共识”，也接纳“异说”。

（4）适时地“收网”

适时地“收网”是指主持人在幼儿园教研活动的研讨交流环节，根据讨论交流的情况适时地结束一个话题，并自然地转入另一个话题或结束本次研讨交流活动。主持人应注意以下几个方面。

①适时转换话题。

主持人应注意对当前的话题研讨进行简单的小结，然后及时、自然地转入下一个话题。

②对研究者的注意力进行调控。

当研讨中出现大家注意力涣散、跑题、开小会的情况时，主持人必须及时把大家的注意力集中起来，把问题重新提出来，要求大家大声地发言，保证所有人都能听到，避免开小会，或者重述某教师的话，以起到强调和提醒注意的作用。

③总结和梳理。

主持人应对整个研讨活动进行整体的梳理和简要的概括总结，把教师达成共识的一些观点进行提炼和提升，对不同的观点进行梳理，或者将其作为教师下次研讨的内容或在下一阶段研讨交流的话题。[1]

（三）园长在教研活动中的角色

园长是幼儿园的第一责任人，当然也是幼儿园教研活动的第一责任人。作为教研活动第一责任人的园长，在幼儿园教研活动过程中主要承担着以下几个角色。

---

[1] 杨凯红．园本教研中有效主持的基本策略［J］．教育导刊：幼儿教育，2007（5）：32-33．

1．规划者

园长应从宏观上对教研工作进行合理规划，以确保教研活动工作方向正确。

（1）规划本园教研制度和教研机构

建立与完善本园教研制度是教研活动有效开展的前提。好的教研制度应具有权威性，能制约教师参加教研活动的行为，确保教师参加教研活动的机会；同时，好的教研制度能激发教师参加教研的积极性，并使教师参加教研活动成为一种主动行为。因此，教研制度应该是由幼儿园管理者和教师共同参与制定和修改的，教师只有认可了教研制度，才能自觉地成为教研的主人，和管理者达成共识。

有了较好的教研制度，还要设立适宜的教研机构。幼儿园教研机构的建立必须符合幼儿园的实际需要，可以从办园特色、幼儿园保教工作面临的主要问题、教师专业发展的需要等方面考虑。比如，幼儿园可根据自身的实际情况成立园级层面的教研机构，如年级教研组、主题课程教研组、保育工作教研组、家长工作教研组、艺术教育教研组、健康教育教研组、语言教育教研组、社会教育教研组、科学教育教研组、幼儿游戏教研组等，每个教研组都由园长、教研主任、保教主任或骨干教师直接负责，教师根据自己的情况选择加入教研组，各教研组分别开展自己的研究。教师也可以根据自己的专业兴趣组织成立具有自主性的教研组——这样的教研组，由某个具有某方面研究特长或兴趣的教师担任责任人，其他有共同兴趣的教师可报名参加。自主性教研组和园级教研组享受同等待遇——有经费支持、有物质支持、有优先外出参加相关教研活动或学术会议的权利，同样需要有目的、有计划地开展相关教研工作。由于自主性教研组的组织者和参与者都是发自内心地喜欢教研活动，组员们志同道合，因此教研效果往往都比较好。

（2）科学规划本园教研工作

为避免本园教研工作的盲目性，园长在规划教研工作时必须考虑以下几方面的因素。

①幼儿园的实际情况。

幼儿园的保教工作存在哪些优势和不足、幼儿园已形成什么特色或适合在哪方面形成特色、幼儿园原有的研究基础、园长自身的条件、幼儿园有哪些可挖掘的资源、幼儿园的哪方面是薄弱之处等，都是设计和开展本园教研工作的重要依据。

②幼儿园教师群体在专业上的整体水平和个体差异。

本园教师在保教工作方面存在的主要问题是什么，哪些教师在哪些专业领域方面有较大优势，哪些教师在保教工作方面有自己的独特风格，教师有哪些专业发展的需要……这些都会成为幼儿园设计和开展教研活动的出发点，也是幼儿园可资利用的教研活动资源。

③幼儿的发展状况。

本园幼儿的发展优势在哪里，本园幼儿发展的主要弱项在哪里，本园幼儿有哪些特殊的发展群体或个体……教研活动应该围绕这些问题来设计和开展，让幼儿的优势更突出，让幼儿的弱项得到适当弥补，并将幼儿获得更好的发展作为本园教研活动的重要目的。脱离促进幼儿更好地发展这个目的的教研活动，几乎就是没有意义的教研活动。

④家长的素质状况。

本园家长工作面临的主要问题有哪些，本园家长有哪些教育资源可资利用来促进本园教师和幼儿的发展，本园家长对幼儿园工作的期待有哪些……这些因素也是园长规划本园教研工作时应该考虑的。家长工作做好了，既有利于家园形成教育合力更好地促进幼儿的发展，也有利于幼儿园教师真实地体验到从事幼儿园教育工作带来的幸福感。

2．引导者

在教研活动过程中，幼儿园园长要对教研活动的开展，对教研活动中的观念和行为起到引领作用。幼儿园园长主要从以下几个方面去引领幼儿园教研活动发展的方向。

（1）良好教研活动氛围的营造者

现实中，我们看到许多教师在教研活动中不敢表达自己的真实意见，经常屈从于别人的意见，特别是屈从于领导的意见。为了营造教研活动的良好心理氛围，园长应注意做好以下几点。

①准确回应教师的专业发展需要。

幼儿园教研活动研究的问题应该来自本园教师保教工作中碰到的真实问题。园长要引导本园教师在平时的保教工作中注意发现问题、提炼问题、反馈问题，然后将教师提出的有共性的问题作为本园的教研问题。这样，教研活动就是为教师的工作服务的，而不是其额外的负担，他们参加教研活动就有内在动力了，行动上就会显示出主动性。

②研讨交流过程中对事不对人。

园长在教研活动过程中要倡导致力于体验研究、挑战自我的教研思路，针对教研活动开展过程中的问题发表自己的观点，要求大家调整心态、改变观念，对事不对人。教研活动中园长要让教师想说敢说，强调仁者见仁、智者见智的意见整合方式，多维度、多视角地审视教研内容，让教师之间的专业思维碰撞出激情与智慧的火花。

③研讨交流过程中尊重不同的意见。

在教研活动过程中，每个人都可以基于自己的经验和理论背景针对教研活动研究的问题提出自己的主张。因此，面对别人的不同主张时，我们要学会从别人的角度去理解其“合理性”，在研讨交流过程中少些直接的批评、多些接纳，让别人表达完意见。实在听不明白对方的主张，则可以跟对方说：“我很想了解你的证据，你能不能告诉我？谢谢你！”要发自内心地尊重每个人发表的意见，特别是尊重发表不同意见的同事及其主张——是他们让我们看到了问题的另一面。在这种对人及其观点充分尊重的氛围下，大家才有可能畅所欲言。

④减少教研活动的甄别功能。

幼儿园教师的自尊心和好胜心都较强，害怕在同事面前显现出“失败”和“错误”。他们在上研讨课时担心失败而被大家评得一无是处，更担心由此而被大家认定自己的专业水平较低，许多教师在研讨交流时担心说错话而被大家笑话。因此，在教研活动中园长应注重一个“研”字，重研究轻评价，引导教师把关注点集中在研究的问题上，创设集体研究的氛围，尽量减少和避免对教师个人进行“甄别优劣”与“甄别等级”的评价，而将对个人的评价变为对集体行为的评价，这样就能使教师在教研活动中没有顾虑，真正做到相互切磋、交流，快乐地投身于研究之中。

（2）幼儿教育观念、行为、态度的引导者

《幼儿园园长专业标准（试行）》中指出，幼儿园园长有引领教师发展的重任。幼儿园园长引领教师专业成长的方式是多种多样的，其中教研活动是园长引领教师幼儿教育观念、行为、态度发展的十分重要且非常有效的途径。

幼儿园教研活动是实践性研究，其目的是解决本园教师在保教工作中存在的真实问题。作为园长，就是要在教研活动中帮助本园教师把先进的保教思想和观念内化为他们的观点、态度和认识，用来调整自身的保教行为，引导教师把理论中“应该怎么做”的理念，转化为实践中“可以这么做”的现实。对于教师在教研活动中表露出来的问题，园长不要急于否定，而应善于提出质疑，启发教师结合自己的实践经验和理论进行思考，进而让教师在思考的过程中解决专业上的困惑。园长要引导教师学会专业思考，学会探寻专业问题的答案。

（3）教研活动过程中的具体指导者

园长虽然是以与教师平等的身份参加教研过程中的研讨活动，但是园长的专业思维水平应该代表全园的最高水平，或者园长应该知道哪些专业观念、态度、行为才是幼儿园教育发展的方向。园长对各项教研活动的分析、点评应该对教师起指导作用，这是《幼儿园园长专业标准(试行)》对园长能力的要求。作为教研活动过程中的具体指导者，园长应尽可能做到：第一，观点鲜明正确，帮助教师澄清模糊的认识；第二，启发诱导教师发现教研活动所展示的教育态度、行为背后的教育观念，让教师发现其惯常做法背后存在的问题；第三，深入浅出地引导教师找出解决问题的具体措施，同时引导他们对教育行为进行积极的反思，使他们不仅知其然，也知其所以然；[1]第四，引领教师将研讨交流过程中碰撞出的零碎火花系统化、理论化。

在教研活动过程中，为了更好地引领教研活动的不断深入，进而促进教师的专业发展，园长可以通过提问来将自己的理念、观点、想法等表达出来，以达到引领教研活动发展方向的目的。在教研活动过程中，园长在认真倾听的同时，要把握好回应的时机，巧妙地把自己预设好的问题抛出来，引发教师的思考、讨论和交流。另外，园长还要在研讨交流的过程中及时把握生成专业问题的机会，通过提问引发教师新的思考，不断地进行专业思想的碰撞，并且不断地激发新的专业思想火花，提升彼此的专业思维能力，拓展彼此的专业视角。[2]

---

[1] 金晓茹．园长在园本教研中的角色定位［J］．课程教材教学研究：幼教研究，2012（1）：2-3．

[2] 戈柔．入乎其内，出乎其外：浅谈园本教研共同体中园长应有的两种境界［J］．学前课程研究，2009（Z1）：102-104．

（4）引领策略

园长在引领教研活动过程中可以采取如下策略，让教研活动更加有效、高效。

①以愿景引领教研活动。

园长可结合幼儿园发展规划，通过建立幼儿园、团队和教师个人的发展愿景，为本园教研活动提供研究方向和动力。例如，某幼儿园通过建立“打造快乐游戏特色幼儿园”的发展愿景、建立学习型团队和教师个人快乐游戏专业发展的目标，组织全园保教工作人员学习研究如何将“游戏”“快乐”两个元素渗透到一日生活的各个环节和各项教育教学活动中，如何实施高效的游戏活动让幼儿从中得到快乐、得到发展，如何提高保教工作人员的“游戏素质”“快乐素养”等。这样就在全园范围内营造了学习研究的氛围，使大家有了明确的学习研究方向和目标，激励大家克服困难，不断深入地开展学习研究。

②以制度引领教研活动。

维持幼儿园教研活动的有效、高效持续开展，需要依靠制度。有了全面系统的制度，才能规范、引导和激励保教工作人员认真地参加教研活动，不断学习研究解决保教工作实践中发现的问题，才能使教研活动持续有效地开展。因此，园长可以通过参与一些有代表性的教研活动，发现已有教研制度中存在的问题，通过建立和完善本园教研活动制度、交流推广制度、评价激励制度等来推动本园教研活动的有效开展，使本园教研活动的过程更规范、更有序。

③以人事引领教研活动。

具有研究能力和研究兴趣并乐于奉献的园长、保教主任和年级组长以及一批骨干教师，是幼儿园教研活动有效开展的人力资源保障。因此，幼儿园可以通过改变人员选拔机制和聘用机制，将具有这些素质的教师选拔到这些岗位上来，让他们为其他教师起到很好的示范带头作用和导师作用，激励和带动保教人员积极、认真、主动、有效地开展学习研究。[1]

为了更好地发挥作为专业引领者的掌舵人作用，园长要不断地加强对幼儿教育专业理论知识的学习和研究，把握幼儿教育的本质和特点，明了幼儿教育发展的趋势，只有这样才能正确引领本园教师的专业成长。

---

[1] 姜瑛俐．园长推动园本教研有效开展的策略［J］．当代学前教育，2013（4）：4-5．

3．实践者和研究者

幼儿园园长参与本园的教研活动，可以起到以下几个方面的作用。

- 有利于了解本园保教工作的状态，进而更好地引领本园及其教师的专业发展。
- 有利于激发本园教师参与教研活动的积极性。
- 有利于提高园长的非权力影响力。在教研活动的过程中，园长与教师专业和非专业方面的沟通与交流，有利于拉近园长与教师之间的心理距离，扩大园长在教师中的影响力。
- 有利于促进自身的专业成长。在参与教研活动的过程中，园长可以借鉴其他教师专业成长的经验，其管理能力、协调能力、教研能力和教研活动组织能力、理论联系实际能力等也可以得到锻炼和提升。

……

不过，由于园长的身份特殊，为了让“园长参与”更好地发挥其正面作用，避免其负面作用，园长在教研活动过程中应该注意以下几点。

（1）以平等中的首席参与教研活动

参与教研活动的所有个体都应该是平等的——他们的发言权、发言机会，他们的观点受到的重视程度，都应该是平等的，特别是园长的观点与普通教师的观点应受到同样的重视，而不是受到特别的重视。

另外，园长作为平等中的首席，要对教研活动的方向起到引领作用。当然，这需要园长具备相应的专业素质，否则，首席也可能会将幼儿园的教研活动引入歧途。

（2）让教师摆正心态

由于“园长”的光环作用，许多幼儿园教师对参与教研活动的园长会有一种莫名的畏惧感，他们喜欢将园长当作权威，他们在园长面前对自己的专业水平缺乏应有的自信心，在教研活动的过程中易形成不喜欢发表意见或不敢发表真实意见的心理，在研讨活动中总是“看园长的脸色”——倾听和支持园长的主张，或者在园长表达自己不同的专业主张时保持沉默。如此，很容易让教研活动变成只有一种声音的活动，没有真正的研讨和交流，使教研活动的研讨环节失去应有的探讨意义。因此，园长在教研活动过程中要以普通教研人员的身份参与教研活动，多听听教师的意见，多对教师的主张表示理解或肯定。

(3) 要提高自己的教研能力

作为园长，要做一个真正的研究者，就应该不断提高自己的研究能力。第一，园长要不断地进行幼儿教育理论的学习，提高自己的专业理论水平，提高自己的专业思维能力；第二，园长要善于发现问题或者从教师提出的问题中抓住主要问题，多深入保教工作第一线仔细观察与了解本园教师在保教工作方面存在的主要问题，根据幼儿园教育发展的趋势，确定并研究本园教研活动中要研究的主要问题；第三，园长要善于分析与反思，找准各种保教工作问题的症结并寻找适宜的解决途径。[1]

4．支持者

园长是本园教研活动的支持者。园长不仅要在专业能力上，还要在制度、人力、物力、财力、时间上对本园的教研活动给予支持。只有在园长对本园教研活动的全面重视和大力支持下，本园的教研活动才有可能持久地、富有成效地开展下去。离开了园长的支持，幼儿园教研活动往往无法在幼儿园里正常开展起来，很难起到促进本园保教工作质量和效率提高的作用，也就无法发挥教研活动在促进本园教师专业成长中的作用。

5．协调者

为了提高幼儿园教研活动的质量及其影响力，园长要积极协调好外部和内部的各种关系，为教研活动的顺利开展创造条件。

(1) 充分调动教师参与教研活动的积极性

园长要树立为本园教师专业成长服务的思想，要善于发挥不同教师的优势，适当给予物质和精神上的激励，调动其参与教研的积极主动性。

(2) 协调幼儿园各部门及其人员之间的关系

一方面要协调部门之间的关系。为了更好地开展教研活动，园长应主动联系后勤、保健、保教、办公室、财务等部门，争取各部门对教研活动的全力支持与协助。

另一方面要协调管理人员之间的关系。幼儿园教研工作组织管理一般涉及

---

[1] 谭曼娜．浅议园本教研中园长的角色定位［J］．学前教育研究，2005（5）：31-32．

园长、业务园长、保教主任和年级组长四层管理人员。在具体的教研活动开展过程中，园长要协调好彼此之间的关系，对各自的职责进行规范，让管理人员清楚自己在教研活动中所承担的责任并各负其责，形成本园教研工作的凝聚力和向心力。

（3）协调全园教研活动与各教研组活动的内容、时间、场地、人员

园长应从全局控制教研活动的内容与进程，以全园教研活动指导与启发各组的教研活动，各组的教研活动又围绕全园教研活动展开。时间上可周期轮流或月周递进，一般全园教研活动的间隔稍长，各组教研活动的间隔稍短。在内容上两大教研活动相互支撑、相互补充。

（4）协调好幼儿园与外界环境、姐妹园的关系

第一，要协调好与相关专家的关系，多沟通、多请教，多邀请。第二，要协调好与上级主管部门的关系，多汇报，多展示，多争取支持，多为它们承担学区、县级、市级教研任务，这既是为领导分忧，也是展示本园的好机会。第三，协调好与姐妹园的关系，多向姐妹园学习其优秀的保教工作经验及教研活动开展经验，多向其展示本园的教研活动，听取其意见和建议，扩大本园在行业内的专业影响力。

6．倾听者

幼儿园教研活动是研究活动，也是对话交流活动。在幼儿园教研活动的交流环节，园长要做个善于倾听的人。倾听，是园长与教师在教研活动过程中对话交流的前提条件。倾听，既代表着园长与教师交流的态度，也是一种理解的方式。

园长在教研活动的过程中必须有倾听的意识和习惯，这不仅表现在多听、少说或不说上，更重要的是要向教师传递一种思想或信息——我是你们中的一员。

园长倾听的目的是最大限度地唤起教师的专业思考和话语意识、愿望，要让教师在教研活动的研讨交流环节想说、敢说、多说。当园长耐心、认真地倾听教师的发言时，就会让教师有一种被尊重、理解、接纳的感觉，进而产生认同感，这有利于形成一种有效沟通的、彼此开放的、宽松的研讨氛围。

另外，园长在倾听教师发言的同时，也要有适度的回应。因为教研活动过程中的对话本身就是表达和回应的过程。园长必须要善于倾听，尤其要捕捉教师的各种不同的专业声音。园长要关注、尊重和重视教师的不同声音——在倾听的过程中了解教师的原有经验、理念，了解他们的专业困惑，发现他们专业发展的内在需要，寻找促进每位教师专业发展的有效途径。[1]

园长只有明确自己在教研工作管理中的主要任务，才能扮演好教研工作的规划者、引导者、实践者、研究者、支持者、协调者和倾听者的角色，确保幼儿园教研工作向科学化、规范化方向发展。[2]

---

1 戈柔．入乎其内，出乎其外：浅谈园本教研共同体中园长应有的两种境界［J］．学前课程研究，2009（Z1）：102-104．

2 母秀莉，申毅，邓伟莲，刘萍．浅谈业务园长在教研管理中的主要任务［J］．山东教育：幼教版，2000（5）：18-19．

第二章

幼儿园教研活动的设计

幼儿园教研活动设计，也叫幼儿园教研活动方案设计，它是对将要进行的幼儿园教研活动的预先筹划，是对有效解决保教工作实践中的某一问题所采取的研究行动的目标、任务、过程及其方式方法进行系统规划的过程。

幼儿园教研活动方案是幼儿园实施教研活动的主要依据。形成具体的教研活动方案，有利于参与教研活动的人员明确各自在教研活动中的角色、任务，令所有参与者在充分准备的前提下全力投入教研活动中，这样有利于把教研活动目标落实到具体的教研活动中，保证教研活动目标和任务的顺利完成，从而取得预期的教研活动效果与成果。

教研活动设计方案的好坏，在很大程度上影响着教研活动的质量与效益，也影响着教研活动的持续开展。

一、幼儿园教研活动设计的原则

幼儿园教研活动设计的原则就是在设计教研活动的过程中必须遵守的基本要求。它对设计出高质量的教研活动方案具有现实的指导意义。

（一）目标定向性原则

幼儿园教研活动设计的目标定向性原则，是指幼儿园教研活动设计者在设计教研活动之前要明确本次教研活动要达成的目标，并且在设计和选择教研活动的各个环节、要素时都围绕如何更好地达成教研活动目标来进行。

1．理由

在设计幼儿园教研活动时遵循目标定向性原则的主要理由有如下三点。

（1）目标定向有助于提高幼儿园教研活动设计与实施的效率

目标明确可以避免教研活动设计和实施过程中“离题”“开小差”的情况，从而专注于教研活动目标的达成，避免浪费时间、精力、人力和物力。

现实中许多幼儿园教研活动低效甚至无效，其中很重要的原因是教研活动的组织者与参与者对目标不明确。比如，笔者在自己所参与的许多幼儿园教研活动中发现，在研讨交流环节，教师很容易从专业话题聊到他们的生活，聊到他们的孩子，或者热衷的电视连续剧。

教研活动的目标明确，可以避免教研活动过程中那些形式主义的东西，让大家专注于教研活动的效果，而非过程“热闹”与否、选题“时髦”与否。

（2）教研活动目标是教研活动设计与实施的出发点和归宿

要设计和开展幼儿园教研活动，首先要明确教研活动的目标，然后根据教研活动目标来选择教研活动的内容、方式方法并创设相关的教研活动环境，特别是创设相应的心理环境。也就是说，教研活动的内容、方式方法和环境是为教研活动的目标服务的。要实现不同的教研活动目标，所需要的教研活动内容、方式方法和环境也应该是不同的。

教研活动目标明确之后，就可以根据这些目标来选择最有利于目标达成的教研活动内容、方式方法并创设相应环境。比如，“专家讲座 + 研讨交流”在转变幼儿园教师保教工作观念方面的效率就比“观摩 + 研讨交流”高许多；在提高幼儿园教师保教工作技能方面，“观摩 + 研讨交流”比“专家讲座 + 研讨交流”的效率要高许多；在统一幼儿园教师保教工作观念方面，“专家引领 + 研讨交流”比“观摩 + 研讨交流”的效果和效率要强许多。

（3）教研活动是手段

教研活动是研究和提高幼儿园保教工作效率的手段，不是目的。因此，我们反对幼儿园为教研而教研，而完全不顾教研活动目标的有无、合理与否。没有目标或目标不正确的教研活动，要么是低效的，要么是负效的。

2．落实

在设计幼儿园教研活动时落实目标定向性原则，应该注意以下三点要求。

（1）明确教研活动的目标

教研活动目标越明确、越具体，其对教研活动设计与实施过程的管控效果越佳。

幼儿园教研活动的首选目标是提高保教工作效率。不能有效提高幼儿园保教工作效率的教研活动都是形式主义的，没有必要开展。

保教工作效率提高了，幼儿园教师就可以在幼儿园保教工作过程中以较少的人力、物力和精神方面的付出，赢得幼儿较好的发展，赢得自身专业素养（专业能力、专业态度或专业知识）较好的发展。

而那些未能提高保教工作效率的教研活动，或许看起来很热闹，或许还会得到不怎么专业的主管领导的首肯，但这些教研活动几乎都是形式主义的东西，劳民伤财。很可惜，这样的教研活动在现实中还大量存在。

此外，我们也应该警惕那些能促进幼儿的良好发展但效率十分低下的教研活动。比如，某些教研活动中的“表演课”近乎完美无缺，活动气氛很好，孩子们也很开心，得到了很好的发展，但是教师们为此要做出几个月的准备，这样的课推广意义不足，因为其效率太低了。

从总体来讲，幼儿园教研活动的目标就是解决本园保教工作中存在的实际问题，并提高保教工作效率。因此，在设计教研活动时，一定要明确：开展本次教研活动要解决的是保教工作中的哪些实际问题？是一般的问题，还是效率方面的问题？在明确要解决的问题之后，教研活动其他方面的设计和选择都应该围绕如何更加有效地解决这些实际问题来进行。比如，对教研活动的内容、形式以及参与人员的选择，都应该考虑其是否有助于教研活动目标的达成。

（2）教研活动目标要全面

从整体来讲，幼儿园教研活动既要提高幼儿园教育工作效率，也要提高幼儿园保育工作效率；既要促进教师专业能力的发展，也要促进教师专业态度、专业知识的发展；既要得到同行的认可，也要得到主管部门和家长的认可。

从具体的某一次教研活动来讲，可适当偏重于某一方面的目标，比如，偏向幼儿园教师某一方面保育技能或教育技能的提高，但从教研活动的整体而言，就是全面地提高保教工作效率。

(3) 将教研活动目标贯穿教研活动的整个过程中

教研活动目标在前，教研活动设计和教研活动实施在后。教研活动设计要以教研活动目标为导向，教研活动实施要以教研活动目标为核心——教研活动目标为教研活动过程指引方向，引导教研活动的轨迹，规定教研活动的结果，教研活动评价要以教研活动目标为标准。

脱离教研活动目标去追求教研活动内容的创新、形式的创意都是没有意义的。

（二）主体性原则

幼儿园教研活动的主体性原则，是指幼儿园教研活动的设计者在设计教研活动时，从教研问题的选择到教研活动过程的设计以及教研成果的推广运用，都要充分调动教师参与的积极性、能动性和创造性，努力让教研活动以符合参与者需要的方式来展开，要让每次教研活动都变成参与者的一种内在需要，让每位参与者的需要都得到适当的关照，让他们从被动的“你让我研究，我就研究”的状态转变为主动的“我要研究，我要提高专业素养”的状态。

1. 理由

在设计幼儿园教研活动时遵循主体性原则的主要理由有如下三点。

(1) 幼儿园教师真正参与了，教研活动才会有实质性意义

如果幼儿园教师参加教研活动是被迫的，那么没有人能让他们做到人到心到，而人到心不到，就无法让他们从教研活动中受益，也无法推动教研活动质量的提升。在教研活动中，如果幼儿园教师不思考，不参与研讨，不主动将教研成果转化为自己保教工作中的理念和行动，那么，教研活动的目的就无法真正达成。

(2) 幼儿园教师的参与程度越高，其在教研活动中的收获越大

在教研活动过程中，幼儿园教师越专注、越开动脑子、越喜欢与他人进行专业交流，他们的收获也越大。那些不愿意参与讨论、更不愿意思考的幼儿园教师，在教研活动过程中不会与他人有思想的碰撞，更不会迸发出思想的火花，教研活动取得的成果也不会在他们的头脑中留下多少印象。

在教研活动过程中，幼儿园教师与他人交流专业思想、切磋专业技能，会让自己的专业思想更加深刻、专业技能更加娴熟、专业思维更加缜密。

(3) 符合幼儿园教师需要的教研活动才能激发他们参与的内在积极性

在设计和实施教研活动的过程中，要对每位幼儿园教师的专业成长需要、尊重需要、关爱需要、表现需要、成功需要、交往需要和自我实现需要等给予适当的关照。只有这样，才能调动他们参与教研活动的内在积极性；也只有这样，才能提高教研活动的效果。

现实中，有许多幼儿园教师在教研活动过程中经常开小差，其根本原因就是这些教研活动与他们的需要无关。比如，某些教师参与教研活动，在专业上没有得到任何成长机会；或者，他们只能当听众，没有表达自己的主张或与他人交流的机会；又或者，他们在研讨中提出了不同的专业意见而未得到相应的尊重，从此就学会在教研活动中沉默自保。

2．落实

在设计幼儿园教研活动时落实主体性原则，应该注意以下五点要求。

(1) 教研的问题要来自幼儿园教师的保教实践

如果教研活动解决的是幼儿园教师自己在保教实践中碰到的真实问题，这些问题解决后可以提高他们的工作效率——让他们的工作省时省力，那么他们会发自内心地喜欢参与教研活动。

因此，在设计全园性、年级组或领域组的教研活动时，教研活动设计者和组织者要经常问自己："教研活动所研究的问题是本园教师们面临的真实问题吗？教研活动所研究的内容是本园教师们真正需要的吗？幼儿园有多少教师希望对这一问题进行研究？有什么证据证明本园教师有这方面研究的需要？"

在教研活动中睡着了

按照惯例，周五下午是幼儿园的教研活动时间，全体教师如期来到会议室进行教研活动。

教研活动进行了半小时后，教研组长利老师看到大 (1) 班的尹老师一直用手臂托着头，在角落里一言不发，就点名让她发表一下对刚刚讨论的内容的看法。谁知利老师连喊了三声，尹老师都没有抬起头来应答。直到旁边的老师推了她一下，才将进入梦乡的她唤醒……

会议室内本来就不热烈的研讨气氛又增加了一点尴尬。

尹老师在教研活动中睡着了，其主要原因就是该教研活动与她无关。要想避免诸如此类的尴尬局面再次发生，唯一的办法就是让教研活动以符合参与人员需求的方式来设计与开展。面对这种局面，仅批评是不够的，一定要使教研活动成为参与者的内在需要，从活动的设计到活动的开展都要考虑他们的需要，只有这样，才能避免参与人员在教研活动中做与教研活动无关的事情，如睡觉、玩手机或者与其他教师私聊、开小会等。

幼儿园教研活动的选题，应该努力根据本园教师的保教工作需要进行选择，努力避免只由园长个人的偏好决定。

如果教研活动的选题是园长自己拍脑袋想出来的问题，而非教师在保教工作中所面临的真实问题，那么这样的问题教师是不感兴趣的，他们在教研活动过程中就会"开小差"。

教研活动是教师们的研讨交流活动，是解决教师们在工作中面临的实际问题的研究活动。它不是简单的行政命令与执行——领导安排什么就做什么，而是教师专业发展的一种内在需要；它不是简单地完成一项任务，而是促进教师专业发展和改进幼儿园保教工作的一种手段。因此，要让教师从自己的实际工作中寻找教研的内容，取消对教研内容的命令式的任务安排。

因此，全园性教研活动的选题应该是保教工作人员普遍面临的问题。只有选择那些教师们普遍关注的问题作为教研活动的选题，才有利于保教工作的改进，也只有这样的选题才能真正引起教师们内在的兴趣，他们研究起来才会有内在的动力。

（2）教研活动成果要为幼儿园教师的保教实践工作服务

幼儿园要建立一种制度，让教研活动成果能为转变幼儿园教师的观念、提高他们解决实践问题的能力服务。每次教研活动结束后，都要总结本次教研活动形成了哪些新的教育观念，总结出了哪些保教工作的实际技能，然后不断追踪、反馈、交流、落实，让教师们参与教研活动后，其保教工作真正有所改善。

（3）因师因园施研

为了让教研活动更加具有针对性，年轻教师与年长教师，经验丰富、专业能力强的教师与经验匮乏、专业能力不足的教师，他们研究的内容和层次应该是不同的，他们在教研活动中发挥的作用也应该是不同的。小班、中班、大班教师在保教工作中所面临的主要问题不同，他们的教研活动内容也应该有所不同。性格内向与性格外向的幼儿园教师，他们参与教研活动的方式也应该有所不同：性格外向的教师，可多展示自己、多发言，甚至做教研活动的主持人；性格内向的教师，可多观摩、多感受、多听听别人的主张，做好充分的发言准备。

另外，由于每所幼儿园的师资、幼儿来源、教学硬件、所处的社区文化背景等不同，幼儿园保教工作所面临的问题也不一样，因此，每所幼儿园都要通过对本园师资水平现状和保教工作现状的分析判断，确定适宜的教研活动重点。只有找出本园保教工作实践中亟待解决的主要问题和保教工作人员中亟须改善的教育行为，教研活动才不会偏离方向，才能更好地促进保教工作质量的提高。

（4）避免教研活动过程中权威人士的“一言堂”

在教研活动过程中，应该努力避免权威人士的“一言堂”，否则，会挫伤教师参与研讨的积极性。园长要以“平等者中的首席”身份参与教研活动过程中的研讨与分析，园长等权威人士不能成为讨论的中心，不要总是抢先给出结论或观点，否则就会阻碍教师创造性的发挥。要经常强调和鼓励争鸣，不要强求观点和做法的一致性。

（5）坚持研讨交流过程中的不批评性原则

在研讨交流的过程中，如果某位教师的看法不合常理，其他教师可以说说自己的不同看法，但不要批评不同的意见。幼儿园的教育现象很复杂，一种教育现象背后可能有不同的原因，因此，认识上有所不同是正常的。应该让所有教师都有表达自己观点的机会，并了解其他人的不同观点，如此才能碰撞出更多的专业思想火花。

在研讨交流过程中，不仅不能批评别人的观点和主张，更不能对持不同意见者进行人身攻击，要把事和人分开，大家心平气和地交流各自的研究心得，分享别人的观点和智慧。

相互尊重才能敞开心扉

作为一名普通的幼儿园教师，在多年参与我园教研活动的实践中，我深深地感觉到，相互尊重的教研活动氛围可以调动教师参与教研活动的积极性，有利于教研活动的深入开展，有利于提高教师的专业素养。

刚开始参与教研活动时，我最怕的是园长提问。每当这时我总是低着头，装出写字或思考的样子，生怕园长叫我。如果真的被叫到了，我也张不开嘴，不知从何说起、怎样说，甚至怕说错了难为情。后来，见园长总是以参与者的身份和我们一起研讨，虚心听取我们的意见，及时鼓励和肯定我们的创见，我才渐渐放松起来，敞开心扉表达自己的观点和见解。在这种充分放松的教研活动中，我敢于求真、求实，敢于大胆而直率地发表自己的意见、坚持自己的观点，敢于提出问题，并寻求共同解决的办法。

由于教研活动激发了自己参加教研活动的积极性，我对待教研的心态也变得主动起来，由园长"要我教研"转向了"我要教研"。和我一样，其他教师在教研活动中也都争着说、抢着说，有时还会因为意见不统一而产生激烈的辩论。每次教研活动结束时，我们都感受到时间过得太快，都有意犹未尽的感觉。[1]

（三）理论指导性原则

幼儿园教研活动要以相关的教育理论作为指导，让教研活动的过程和成果更加规范、科学、有效。

前文提及的"跟风式"教研活动存在的根本原因，就是某些幼儿园教育工作者缺乏幼儿教育理论根基，在实际工作中往往以"只知其一，不知其二""懂得一点道理，就以为掌握了全部真理"这种态度来处理问题。当然，我们也不排除当前有些所谓的"专家"有意在"刮风"。笔者认为，要真正开展好幼儿园教研工作，就必须弄清本园、本人的实际情况，弄清当前本园、本人保教工作中遇到的主要问题是什么，多考虑该用什么办法来解决，要灵活而不要偏激，任何幼儿园的教育模式都"只有最合适的，而没有绝对最好的"。

1. 理由

在设计幼儿园教研活动时遵循理论指导性原则的主要理由有如下两点。

---

[1] 李艳艳，李琳．我们喜欢这样的教研活动［J］．早期教育，2006（5）：25．

（1）教育理论是教研活动的指南

虽然幼儿园教研活动着力解决的是幼儿园保教工作实践层面的问题，但理论是行动的指南，教研活动要解决保教工作实践中的问题，同样需要科学理论的指导。

有相关理论的指导，可让我们看清幼儿园保教工作和幼儿园教研活动发展的方向，让我们的教研活动更加符合幼儿园保教工作发展的方向，并将教研活动引向深入；有相关理论的指导，可让我们更加容易看出保教工作中问题的本质，进而采取更加有效的措施解决问题，提高保教工作质量。

（2）教育理论指导可减少教研活动的盲目性

教育理论是前人教育实践经验的结晶。以相关的教育理论作为教研活动的指导，就相当于站在前人研究的基础上进行研究，可让我们的教研活动有更高的起点，减少盲目尝试，进而少走许多弯路。

有相关教育理论的指导，可让我们看清幼儿园教育发展的方向，更加坚定自己的教研活动方向，进而不会去盲目模仿，盲目跟风学习别人的那些不切实际的教研活动。

因此，为了让教研活动更加高效，我们必须为其寻求相关的教育理论作为指导。

2. 落实

在设计和实施幼儿园教研活动时落实理论指导性原则，应该注意以下三点要求。

（1）加强教育理论学习

为了把教研活动开展好，幼儿园教师应该了解和掌握一些名家的教育理论和方法论，如：赞可夫的“教学与发展理论”（强调高难度、高速度、理论知识起主导作用以及让学生理解学习过程的教学原则，对当前的幼儿教育改革仍有重要指导意义）；巴班斯基的“教学最优化理论”（强调在当今条件下以教育因素的最优组合及最少的消耗来促进受教育者的最优发展）；维果茨基的“最近发展区理论”（强调教学要走在发展的前面，教育要不断地创造“最近发展区”，以促进受教育者不断地向前发展）；皮亚杰的“认知发生论”（强调“活动”的重要，强调儿童是在与客观事物交互作用的过程中获得发展的，强调每个儿童都有他独特的认知结构，每个儿童都以他独特的方式来认识世界）；布鲁纳的“课程结构理论”（强调学科的基本结构及发现法对儿童的发展价值）；班杜拉的社会学习理论（强调观察、模仿是儿童学习的重要途径）；斯金纳的“行为主义理论”（强调强化，特别是选择性强化对儿童发展的影响），等等。我们还应该特别加强教研活动涉及领域的学习。表2-1反映的就是教研活动涉及领域的活动目标及其理论基础的对应关系。

表2-1　教研活动涉及领域的活动目标与相关理论

教研活动涉及领域的活动目标	相关理论
行为、技能训练	行为主义学习理论、社会学习理论
知识传授	建构主义学习理论、行为主义学习理论
情感培养	精神分析论、人文主义心理学
语言学习	社会学习理论、行为主义学习理论

幼儿园教师还要学习和掌握一些方法论，如马克思主义唯物辩证法、系统论、信息论、控制论等，这些理论对于提高幼儿园教师的理论思维能力很有帮助。

（2）要有运用教育理论的意识

在设计和实施教研活动的过程中，无论是组织者还是参与者，都要注意相关教育理论的学习，并且要有运用教育理论思考和指导教研活动的意识。在设计和实施教研活动之前，首先要思考相关的保教工作问题与哪些教育理论有关，这些理论可以为解决相关的保教工作问题提供哪些策略和方法上的支持。在学习、研究透相关理论后，再据此研究出解决保教工作问题的策略与方法。

在教研活动的过程中，我们反对不重视或忽视相关理论的学习，而去盲目进行保教工作的改革或尝试，因为如此盲目的尝试，很可能对幼儿和幼儿园的声誉造成伤害。

（3）要善于总结和归纳

幼儿园教研活动的组织者与参与者要善于利用相关的理论对本园、本人正在进行的教研活动进行总结，将教研活动过程中获得的感性经验提升到理论的高度，进而更好地指导自己的保教工作，也更好地让别人学习借鉴。

如果我们缺乏相关的专业理论素养，对于相关的保教工作问题，不知道为什么解决了或为什么没有解决，那么这样的教研活动既不能为自己今后的保教工作提供有效的指导或经验教训，也不能供别人学习借鉴。

二、幼儿园教研活动设计的程序与规范

幼儿园教研活动一般包括“发现并确定教研问题→设计教研活动方案→实施教研活动方案→反思调整→总结提升→发现并确定新的教研问题”这样一个循环往复、螺旋式上升的过程。发现保教工作中的“真问题”是教研活动的起点，解决保教工作中的问题则是教研活动的最后归宿。教研活动的设计也是从确定教研问题开始，然后围绕如何更有效地解决问题来展开的。下面笔者着重阐述发现并确定教研问题和设计教研活动方案这两个环节。

（一）发现并确定教研问题

幼儿园教研活动是从发现保教工作问题并将其中的问题确立为教研问题开始的。好的教研问题能导引人力、物力、财力去解决保教工作中的问题，能凝聚幼儿园教师的专业智慧，着实地提高保教工作效率，更好地促进幼儿的发展。

1. 园级教研问题的发现与确立

（1）园级教研问题的发现

著名教育心理学家奥苏伯尔在其所著的《教育心理学》一书中曾说：“学习的唯一最重要的因素，就是学习者已经知道了什么，教师应据此进行教学。”由此可见，教研活动的组织者或策划者一定要了解参与教研活动的幼儿园教师已有的专业经验、态度、能力，并以此作为教研活动设计的起点。

幼儿园教研问题有本园教师和教研活动策划者这两个主要来源。

①本园教师。

教研问题直接来源于幼儿园教师。在教研活动准备阶段，教研活动设计者要做足调查——了解本园教师在保育工作、教育教学工作、家长工作等方面主要存在哪些问题，并以此为基础筛选出1~2个园级教研问题。

②教研活动策划者。

幼儿园教研活动策划者，可根据领导团队对幼儿园教育趋势的了解，根据团

队成员对本园保教工作问题的了解，罗列出10个最值得研究的幼儿园教师工作及其对象的问题，然后由全园教师讨论投票决定1~2个园级教研问题。

第一个来源可以让我们获得非常草根的教研问题，这些问题非常贴近本园教师的保教工作实际；第二个来源可以让教师看到更具有前瞻性的问题，看到他们看不到的问题——印证了“不识庐山真面目，只缘身在此山中”和“旁观者清”的道理。

幼儿园教研问题可来自其中的一个来源，也可来自两个来源，这需要教研活动策划者根据问题的价值进行选择。

幼儿园教研问题的适切与否会直接影响到教研活动的效果，如果问题过大过空，教研活动就很可能走过场，其结果可能是“看看激动，想想感动，回去一动也不能动”。衡量幼儿园教研问题适切与否，最关键的是要看教研活动策划者对教研活动的价值定位是否与参与教师的需求一致，幼儿园教师的需求不同，教研活动的具体定位和指向就应有所不同。

（2）幼儿园教研问题应具备的条件

了解了幼儿园教研问题的来源之后，寻找幼儿园教研问题方面的思路就打开了。这样，我们就会发现幼儿园保教工作中有许多“问题”，但这并不是说我们发现的所有问题都能成为幼儿园即将进行研究的教研问题。只有符合以下条件的保教工作问题才能成为我们即将开展的教研活动所要研究的问题。

①具有普遍性。

全园性的教研问题应该是大多数保教人员普遍关心或存在的问题。只有这样的问题，大家研究起来才会有内在的动力；这样的问题解决了，就能普遍地提高本园的保教质量。

每所幼儿园的具体情况不一样，不同城市、不同地区、不同幼儿园所面临的保教工作问题也不一样，从这个意义上讲，不同幼儿园不太可能存在完全一样的幼儿园教研问题及其活动，每所幼儿园都应该根据本园的实际情况选择最需要解决的保教工作问题作为全园性的教研问题。

而对于年级组、教育领域组、个人而言，也应该选择那些小组成员普遍存在的或个人时常碰到的问题作为小组或个人近期的教研问题。

具有普遍性的问题，才能激发相关人员或团队参与教研活动的内在积极性。

②具有可研究性。

幼儿园教研问题的答案应是开放性的——有多种答案，并且是通过教研过程才能获得“答案”。未经研究就能通过其他途径获得“答案”的所谓问题是没有研究价值的。

教研活动的目的是通过研究发现众多的可能解决问题的“答案”，并从中发现最佳的解决问题的方法。

③具有可操作性。

幼儿园教研问题来自保教工作实践，也在保教工作实践中得到研究和解决。幼儿园教研问题的解决，必须带来保教工作实践的改善。幼儿园教研问题的研究主要不是为了解决保教工作的理论问题，而是为了解决保教工作操作层面的问题，要研究出有效的保教工作新方法、新策略、新手段、新形式、新途径等。幼儿园教研绝不应是为理论而理论的纯理论性研究，而应是微观操作性研究。

2．个人教研问题的发现与确立

幼儿园教研活动不仅有全园性的教研活动，还有个人的教研活动。全园性的教研活动解决本园普遍性的保教工作问题，个人的教研活动解决教师个性化的保教工作问题。

幼儿园教师个人的教研问题，可以按照如下思路去发现和确认。

我要改进 ××；
人们对 ×× 不满；
我对 ×× 不满；
问题的根源在于 ××，我能做什么；
我有个想法，想在保教工作中试一试；
怎样才能把 ×× 应用于 ××；
在 ×× 方面我能做些什么。

明确了上述问题，那么解决问题的思路就逐渐明晰了。

3．可供参考的教研问题

下面笔者根据自己的专业经验和专业理念，从自己的视角提出一些教研问题，供大家在选择和确立教研问题时参考。

（1）生活活动问题

生活活动既有满足幼儿生理需要的功能，又具有促进幼儿身心发展的功能。因此，它是幼儿园教研活动所要研究的一个重要对象。下面列举一些值得研究的幼儿园生活活动问题。

- 幼儿不喜欢吃某种食物，怎么办？
- 在生活活动（吃、喝、拉、撒、睡、穿衣）中如何尊重幼儿的自主需要？
- 在生活活动中如何培养幼儿的自主性？
- 生活活动如何关照幼儿的尊重需要？
- 生活活动如何关照幼儿的交往需要？
- 生活活动如何关照幼儿的心理安全需要？
- 幼儿不喜欢午睡怎么办？
- 基于幼儿自然的生理需要的生活活动制度制定研究。
- 生活活动与幼儿的责任感培养研究。
- 生活活动与幼儿的感恩心理和行为培养研究。
- 生活活动与幼儿的独立性培养研究。
- 幼儿午睡活动与安全措施研究。
- 幼儿进餐活动与安全措施研究。
- 幼儿如厕活动与安全措施研究。
- 幼儿喝水活动与安全措施研究。
- 幼儿穿着活动与安全措施研究。
- 改善幼儿食欲不振的措施研究。
- 营造幼儿生理活动（吃、喝、拉、撒、睡）的良好心理氛围策略研究。
- 生活活动中照顾与发展的关系研究。
- 生活活动与幼儿的品行培养研究。
- 幼儿园生活常规必要性研究。
- 幼儿尿裤子、尿床等生理问题的处理流程与标准研究。

- 生活活动中幼儿的自我保护意识和行为培养研究。
- 生活活动中幼儿的文明礼貌行为培养研究。
- 生活活动与幼儿的思维能力培养研究。
- 生活活动与科学教育融合研究。
- 生活活动与艺术教育融合研究。
- 生活活动与语言教育融合研究。
- 生活活动与健康教育融合研究。
- 生活活动与社会教育融合研究。
- 生活活动与社会主义核心价值观教育融合研究。
- 一日生活活动的流程与标准研究。
- 幼儿园食育研究。
- 一日生活活动中教师的站位研究。
- 生活活动中的适度危险性原则研究。

……

生理需要的满足是其他需要产生的基础，因此，要通过研究幼儿的生活活动，在充分关照幼儿生理需要的基础上促使幼儿更好地发展。

（2）**游戏活动问题**

游戏是幼儿在园活动的基本方式，在满足幼儿的心理需要和促进幼儿的发展方面有着十分重要和独特的作用，是幼儿园教研工作的另一个重点。幼儿园游戏活动中有许多值得研究的问题，下面列举一些。

- 关照幼儿游戏自主性的策略研究。
- 游戏中同伴冲突的指导策略研究。
- 玩具有效投放策略研究。
- 游戏有效指导策略研究。
- 游戏中培养幼儿的责任感研究。
- 游戏中培养幼儿的良好行为习惯研究。
- 游戏中培养幼儿的抗挫折能力研究。
- 游戏中培养幼儿的交往能力研究。
- 游戏中培养幼儿的合作意识和行为研究。

- 游戏中培养幼儿的思维能力研究。
- 游戏中培养幼儿的记忆力研究。
- 游戏中培养幼儿的反应速度研究。
- 游戏中培养幼儿的专注力研究。
- 游戏中培养幼儿的想象力研究。
- 沙水游戏的辅助材料投放策略研究。
- 表演游戏或结构游戏有效准备的策略研究。
- 提高运动性游戏魅力的策略研究。
- 有效提高游戏挑战性的策略研究。
- 提高游戏发展功能的策略研究。
- 游戏中有效关照幼儿心理需要的策略研究。
- 美工区游戏的介入时机与策略。
- 阅读区游戏的介入时机与策略。
- 语言区游戏的介入时机与策略。
- 社会区游戏的介入时机与策略。
- 科学区游戏的介入时机与策略。
- 数学区游戏的介入时机与策略。
- 艺术区游戏的介入时机与策略。
- 角色区游戏的介入时机与策略。
- 建构区游戏的介入时机与策略。
- 厨艺区游戏的介入时机与策略。
- 运动区游戏的介入时机与策略。
- 种植区游戏的介入时机与策略。
- 饲养区游戏的介入时机与策略。
- 沙水区游戏的介入时机与策略。
- 表演区游戏的介入时机与策略。
- 探究区游戏的介入时机与策略。

……

游戏是幼儿最喜欢的在园活动，也是幼儿的一种生存状态。在幼儿的思维模式里，人世间的一切都是以游戏的方式存在和展开的，因此，幼儿教育工作者要尊重幼儿的游戏精神，让幼儿在游戏中获得更大的满足和发展。

（3）集体教学活动问题

幼儿园集体教学活动是幼儿园促进幼儿发展的一种重要活动方式。下面列举一些值得研究的集体教学活动问题。

- 如何评价幼儿的绘画作品？
- 如何评价幼儿的绘画能力？
- 绘画教学中教与不教的界限研究。
- 艺术教育中模仿与创造的界限研究。
- 集体教学过程中教师讲授的界限研究。
- 教学常规的有效性研究。
- 教学常规与幼儿发展研究。
- 集体教学中的导入形式及其有效策略研究。
- 教学环境创设的有效策略研究。
- 最近发展区理论与幼儿园科学活动教学策略研究。
- 最近发展区理论与幼儿园语言活动教学策略研究。
- 最近发展区理论与幼儿园社会活动教学策略研究。
- 最近发展区理论与幼儿园艺术活动教学策略研究。
- 最近发展区理论与幼儿园健康活动教学策略研究。
- 皮亚杰的同化、顺应理论与幼儿园科学活动教学策略研究。
- 幼儿数学活动游戏化策略与方法。
- 幼儿语言活动游戏化策略与方法。
- 幼儿社会活动游戏化策略与方法。
- 幼儿健康活动游戏化策略与方法。
- 幼儿艺术活动游戏化策略与方法。
- 在各领域活动中关照幼儿的尊重需要策略与方法研究。
- 在各领域活动中关照幼儿的关爱需要策略与方法研究。
- 在各领域活动中关照幼儿的交往需要策略与方法研究。
- 在各领域活动中关照幼儿的自我表现需要策略与方法研究。

- 在各领域活动中关照幼儿的成就需要策略与方法研究。
- 在各领域活动中关照幼儿的归属需要策略与方法研究。
- 舞蹈教学活动中怎样教给幼儿舞蹈技能更有利于他们的发展？
- 绘画教学活动中怎样教给幼儿绘画技能更有利于他们的发展？

……

幼儿园集体教学活动研究的核心是集体教学活动的有效性问题和效率问题。有位学者说，现在幼儿园的集体教学活动中80%是无效的。这虽然有点夸张，但纵观幼儿园集体教学活动的现实，我们确实可以发现，幼儿园里大量地存在着形式主义的、低效率的甚至无效或负效的集体教学活动。因此，在幼儿园集体教学活动中，我们一定要有一种务实的态度，努力提高教学效率，争取以相对少的教学投入，更好地促进幼儿的发展，努力建构一种务实而高效的幼儿园集体教学活动体系。

（4）家长工作问题

幼儿园教师以幼儿和家长为服务对象。幼儿园家长工作质量不仅会影响幼儿的发展和幼儿园的声誉，还会影响幼儿园教师能否体验到职业幸福感，因此幼儿园及其教师必须重视家长工作。下面列举一些值得研究的家长工作方面的问题。

- 幼儿入园焦虑家庭应对策略研究。
- 化解各种家园冲突的流程与标准。
- 微信平台与家园沟通研究。
- 家园联系栏有效策略研究。
- 家园沟通策略与方法研究。
- 家长会主持的流程与标准。
- 家长会内容设计的原则。
- 应对家长无理要求的流程与标准。
- 与高知家长沟通交流的原则与要求。
- 与年长家长沟通交流的原则与要求。
- 与年轻家长沟通交流的原则与要求。
- 与祖辈家长沟通交流的原则与要求。
- 与幼儿的保姆沟通交流的原则与要求。

- 家长课程资源利用的原则与要求。
- 家园共育的流程与要求。
- 幼儿园教师在家长面前展示对幼儿关爱的技术与要求。
- 幼儿园教师赢得家长尊敬的技术与要求。
- 家长讲座设计与实施。
- 家园冲突与化解策略、方法研究。
- 解决家园冲突的流程与标准研究。
- 与不同性格的家长交流的策略研究。
- 与家长交流其孩子问题的策略与方法研究。
- 幼儿园亲子活动设计与实施的策略、方法研究。

……

幼儿园应该集中人力、物力、财力来研究影响教师职业幸福感的家长工作问题，让教师在家长工作方面得心应手，进而真正体会到职业幸福感。

（5）师幼互动问题

师幼互动是促进幼儿健康发展的重要路径，也是幼儿园教师专业素质的一种体现。幼儿园教师必须重视师幼互动的质量，努力提高师幼互动的效率和效果，更好地促进幼儿的发展，下面列举一些值得研究的师幼互动方面的问题。

- 师幼互动中有效性提问策略与方法研究。
- 师幼互动中有效性答问策略与方法研究。
- 应对幼儿求助的策略与方法研究。
- 化解师幼冲突的策略与方法研究。
- 幼儿同伴冲突解决的有效策略研究。
- 幼儿不良情绪化解的有效策略研究。
- 向幼儿表达关爱的技术与要求。
- 向幼儿表达尊重的技术与要求。
- 批评惩罚幼儿的技术与要求。
- 表扬奖励幼儿的技术与要求。

……

师幼互动质量和效率提高了，幼儿就会得到更好的发展，幼儿园教师就会获得职业幸福感。

（二）设计教研活动方案

幼儿园教研活动方案就是教研活动设计者或筹划者根据教研活动目标、内容而策划的一种教研活动安排。设计教研活动方案是对教研活动过程的精心策划，是教研活动设计者或筹划者将教研活动内容内化的过程，是对教研活动资源整合与利用的过程，是研究和关注本园保教工作的过程。

教研活动方案是幼儿园实施教研活动的主要依据，是教研活动设计者或筹划者的教育理念、教研活动组织能力和教研能力的重要体现，是其专业素养的综合体现。有了具体的教研活动方案，幼儿园组织教研活动就有备而来，就能应对教研活动过程中出现的各种具体情况，提高教研活动效果和效率，确保教研活动的顺利开展。

1. 幼儿园教研活动方案设计的原则

为了让教研活动方案能更好地指导教研活动实践，设计教研活动方案时应注意以下五个原则。

（1）指导性原则

教研活动方案是教研活动设计者或筹划者为组织和指导教研活动而精心设计的教研活动蓝图。将要达到的教研活动目标，要完成的教研活动任务，教研活动过程与措施、时间、地点、参与人员及要求等，均应反映在教研活动方案中。

（2）操作性原则

优秀的教研活动方案对教研问题的选择、教研活动方法的运用、教研活动的流程与要求等都做出具体明确的规定和安排，这一系列安排都带有极强的可操作性，成为教研活动主持人组织教研活动的可行依据。

（3）预演性原则

教研活动设计者或筹划者设计教研活动方案的过程，实质上就是实际教研活动的每个环节、每个步骤在教研活动设计者或筹划者头脑中的预演过程。它能使教研活动设计者或筹划者如亲临真实的教研活动情境，对教研活动的每一个细节都周密考虑、仔细策划，为教研活动的顺利进行提供可靠的保证。

（4）**最佳化原则**

教研活动方案设计要充分考虑教研活动的效率，努力追求以最少的付出（包括教研活动主持人、参与教研活动的教师、幼儿园的财力、物力等的付出）来获得最佳的教研活动效果。

（5）**可行性原则**

教研活动方案要充分考虑本园教研活动传统、幼儿园的教研活动资源情况，还要考虑主持人的专业素质、本园教师的专业基础、本园的物质设备等与教研活动的协调性。脱离本园教研活动基础的教研活动方案，设计得再好、再完美也是无法实施的，是无法取得预期教研效果的。

2．幼儿园教研活动设计体例与模板

一份完整的幼儿园教研活动方案一般来说主要包括教研活动名称、教研活动负责人、教研活动参与者、教研活动内容与目标、教研活动过程与措施等要素（见表2-2）。

表2-2　幼儿园教研活动设计的模板

教研问题	
教研问题的来源	
教研活动前的基础	
教研活动涉及领域的理论基础	
教研活动的内容及预期目标	
教研活动的形式	
预期的教研成果	
教研活动过程及时间安排	
需要园方提供哪些支持	
教研活动的评价与反思	
活动负责人	
参与人员	

对于表2-2，有必要说明的是以下几点。

①教研问题：要具体明确、简洁明了。

②教研问题的来源：来自实践中的困惑，或者来自教育文献或政策法规，或者来自用相关理论对实践进行的审视。

③教研活动前的基础：主要说明本园教师对相关保教工作问题有何经验、关注点、感到困惑的问题、思考等。

④教研活动涉及领域的理论基础：相关的教育学、心理学基础以及国家相关的教育政策法规。

⑤教研活动的预期目标：预期教研活动后参与教研的教师在专业情意、专业行为、专业认知三个方面会发生哪些变化。

⑥教研活动的形式：案例分析活动、专题研讨活动、观摩研讨活动等。

⑦教研活动过程：它是教研活动方案的主体部分，主要阐明教研活动的步骤、人员分工、具体的操作措施与做法。教研活动过程一般包括导入研究主题、研讨交流并形成经验、提升经验、巩固经验等环节。

在设计教研活动过程的时候，应该认真思考如下几个问题。

- 每个教研活动环节设计的目的是什么？为什么要这么设计？
- 每个教研活动环节的设计是否体现了教研活动目标？你想怎样去达成教研活动目标？
- 每个教研活动环节中使用什么方法或策略来引导教师参与教研活动的积极性？
- 怎样体现教研活动主持人与参研教师之间的有效互动？
- 参研教师在每一个教研活动环节中可能会出现什么问题？该如何应对？

上述几个问题思路清楚了，将有利于更好地设计出高效的教研活动过程。另外，每一个教研活动环节的提问语、指导语、组织语、过渡语，主持人要心中有数，否则教研活动中就会出现环节不紧凑甚至混乱的局面。

⑧需要园方提供哪些支持：园方的支持包括物质和精神上的支持，还包括拟请哪些专家参加教研活动。

下面提供两个完整的幼儿园教研活动方案（见表2-3和表2-4），供大家参考。

表2-3　小班生活区游戏材料投放的改进策略研究[1]

教研问题	如何根据小班幼儿的年龄特点提供生活区的游戏材料，引发他们主动游戏，促进他们的发展？
教研问题的来源	青年教师杨老师担任小班教师，她在开展班级区域游戏时发现：孩子们在选择游戏材料时，选得最多的是简单且易操作的串珠游戏材料，而对其他游戏材料较少光顾。虽然教师也尝试引导孩子们去玩其他材料，但过不了多久，他们仍会恢复原样。 杨老师提出自己的困惑：如果把幼儿乐此不疲的游戏材料更换了，他们的兴趣会受到影响；如果继续让幼儿操作这种游戏材料，幼儿的发展又会受到抑制。作为教师，应该怎么做？
教研活动前的思考及准备	**1．教师们的争议** 在生活区中，把幼儿玩得很熟练的材料换下来，幼儿就会玩其他材料了。但是，撤掉幼儿玩得很熟练的材料，是否会抑制幼儿的兴趣呢？如果长期操作低水平的材料，是否又对幼儿的发展不利呢？ **2．问题分析** （1）归因分析。从录像片段及杨老师的案例陈述，可以看出问题的原因：教师在生活区投放的其他材料，在设计上偏难，而且摆放的位置以及材料的颜色和造型也不够吸引幼儿。 （2）问题实质。教师对幼儿区域游戏的观察和反思不够，才会导致幼儿在进行区域游戏时喜欢操作个别材料，而对其他材料没有兴趣。 **3．解决问题的策略** 主持人针对问题的分析，提出新的问题引发大家思考：如何改进和丰富生活区材料，让幼儿喜欢操作，并促进他们的发展呢？ 活动采用“头脑风暴”的形式，通过生活区游戏材料的分类进行分组讨论，进行思维的碰撞，最后通过专家的引领，让教师们透过现象看本质，提升大家的专业水平。 **4．教研准备** 前期积累：进行理论培训“区域活动的组织与实施”，提前告知本次活动的内容并自主准备。 资源材料：投影仪、生活区游戏片段录像、笔记本电脑。
教研活动涉及领域的理论基础	（1）《幼儿园教育指导纲要（试行）》指出：“环境是重要的教育资源，应通过环境的创设和利用，有效地促进幼儿的发展。” （2）《3—6岁儿童学习与发展指南》提出：“要珍视游戏和生活的独特价值，创设丰富的教育环境，合理安排一日生活，最大限度地支持和满足幼儿通过直接感知、实际操作和亲身体验获取经验的需要。”

[1] 本教研活动案例由武汉大学幼儿园四分园瞿丽老师提供。

（续表1）

教研活动的内容及预期目标	教研活动内容：小班生活区游戏材料投放的改进策略。 教研活动预期目标： （1）探讨小班生活区游戏材料投放的适宜性与有效性，针对不足提出具体的改进方法。 （2）让教师进一步明确动态性投放区域材料的策略与方法，积极有效地为幼儿提供促进他们发展的区域游戏材料。
教研活动的形式	案例分析式教研活动、行动研究
预期的教研成果	通过杨老师抛出的问题和录像片段，分析问题存在的原因，并在智慧的碰撞和相互切磋学习中，找出提高区域游戏材料投放的有效性的策略。 通过此次教研活动，提高教师观察幼儿的能力，鼓励教师关注幼儿的“最近发展区”，注重不同材料的发掘与运用，引导幼儿真正地投入活动并不断地进行尝试、探索、创造。
教研活动过程	研究步骤： **1．教研活动前** （1）教研预案的撰写。 （2）教研预告通知。 （3）教师材料的收集。 **2．教研活动中** 呈现问题—聚焦问题—分析问题—解决问题。 **3．教研活动后** 教研评价与反思。 人员安排如下。 ■ 主持人：青年教师组组长 ■ 案例讲述人：小班教师杨老师 ■ 小组记录人：通过PPT 小组自己安排 ■ 小组中心发言人：小组推荐产生 ■ 专业引领者：武汉大学幼儿园园长 教研过程： **1．案例呈现，抛出问题** 播放视频，聆听杨老师讲述自己班级的案例并抛出问题。 案例： 生活体验区是结合小班幼儿的年龄特点以及发展需要，专设的一个培养幼儿生活能力的活动区域。结合当前主题学习的内容，我们从幼儿的衣、食两方面投放了相关的材料，如穿珠子、扣扣子、夹夹子、拧瓶盖等。 从录像中可以看出孩子们最常玩串珠材料，对其他的材料较少光顾。虽然

（续表2）

教研活动过程	我也会引导孩子们去玩其他材料，但过不了多久，他们仍会恢复原样。有老师建议我，把孩子们玩得很熟练的材料换下来，他们就会玩其他材料了。如果这样，是否会抑制孩子的兴趣？但长期操作低水平的材料，又不利于幼儿的发展。希望大家能给我支支招，帮我找到问题的症结，走出这样的困境。 **2．自由讨论，畅所欲言** 主持人根据杨老师的困惑，提出问题：在生活区中，为什么幼儿只喜欢操作串珠材料，而对其他材料没有操作兴趣呢？ 大家畅所欲言，发表自己的看法。 主持人小结，进行归因总结：对于投放的材料，其操作任务的难度要适宜适度，要具有形象性与情境化的操作特点，要选择适宜的呈现方式。 **3．聚点讨论，集体反思** （1）主持人提出新的问题：如何改进和丰富生活区的材料，让幼儿喜欢操作，并促进幼儿发展呢？ （2）分组讨论，教师根据小班生活区投放的不同属性的材料（衣服类材料、食物类材料）进行分组研讨，提出对材料的改进方法。 **4．中心发言，广集众智** （1）美衣组和美食组分别推选一位教师，通过 PPT 的形式呈现自己组的讨论结果，陈述本组的策略与方法。 （2）主持人梳理小结，归纳两组材料的改进策略。 **5．以点带面，引领提升——邀请曹园长进行专业引领** （1）简单回顾区域材料投放的四个原则：材料的低结构性原则、情感性原则、层次性原则、动态性原则。 （2）了解投放游戏材料的方式对幼儿游戏行为的影响。 ①结合情感性原则，小班生活区材料应更富有童心童趣。 ②结合层次性原则，小班生活区材料应更关注横向联系。 ③结合动态性原则，小班生活区材料应更注重及时调整。
需要园方提供哪些支持	（1）对教师进行相关知识的理论培训：区域环境创设的基本原则、区域材料的选择与投放、区域活动的组织与指导。 （2）录像机、多媒体、笔记本电脑。
教研活动的评价与反思	这次的教研活动像是一次“集体反思”，由于活动中的案例问题来源于教师教育实践中的具体问题，所以激起了教师的研究热情与关注。在这个过程中，每一位参与教研的教师既是投资者，又是获益者，投资的是个人的教育任职经验，获得的是群体的认知结晶，大家在合作和互动中共同成长、共同提高。本次教研活动的目标达成度很高，教研活动取得了实质性的效果。 在研讨过程中，教师们提出了一个新的问题：当发现幼儿感到材料操作有难度时，教师该何时介入、如何介入？ 针对这个问题，我们先将问题抛给老师们，引起大家对问题的有意关注，鼓励老师们收集一些相关信息、准备案例素材，做好下次教研活动前的准备，以便大家在下次教研活动中从情绪到经验都能做到有备而来。

（续表3）

活动负责人	保教干事
参与人员	30岁以下的青年教师
拟请专家	武汉大学幼儿园园长

表2-4 离园环节教师的组织策略研究[1]

教研问题	离园也精彩——如何化解离园时的忙乱
教研问题的来源	幼儿园针对“幼儿来园和离园环节的组织与指导策略”开展了一系列的教研活动，有理论培训、实地观摩、分组研讨等。在研讨的过程中，我们发现大多数年轻教师对离园活动仍然存在着一些困惑。开展自我反思时，有70%的教师都提出了“离园时十分忙乱”这一问题。基于教师的问题，我们生成了本次教研活动的主题“如何化解离园时的忙乱”。
教研活动前的思考及准备	**1．对教师的分析** 在研讨“离园环节”这一主题前，为了让幼儿安全结束在园一天的生活，在家长来接时呈现出衣着整洁的面貌，离园环节中教师的主要工作是帮助幼儿整理衣物，导致幼儿存在消极等待现象。经过了几次以“离园环节组织策略”为主题的教研活动之后，教师除了关注幼儿的安全与整洁，也开始重视发挥离园环节的教育作用，尝试着丰富幼儿离园环节活动的组织：让幼儿进入区域活动；与幼儿一起回顾在园一天的快乐时光；组织幼儿欣赏自己与同伴，分享愉悦的体验……家长来园前，教师能有序地组织离园活动，班级氛围轻松而愉悦。但一旦到了家长开始接孩子的时候，场面就变得混乱无序。虽然教师想了一些解决办法，但是效果并不尽如人意。 **2．对研究问题的分析** （1）问题分析。 托小班教师的主要问题是：家长来接时，如果有一个孩子往门口跑，其他大部分孩子也会迫不及待地往门口挤，到底怎样才能将托小班的离园活动组织得井然有序，又使孩子乐在其中呢？ 中大班教师的主要问题是：家长来接时，孩子们对教师组织的离园活动兴趣不大，虽然幼儿园制定了一些离园时应遵守的规则，可孩子们一看到家长来到门口，就会表现得很兴奋，离园环节仍然很吵闹、无序，即使教师不停地提醒，也无济于事。 （2）影响因素分析。 幼儿因素：托小班幼儿年龄小，对家人的依恋情感强，而且喜欢模仿，自控能力弱；中大班幼儿也存在自我控制能力较弱的原因，而他们挑战规则的心理开始发展，对活动规则表现出反叛心理。

[1] 本教研活动案例由武汉大学幼儿园四分园邓芳静老师提供。

（续表1）

教研活动前的思考及准备	教师因素：组织的离园活动的形式、内容较乏味；注重了安全性，忽略了幼儿的自主性。 家长因素：希望见到孩子的急切心情；对幼儿离园规则不了解。 **3．预设用什么策略有效地解决教师的问题** （1）案例分析：中班程老师和小班陶老师讲述案例，使教师们进入离园环节的教育情境中。教师们通过听案例讲述产生共鸣，同时深入分析幼儿离园无序行为产生的原因，产生寻求有效解决策略的愿望。 提问：你认为该案例中幼儿产生这种行为是什么原因？ 物质准备：教育案例、PPT、记录用的卡纸、笔、白板、磁贴、笔记本电脑。 （2）头脑风暴：首先，主持人引导教师透过案例中出现的现象分析原因，并帮助教师理清思路，为下一个环节中离园组织策略的思考夯实基础。然后，教师自由组合成两个小组，针对问题和原因进行讨论，将自己的思考、经验与同伴分享、交流，打开“自我反思”与“同伴对话”之门。最后，每个小组推选一名中心发言人发言，提升教师团队的合作与分享意识。 提问：在组织幼儿离园活动时，两位老师具体运用了哪些策略？针对她们的教育行为和困惑，你有什么建议？老师们可以结合自己在组织离园活动时的策略和方法来谈。 提问：在不同年龄段幼儿的离园环节，教师可以运用怎样的组织策略来帮助幼儿快乐、有序地离园？ （3）专业引领：教师是教研活动的主人，管理者在为促进教师的专业发展提供支持和帮助的同时，也肩负着保证教研活动质量与实效的关键任务。专业引领分享让教师明晰离园环节教师组织策略的核心，深化理解，体现了团队学习的力量。 **4．教研活动前的准备** 知识经验准备：教师前期已接受过离园环节组织策略的相关培训，并在实际工作中有运用策略组织幼儿离园活动的经验。 场地准备：在多媒体教室中把桌子摆放成半圆状。
教研活动涉及领域的理论基础	（1）《幼儿园工作规程》中指出：“幼儿园日常生活组织，应当从实际出发，建立必要、合理的常规，坚持一贯性和灵活性相结合，培养幼儿的良好习惯和初步的生活自理能力。” （2）《幼儿园教育指导纲要（试行）》在社会领域中提出要“在共同的生活和活动中，以多种方式引导幼儿认识、体验并理解基本的社会行为规则，学习自律和尊重他人”。
教研活动的内容及预期目标	教研活动的内容：离园环节教师的组织策略。 教研活动的目标： （1）解决教师在幼儿离园环节中遇到的问题，提高教师在离园环节中的组织指导能力。 （2）通过研讨，巩固教师关注离园环节的观念，形成有效的指导策略。

（续表2）

教研活动的形式	案例分析式教研活动、专题研讨
预期的教研成果	通过一次有主题的园本教研活动，帮助教师找到一些解决幼儿离园时忙乱问题的办法，提升教师在离园环节中的组织和指导能力。
教研活动过程	研究步骤及人员分工如下。 ■ 问题的收集、整理：各年级组教研组长、保教干事 ■ 教育案例的撰写、讲述：程老师（中班）、陶老师（小班） ■ 教研主题的传达及任务安排：各年级组教研组长 ■ 相关材料的收集：全园教师 ■ 教研场地、设备、材料准备：保教干事 ■ 教研活动方案撰写、主持：托小班教研组长 ■ 教研活动记录、总结：中大班教研组长 ■ 教研活动过程中的计算机操作：保教干事 具体的操作措施与做法如下。 **1．趣味测试题** 首先，请在场的每一位老师一起做个心理小测试，测试的题目是这样的：在吃苹果时，你有什么特别的习惯或喜好呢？ A．一定要把皮削干净，切成一小块一小块的，并装在盘子里，美美地吃。 B．把皮削一削，不切就吃。 C．把皮擦一擦或洗一洗就直接啃。 D．懒得吃，喜欢打成汁。 刚才的趣味测试题不一定科学，但它告诉我们，个性不同的人在处理同一件事情时会用不同的方法。那么，在幼儿离园活动的组织中，我相信每一位老师都有自己独特的做法。在实践中，我们也一定积累了许多精彩的故事，下面我们就进入今天教研活动的第二个环节——故事大家说。 **2．故事大家说** 在这个环节，我们要一起分享两位老师在组织离园活动时所发生的真实故事。在听的过程中，我们可以思考这样两个问题： 第一，两位老师在教育实践中具体运用了哪些教育策略？ 第二，针对她们的教育行为和困惑，你有什么好的建议？ 首先与大家分享的是小班的陶老师。（教育案例讲述和屏幕显示） **教育案例1** 由于我带的是新小班，在刚开学阶段的离园环节中，孩子们的情绪不稳定，看到有家长来接，就心里着急，一窝蜂地往外拥。一边是孩子拼命往外冲，一边是家长伸长了手臂要拉孩子。我既要拉着孩子又要卡着家长，有的家长还需要和我沟通孩子的情况，而教室里有的孩子就“趁机”乱跑，有的甩书包，有的叫爸爸妈妈，场面很混乱，让我手忙脚乱。 针对离园环节的这些问题，我们老师在开家长会的时候也跟家长进行了沟通，希望家长们配合，在离园时有秩序地排队接孩子，需要和老师沟通交流

（续表3）

教研活动过程	的家长等孩子们全部接完后再和我们沟通。除此之外，我也在离园环节中开展了一系列的活动，比如“送笑脸”（根据孩子每天的点滴进步表现，在他们的额头上贴一张笑脸贴纸）“讲故事”“变魔术”等多种形式的游戏活动，可是效果不佳。只要到了家长来接的时候，如果有一个孩子往门口跑，就会有部分孩子也迫不及待地往门口挤；如果有一个孩子的情绪不好，其他的孩子就会受到影响，也跟着哭闹。 我现在感到很困惑，到底怎样才能将新生班的离园活动组织得井然有序，又使孩子乐在其中呢？ 接下来与大家分享的是中班的程老师。 **教育案例2** 每当请孩子们收拾好自己的物品等待离园时，他们都知道家人即将到来，总是显得格外兴奋，爱听的故事不想听了，喜欢唱的歌曲也不想唱了。我在前面组织活动，孩子们在下面窃窃私语：“今天是谁来接你呀？”“等下我们一起在下面玩滑滑梯好不好？”“你今天到我家去玩行吗？”……放学的音乐一响起来，孩子们便欢呼雀跃起来，纷纷跑到教室门口寻找自己的家人。家长来接时，现场常常一片混乱。为此，我组织孩子们讨论“爸爸妈妈来接的时候，我们应该怎么做”。孩子们都抢着答道：“要排队，一个接着一个出教室。”“不能都挤在门口。”“要和小朋友、老师说再见。”……我对孩子们精彩的回答给予肯定。可是一见到家长，他们就会把之前说的话抛到九霄云外。就算我不断提醒，也没有几个孩子听我的，大家都兴奋地跑了出去。我既要关注教室里孩子的情况，又要仔细观察跑出来的孩子，看看有没有家长来接。孩子们离园让我忙乱不堪。 怎样才能让孩子们说到做到、保证孩子们离园时的安全有序呢？为了让孩子们对自己离园时的情况有更直观深刻的认识，我请班上的另一位老师偷偷地拍下了他们离园时混乱的场景，让他们看，他们一看都低下了头。于是，我请孩子们再次讨论自己的行为会产生怎样不好的后果，与他们再次讨论家人来接时的常规要求，并表扬了头一天离园时能耐心等待的孩子。在家长们快到班上时，我提醒他们：“孩子们，待会儿要说话算数哟！”一段时间下来，效果还不错，家长来接时孩子们不再随便往门外跑。可我发现，每到临近离园的时间，孩子们对我组织的离园活动都兴趣不大。一看到家长来到门口，他们就会表现得很兴奋。因此，离园环节仍很吵闹，即使我不停地提醒，也无济于事。到底怎样组织离园环节，才能让它更有序、更有趣呢？ 感谢两位老师与我们分享了她们在组织离园活动时的生动故事，但同时她们也提出了自己的困惑。接下来进入教研活动的第三个环节——行为大揭秘。 **3．行为大揭秘** 两位老师都提出了同样的困惑：怎样让离园活动变得有趣而有序？小班孩子因为渴望见到家人，情绪低落，不愿参与老师组织的活动；中班孩子一方面自我控制能力较弱，另一方面挑战规则的心理开始发展，对活动规则表现出逆反心理，不遵守自己参与制定的离园规则。那么，请大家用专业的眼光和实践经验来审视、解读两位老师在案例故事中所呈现的教育行为。在组织

（续表4）

教研活动过程	幼儿离园活动时，两位老师具体运用了哪些策略？针对她们的教育行为和困惑，你有什么建议？大家可以结合自己在组织离园活动时运用的策略和方法来谈。（将教师发言及主持人总结后的原因在大屏幕上同步呈现） **4．妙招大家出** 大家发言都很积极，由于时间关系，我们分成两组进行教研，每组解读一个案例。一组思考让中大班离园活动有趣、有序的策略，一组思考让托小班离园活动有趣、有序的策略。由于大家都有过带各个年龄段幼儿的经验，今天老师们可以自由选择进行组合。选择讨论中大班离园活动组织策略的老师请到我的左手边，选择讨论托小班离园活动组织策略的老师请到我的右手边。讨论时间为20分钟，每组选出一名中心发言人，在讨论结束后与大家分享本组的策略。 （小组中心发言人发言） 请讲故事的两位老师跟大家讲讲，在听了大家的建议后你们有什么感受。 老师们妙招连连，就如何化解离园时的忙乱、让离园环节有趣而有序讨论出了不少的策略与方法。下面进入我们今天的最后一个环节——策略共分享。 **5．策略共分享** （业务园长进行专业引领） 离园活动是琐碎、繁杂的，是一日活动中画龙点睛的一笔，也是孩子一日活动的完美谢幕。让孩子离园环节变得有序，是一项长期的、日积月累的、循序渐进的工作，需要我们更多地关注与研究，提出更多有效的组织策略。现实中还有很多的问题有待我们继续思考、摸索与尝试。希望今天的活动能给大家以启迪，拓展大家的思路，为大家的教育实践注入更多的活力。
需要园方提供哪些支持	（1）物质支持：提供多媒体教室和各种物质材料。 （2）专业支持：教研活动前，帮助梳理教研问题，确定典型案例；教师研讨结束后，业务园长进行专业引领。
教研活动的评价与反思	（1）是否实现预期的教研活动目标？ 通过教研活动，达到预期目标。教师们对两位老师讲述的案例中的教育现象，从幼儿的年龄特点、教师的教育策略、家长的教育影响等方面进行归因分析，并找到了适宜的教育策略，开始重视家长在离园环节中的作用。 （2）未达到教研活动目标，其原因是什么？它又引出了哪些新的值得研究的问题？对新的问题有何思考？ “如何正确科学地解读幼儿的行为，真正地体现以幼儿为本的快乐、有序离园”是值得教师在今后的工作实践中不断深入研究的问题。
活动负责人	托小班教研组长
参与人员	幼儿园全体教师、保教干事
拟请专家	业务园长

3. 幼儿园教研活动方案的思维建构

在编写教研活动方案之前，我们应该先在头脑中对整个教研活动进行建构。经过头脑中的预先建构后再动手写，这样就会思路清晰、效率倍增。在头脑中对教研活动进行建构，一般按以下程序进行。

（1）确定问题

请列出期望改进的保教工作中的3~5个问题。为了获得初步设想，我们一定要认真考虑：保教工作的实际现状如何？有哪些亟待解决的问题？为了解决这些问题，我们能做些什么？

（2）寻找解决途径

我们可以通过回答下列问题，开始寻找解决问题的途径。

- 对于这个问题我了解些什么？
- 对于这个问题我需要知道什么？
- 怎样寻找解决途径？（可以通过请教同行、查阅参考书、研究网络上的教学案例、参加培训等）
- 我所发现的其他解决方法是什么？

（3）应用解决途径

应用解决途径，即确认最佳的解决问题路径，同时思考它的可行性。这时，我们应该思考以下问题。

- 在所有解决方法中哪一种最合适？
- 实施这个解决方案需要什么（资金、设备、材料等）？
- 什么时候、在什么情况下可以运用这种解决方法？

（4）预期结果

预期结果，即预期教研活动的结果及如何收集材料支撑这些结果。这时，我们应该思考以下问题。

- 我期望得到什么样的结果？良性结果包括我的态度及观点、幼儿活动方式、幼儿对活动的参与程度、我的知识范围和技能等方面的改变。
- 我将怎样为结果收集信息？可能的收集方法包括拍照、录像、写观察日记、督促幼儿记录在你指导下进行的工作、调查活动以及测试等。
- 怎样分析所收集的信息？具有可行性的分析包括将图片或录像片段进

行分类、整理日记和工作记录题目、将调查结果按涉及你自己的具体问题进行分类等。

- 怎样解释所收集到的信息？具有解释机制的方法包括从不同角度展示并解释图片或录像、用图表及文字来说明所进行的活动的数字数据，以及它们对你最初的问题所构成的意义。

（5）理论发展

理论发展，即对自己在教研活动过程中所获得的“结果”进行梳理，并以适当的方式与人分享。为此，我们可以思考以下问题。

- 我对于自己的实践有哪些看法上的转变？
- 在我将来的实践中会有哪些方面的变化？
- 通过参加这次教研活动，我有什么能与其他教师分享的好主意？
- 我怎样与其他教师分享我所得到的启示和所萌发的见解？

根据教研问题的涉及面，教研活动的主体可能是全园保教工作人员，也可能是年级组或个人，但不管是何种研究主体，都要充分调动其研究的主观能动性，把面临的问题明确化，让大家集思广益，把问题解决的路径最佳化。

幼儿园教研活动是在千变万化的保教工作中进行的，对问题的分析和方案的设计不可能一下子达到周密的程度，需要借助不断的尝试和调整，逐步加深对问题的认识，积累解决问题的经验，提高研究水平。

第三章

幼儿园教研活动的实施

幼儿园教研活动实施就是指将设计好的教研活动方案付诸实践、解决保教工作中的实际问题的过程。它的质量直接影响到幼儿园教研活动的效果。因此，我们有必要研究如何更有效地实施各种教研活动。

一、幼儿园教研活动实施的原则

幼儿园教研活动的实施原则就是指幼儿园教研活动在实施过程中必须遵守的基本要求。在实施幼儿园教研活动时要遵循四个原则。

（一）目的性原则

幼儿园教研活动的根本目的就是解决保教工作过程中的问题，提高保教工作的效率，并在这一过程中提高幼儿园教师的专业素养水平。教研活动要围绕教研活动的这一根本目的来实施。从教研活动的设计到教研活动的实施都不能离开这一根本目的。

1. 理由

在教研活动实施过程中坚持目的性原则的理由主要有以下四点。

- 明确幼儿园教研活动的根本目的——解决保教工作过程中的问题，提高保教工作的效率，提高幼儿园教师的专业素养水平——有利于调动幼儿园教师参与教研活动的内在积极性。许多幼儿园教师不喜欢参加幼儿园开展的教研活动，其根本原因是他们看不到这些教研活动对改进他们工作的任何意义。
- 可避免教研活动过程中出现主持人和其他参研者“跑题”“开小差”的

情况，进而提高教研工作效率。

- 可以集中大家的精力、智慧在最短的时间内解决最棘手的、影响最大的保教工作问题，进而促进保教工作质量的提高。
- 有利于幼儿园形成求真务实的风气。如果幼儿园平时开展教研活动就是为了解决自身存在的实际问题，不空谈、不弄花架子，做实事、讲效果，那么解决真实的保教工作问题就会成为一种风气。

坚持教研活动的目的性原则，可让我们不忘初心，不断地提高教研活动效率，将幼儿园教育水平提高到应有的水平。

2．落实

在教研活动实施过程中落实目的性原则应注意以下五点要求。

- 永远铭记幼儿园教研活动的根本目的：提高保教工作效率，促进幼儿园教师的专业成长。
- 以教研活动目的为核心来展开教研工作的每一个环节。
- 以教研活动目的来导引教研活动的各项工作，杜绝游离于教研活动目的之外的形式主义教研活动。
- 以教研活动目的来约束、引导参研者的言行，杜绝参研者的一切与教研活动目的相悖的言行，让大家聚焦于教研问题的解决。
- 以教研活动目的的达成度来评价教研活动的效果。

在教研活动实施的过程中，我们应该考虑如何实施更有利于本园保教工作问题的解决，如何实施更有利于本园教师业务水平的提高。

（二）主体性原则

幼儿园教研活动只有充分调动全体参研者的积极性、能动性和创造性，方能取得预期的效果。

1．理由

在教研活动实施过程中要坚持主体性原则的理由主要有以下四点。

- 参研者是教研活动的主体——是他们要研究，是他们去研究，是研究他们在保教工作中面临的问题，只有教研活动成果转化为参研者的保教理念和行动，才能说明本次教研活动是真的有效了。

- 只有参研者的内在积极性被调动起来了，他们在教研活动过程中才能更加自律、更加自觉，研究问题、解决问题的效率才会更高。
- 只有参研者的创造性被调动起来了，在教研活动过程中才会有更多思想火花的碰撞，专业智慧才会被激发出来，保教工作问题才有可能被更有效、更有创造性地解决。
- 幼儿园教师只有参与教研活动的全过程，才能更好地理解和运用教研成果。

2．落实

在教研活动实施过程中落实主体性原则应注意以下五点要求。

(1) 教研活动主持人要将参研者当作主体来看待

每位参研者在参研之前都有自己的专业背景——经历、经验、理论和能力，主持人不要认为参研者都是带着个“空脑壳”来参加教研活动的——相反，每位参研者都是“满脑壳”来的，他们希望被当作教研活动的主体来对待。

(2) 全园性教研活动所研讨的必须是本园保教工作中所面临的问题

全园性教研活动研讨的问题应该是保教工作人员普遍面临的问题，只有在广泛征求大家的意见并认真讨论的基础上确立，它才能真正反映保教工作人员的工作要求，这样的问题才能真正引起教师内在的需要和兴趣，才能使他们有参与研究的内在动力。

(3) 让每位参研者都有属于自己的研究任务

为了提高大家参与教研活动的积极性，一定要让每位教师在相关问题研究中都有属于自己的一份任务——无论是研究计划的制订、研究计划的实施，还是研究成果的展示交流，都应该尽可能地让每位教师都参与其中，让每个人都有一份具体的任务，创造条件让每位教师都尽可能地发挥其应有的作用。如果一位教师在教研活动的各个环节中都是以“听众”“旁观者”的身份出现，那么他对幼儿园所举行的各种教研活动也就没有什么积极性了。

（4）创设一个宽松、平等、民主的工作环境

一般情况下，幼儿园教研活动都是在严肃、严谨的氛围中展开的，活动中沉闷的气氛、教研活动组织者常有的以上对下的态度和威严，让教师们不能充分表达和创造。民主、平等的研讨交流环境是教研活动成功举行必备的条件，只有在这样的环境中教师才能够心情愉悦地参与研讨，才能够具有积极性和创造性，才能够促使幼儿园教研工作健康快速地发展。

（5）重要人物要适当管住自己的嘴

我们发现，普通幼儿园教师在教研活动过程中的主体性能否得到正常发挥，与他们是否能获得相应的人格尊重有关。因此，在教研活动过程中，主持人、园领导、专职教研员，应在教师面前适当地管住自己的嘴，不妨表现得“寡言少语”些，多让教师有发言的机会，这不只是赋予教师在教研中的“话语权”，更表现出了对教师的尊重。

由于主持人、园领导、专职教研员在幼儿园教研活动中处于“重要他人”的位置，他们的意见和建议常常会产生“一锤定音”的效果，但这并不一定是件好事，因为它很可能会阻碍普通教师的独立思考和发言。

从上述角度讲，主持人、园领导、专职教研员在参与教研活动的过程中，不要盲目进行所谓的“专家引领”“精彩总结”，而要让每位参研者，特别是普通教师都有思考、点评的机会，让他们的思维在短时间内得到调动并唤醒，进而逐渐打消他们“等、靠、要”的不良教研心态，激活教师自身的反思能力，使教研活动逐步去“权威化”、去依赖性，从而真正激发教师自主参与教研的愿望和能力。

（三）计划性原则

为了减少幼儿园教研活动的盲目性和随意性，提高幼儿园教研活动的针对性和时效性，必须制订教研活动计划并按教研活动计划来循序渐进地研究和解决本园保教工作中存在的问题。

1. 理由

在教研活动实施过程中坚持计划性原则的理由主要有以下五点。

- 教研工作计划是提高教研工作效率的有效手段。

- 教研工作计划是幼儿园沟通园内相关部门和人员的重要形式。
- 教研工作计划可保证教研工作循序渐进、有条不紊地进行。教研工作有了计划，教研工作的目的就会明确，行动步骤就会十分清晰，这样可避免教研工作的盲目性，让教研工作更加富有成效。
- 教研工作计划在教研工作实施的过程中具有提示、督促作用。如果制订好一个教研工作计划，按照计划的步骤、要求来完成一项工作，结果可能更令人满意。教研工作计划能起到一种督促与监督的作用，可预防和纠正教研活动实施过程中拖延时间、遗忘环节甚至遗忘整个教研活动等情况。
- 教研工作计划具有帮助理清思路的作用。制订教研工作计划的过程是个思考的过程。制订好教研工作计划以后，基本上就已经对某个教研项目心中有数、胸有成竹了。在制订教研工作计划的过程中，已经将教研工作思路理清了，下面做起来自然会水到渠成。即使出现一些意外，其最后结果一般也不会有太大的偏差。

总之，教研计划对教研工作既有指导作用，又有推动作用，制订教研工作计划，是建立正常的教研工作秩序、提高教研工作效率的重要手段。

2．落实

在教研活动实施过程中落实计划性原则应注意以下三点要求。

（1）制订好教研工作计划

好的教研工作计划不需要华丽的辞藻，简单、清楚、可操作是教研工作计划要达到的基本要求。教研工作计划主要是由以下几个要素构成的：教研工作内容（做什么）、教研工作分工（明确由谁来完成，落实责任和标准）、教研工作方法（怎么做）、教研工作进度（什么时候做完）。缺少其中任何一个要素，这个教研工作计划就是不完整的、不可操作的、不可检查的。

（2）注意教研活动计划执行的灵活性

教研活动计划要预测教研活动及其相关因素的变化并制定最有效的应变措施。但是，真实的教研活动环境总是不断变化，总是会出现一些我们事前无法预料的情况。因此，在坚定执行原有教研活动计划的同时，也不要忘记了根据实施计划时具体情况的变化而适当修订计划，以便达到更好的教研效果。在教研实践中应该坚持教研总目标不变，但实现目标的路线可以因情况的变化而随时变化。

（3）多种教研计划结合

教研活动计划有长期计划、中期计划、短期计划及每次教研活动的计划。我们可按照“近细远粗”的原则制订一定时期内的教研活动计划，然后按照教研活动计划的执行情况和环境变化，调整和修订未来的教研活动计划，逐期向后移动，把短期教研计划和中期教研计划、长期教研计划结合起来，并经常检查计划的实施情况，让计划落到实处、收到实效。

下面提供一份教研活动计划供大家参考。

重庆市渝中区实验幼儿园保育组周教研活动计划[1]

一、研究目的

1．明确早操活动及生活活动中保育员的任务及适宜的操作行为。

2．增强保育员与教师的相互配合，共同组织生活活动，提高生活活动质量。

二、研究内容

早操活动及生活活动中保育员行为活动策略。

三、主要研究方法

案例引导法。

四、思考题

1．早操活动中保育员的任务是什么？

2．早操活动中保育员具体做些什么？怎么做？

3．早操活动中保育员应注意哪些问题？

五、中心发言人

××× ×××

六、主要研究过程

（一）活动引入

介绍本次活动的目的和内容，提出参研具体要求。

---

[1] 高巧珍，陈雁，邓大庆，等．幼儿园周教研活动计划范例［J］．早期教育，2001（12）：27-29．

（二）观察案例：中班早操活动中保育员的行为。

观察要点：一看保育员在早操活动前、中、后都做了些什么；二看是怎么做的；三看哪些做法是适宜有效的，哪些做法是不适宜的。

（三）分析案例

采用中心发言人引导性分析与参研人员自由发言相结合的方式分析案例，从以下方面识别案例中的经验与问题。

1．早操活动中保育员的行为目的是什么？

2．早操活动中保育员的行为应发挥什么作用？

3．早操活动中保育员采用了哪些指导方法？

4．中班早操活动中保育员的行为哪些是适宜的，哪些是不适宜的，为什么？

5．早操活动中保育员行为活动的有效经验是什么？

6．早操活动中保育员行为的主要问题是什么？

（四）策略研究

针对早操活动中保育员的行为问题，提出解决问题的假设：

1．进一步增强保育员配合早操活动的目的性，明确配合早操活动的具体任务；

2．明确保育员在早操活动中的行为活动要求；

3．配合早操活动可采用的有效方法。

（五）实验验证解决问题的假设

在本周的配合早操活动中尝试运用策略研究环节中提出的解决问题的假设，增强保育员早操活动的目的性，遵循早操中的行为活动要求，选择有效的行为活动方法指导幼儿做早操。

（六）讨论总结完善解决问题的策略经验

专题研究总结《早操活动中保育员行为活动策略经验》，并要求保育员将本次活动形成的策略经验，迁移到进餐、盥洗、午餐、如厕等各项生活活动中，通过常规检查加以落实，提高保育员指导幼儿日常生活的能力。

（设计者：高巧珍）

（四）成效性原则

幼儿园开展教研活动要有实际效果，要对本园保教工作的改善有实质性的帮助，对提高教师专业素养有实质性的帮助。幼儿园教研活动不是为研究而研究，而是为了解决保教工作中的实际问题而进行的研究。

教师参与教研活动，在解决保教工作问题方面，在专业成长方面，在保教工作效率提高方面，都要有看得见、摸得着的收获，这样才能激发教师参加教研活动的积极性和主动性，幼儿园的教研活动才能更好地开展。

1．理由

在教研活动实施过程中坚持成效性原则的理由主要有以下三点。

- 追求幼儿园保教工作实际问题的解决是教研活动的根本任务，也是其价值之所在。
- 只有教研活动对解决幼儿园教师在保教工作中面临的真实问题有效，对提高幼儿园教师的专业能力有效，教师参加教研活动才会有获得感，才会由“要我教研”的被动心态变成“我要教研”的主动、积极心态。
- 以追求实效为目标，可以避免教研活动中的形式主义，可以提高教研活动的效率。

没有实际效果的所谓的教研活动，是形式主义的，是没有必要进行的。

2．落实

在教研活动实施过程中落实成效性原则应注意以下三点要求。

（1）教研问题要来源于本园保教工作实际

教研的问题应来源于本幼儿园保教工作的实际需要，应是保教工作中存在的、迫切需要解决的问题。确立教研问题必须征求教师的意见，或者在专家论证的基础上根据本园发展的水平和本园教师专业成长的阶段提出教研问题，从而以教研工作推动本园保教工作的开展和本园教师的专业成长。教研活动不应脱离本园实际，增加本园教师的工作量，分散教师工作的精力，进而导致本园保教工作质量下降。

（2）教研活动必须有周密的计划

为了确保教研活动取得应有的效果，教研工作必须有目的、有计划地开展，并建立相应的规章制度和规范流程——何时、何地、何内容、何人参加、按什么程序进行、谁是负责人、需要什么支持、预期结果是什么，等等，在教研活动实施之前应该有明确而详细的安排，并告知参加者做好哪些准备。只有这样，教研活动才有可能顺利高效地进行。

（3）教研活动需要专家引领

专家引领对教研活动的顺利、有效开展会起到重要的作用。

- 专家引领为教研活动提供不同的视角，特别是在研讨交流阶段。
- 专家引领有利于教师发现保教工作问题的本质及其解决策略、方法。
- 专家引领有利于教师提升自己的专业经验。
- 专家引领可让教师在专业发展方面少走弯路。

二、幼儿园常见教研活动类型与实施技巧

在幼儿园教育实践中，教研活动存在着多种形式，以适应不同性质的工作、不同难度的问题和不同层次的教师。这些教研活动的类型各有特点，在组织和实施中也有着不同的要求。

（一）集体备课

集体备课，是指幼儿园同年级组教师有计划、有组织地共同制定教学活动目标和方案，分析教学内容重点、难点，并确定突破重点、难点的方法，研究学情，设计优化教育活动方案的过程。集体备课能发挥教师团结协作和互相帮助的精神，体现了集体共研、共同进步的目的。

1．集体备课的优点

集体备课与个人备课相比有以下三个优点。

（1）集思广益

集体备课能充分发挥群体智慧的优势，提高教育活动方案设计的质量。在集

体备课的过程中，通过交流、讨论，甚至争论，问题越议越明，方案越论越好。另外，在集体备课的过程中，大家在互相交流和学习中，能够取长补短、优势互补、共同成长，发挥“1+1>2”的效益。

（2）整合资源

集体备课能放大优秀教师、骨干教师的辐射作用，有利于青年教师的专业能力迅速成长。另外，通过任务分解、共同协作，也可提高工作效率。

（3）增进友谊

幼儿园教师平时工作比较紧张，工作压力大，相互之间交流少，加之竞争激烈，长此以往，容易形成“老死不相往来”的同行关系。集体备课就给教师提供了一个交流的平台，大家坐下来一起谈谈，相互交流思想，容易形成一种和谐向上的环境氛围。

2．集体备课的流程

在集体备课活动开展之前，首先要成立集体备课小组。每一个备课小组以4~6人为宜，人数太多或太少都不利于研讨气氛的形成；每个备课小组成员中专业能力和组织能力最强者担任备课组组长，对于其他成员，要注意不同教龄、不同专业能力人员的合理搭配，以便达到集体备课过程中共同成长的目的。

备课组成员可分为主备人和辅备人。主备人要将自己主备的教学内容研究吃透，梳理出教学内容的知识点、技能点和教学活动目标，确定好教学活动的重难点，并就教学目标的达成、教学重难点的突破做深入的思考和设计，然后形成交流意见，并且在集体交流环节负责主讲该教育活动方案的内容。辅备人在集体交流前不用详细地写出相关教学内容的教案，但也要对教学内容研读通晓，理清教学内容的知识和技能体系，梳理出教学活动的知识点和技能点，并初步考虑相应的教学设计。

备课小组成立后，每学期临放假时，组长要根据小组成员的兴趣和特长将下学期的备课任务分配落实给不同的主备人。

备课小组成立后，备课小组的集体备课活动可按照以下流程进行。

（1）初备课

主备人和辅备人都要在研究教学内容的基础上抓住教学的关键点，列出自己的困惑和疑问，主备人要拿出更加详细的教案，并做好集体交流时主讲的准备。

（2）集体交流，并形成“共性教案”

每周应集中研讨交流一次。主备人在上课前两周将课备好，其他教师也要对相关内容的备课进行适当的思考；在上课前一周同一备课组的教师集中听主备人讲他备课的内容及其在备课过程中的困惑与思考，然后大家进行研讨——每个人都对其教案提3个优点和3个改进建议，最后形成一个综合了大家教育智慧的“共性教案”。在研讨会后，由主备人将“共性教案”录入计算机，以电子文稿的形式提供给组内教师使用。

在这一过程中特别要强调的是，集体备课中的交流是建立在教师个人独立钻研教学内容、教学方式方法、幼儿学习特点的基础上的相互交流。每位教师在集中研讨前都一定要深入研究相关内容的教学，在集体研讨时应当积极参与讨论，发表自己的独到见解，不能仅仅当“听客”和“看客”，这样才会真正有智慧的碰撞，才会产生教育智慧的火花，才会促进共同发展。

（3）形成个性化教案

每位教师要根据自己班幼儿的实际情况以及自己的个性、自己的教学风格对“共性教案”进行个性化处理——知识技能点的拓展，或者教学方法的更换，或者教学片段的增删，进而形成“个性化教案”。

教育教学是个性化很强的创造性活动，它没有固定模式，需要教师灵活运用教育教学方法；对他人的经验，教师必须根据本班幼儿的实际情况和自己的教学风格、特点，创造性地加以借鉴。

可以说，世界上没有最好的教案，只有最适合你、最适合你们班的教案。

（4）实施后的反思与交流

在将教案付诸实施后，对教案中的成功之处、失败之处要进行反思、修改、评价，并做好记录，在下次针对相同内容的集体备课或在下次备课组教师集中研讨时进行交流。

3．集体备课应处理好两个关系

（1）集体备课与个体备课的关系

①个体备课是集体备课的前提和基础。

每位教师在参加集体备课前，都要做好充分的准备：熟悉集体备课的内容、钻研教育活动内容、设计教育活动方案、做好发言准备等；备课中发现的问题、所做的思考以及心得体会也应记录下来，以便与同行探讨。如果不在集体备课之前进行个体备课，集体备课的水平就无法提高。可以说，以“个体备课”促“集体备课”，能大大提高集体备课的质量和水平。

②集体备课是对个体备课的提升和完善。

集体备课的过程是教师自我矫正、反思提升、完善提高的过程。相对于传统的个体封闭式备课，集体备课能使教师在沟通、交流、研究、讨论中对备课思想、资源、技术、方案进行再设计、再补充、再创造，从而实现智慧的碰撞和资源的共享，实现教师间的传帮带和整体业务水平的提高，培养教师的合作意识和探究能力，同时还可以克服个人备课的片面性和随意性，提高教师教育教学的科学性。

③集体备课与个体备课和谐共生。

指向“和而不同”的集体备课要在充分酝酿、日趋完善的集体备课智慧的基础上，能动地发挥教师个体的潜能，保证在多次修订集体教案的过程中彰显教师个人的教学魅力。这样，教师就能把集体备课与个体备课有机地进行结合，根据自己的教情、学情，批判性地吸纳集体生成的智慧，修正原先的教学思路，解决制约教育活动的诸多问题，设计并撰写自己的教育活动方案。

（2）主讲人与其他教师的关系

在集体备课前，主讲人把其具体思路和教案呈现于大家面前，并不是要大家全盘接受，而是针对具体的内容进行探讨，对个别之处还要进行修改。所以，其他教师应认真听，记下欠妥之处，然后集体讨论、互相启发、取长补短，提出更好的建议。

4．集体备课需要问题引领

备课是教育活动的准备，是教育活动的前奏。集体备课仅仅着眼于预案是不够的，还必须关注问题的讨论。集体备课的功能如果只是定位为设计教育活动方案，就容易使教师只关注教育活动方案的各个构成要素而忽视自己的存在，最终导致集体备课求同略异，丧失针对性，缺少特殊性，从而流于形式。那么，每次集体备课要解决哪些问题？这些问题从哪里来？问题应从自己的教情、学情中来，也可从执教过这部分内容的教师那里得到。带着问题去备课，才能让我们的教育活动方案更有价值！如果集体备课能帮助教师解决实际教育活动中的问题，就会激发他们参与的热情，吸引他们积极地参与集体备课。

从这个意义上讲，集体备课需要“问题”的引领，并通过集体的教育智慧解决相关的问题。

5．“过程”比“结果”更重要

集体备课之前的“个人备课”是十分重要和必要的。在集体备课中，如果只让主讲人去对该教育活动的过程做深入的构思，其他教师不去深入解读文本、搜集材料、选择教法，就不能产生相互的交流、启发、争论、碰撞，其他教师就不能形成自己的观点、见解和看法，充其量只能是“看客”和“听众”。每位教师都落实好个人钻研这一过程，是集体备课最大限度地发挥作用的重要前提。

“共性教案”要有一个转化为“个性化教案”的过程。在集体研讨交流后，往往会形成较为完善的“共性教案”，但不同的教师有不同的教学风格，有不同的教学对象，有不同的班级教育活动资源，因此，教师们在集体备课的基础上要归纳、提升和再创造，然后设计出最适合自己教学风格、最适合本班幼儿情况和教育活动资源情况的个性化教育活动方案——这样的方案才是有效的教育活动方案。

集体备课活动要有一个研讨交流的过程，让大家的思想和智慧得到交流与碰撞，进而促进大家专业素养的共同提高。集体备课与其说是追求“统一教案”的结果，不如说是追求思想和智慧的交流与碰撞的过程。

6．集体备课的重点是备“幼儿”

一些幼儿园集体备课“重‘教’轻‘学’”，只重视研讨“教师如何去教”，而忽视对“幼儿如何去学”进行研讨。要实现教师的“教”为幼儿的“学”服务，就要在备课中从教与学两个方面设计活动，要研究教师如何运用教法、如何运用学法去突出重点、突破难点，而一些幼儿园在集体备课中恰恰忽略了对这些内容的研究。在集体备课中，不仅要研究教师“教什么”“怎么教”，更要研究幼儿“学什么”“怎么学”，以及教师的“教”如何为幼儿的“学”服务。基于这样的认识，许多学者建议将“教案”改为“学案”（即幼儿的学习方案），这样备课就是设计幼儿的学习活动方案。

7．集体备课应该避免的误区

（1）将集体备课等同于统一教案

有的幼儿园为了规范园内集体备课的管理，要求大家做到统一活动目标、统一活动重点和难点、统一教育活动过程、统一教具和学具等，经过多人主讲、一人主笔，最终统一形成一份“精品教案”，打印后发放到个人手中或在园内局域网上发布。这样的统一管理看上去比较实用，能够随时接受上级的检查且不出差错，而且教师操作起来比较方便，但“统一教案”并不符合教育教学规律。每位教师的个性、专业素质基础、专业特长是不一样的，另外，不同班级的班风及其幼儿的经验、能力基础也是不一样的，因此，“统一教案”不符合因材施教原则，也不利于各位教师在教育教学过程中形成和发挥自己的专业特长、形成各自的教育风格。

所以，在集体备课后，每位教师还要根据个人特点和本班幼儿的具体情况进行重新备课，让“统一教案”更加符合本班教育教学实际。

（2）权威人士的“一言堂”

有的幼儿园会挑选一位有经验的老教师或教学骨干担任备课组长，由于组长在教师中有一定的威望和地位，所以在集体备课中，研讨往往由组长说了算。新教师或能力不强的教师不敢轻易发表自己的观点和见解，完全听从组长的意见。一些年龄稍长的老教师则甘拜下风，自称“年纪大了，跟不上形势”，在活动中以倾听为主，出工不出力。这样的“研讨”氛围，直接导致了以个人观点代替集体智慧，在一定程度上降低了集体备课的质量。

（3）缺少研讨的过程

有的幼儿园进行集体备课，其更大的目的是减轻教师的负担——将原来由各位教师单独完成的所有活动方案的设计任务，平均分解、分别落实到相关教师的身上，然后各人完成各自的备课任务后，将各自设计好的活动方案汇总，刻成光盘或发到局域网上，大家分享。这种集体备课的方式，确实减轻了教师的负担，但由于缺乏共同研讨的过程，所以也就缺乏相关教师心灵上的碰撞和共同智慧的结晶。

英国文学家萧伯纳说：“你有一种思想，我有一种思想，交流后每个人都拥有两种思想。”通过集体备课，让每一个参与者收获更多的思想和方法，助推各自的专业成长，这正是集体备课的价值所在。

（二）说课

幼儿园的“说课”，是指幼儿园教师在独立完成教育活动设计的基础上，面对同行、专家、领导，以讲述的方式表达自己的教育活动设计构想及其理论依据的一种教研活动方式。

有许多幼儿园教师认为：说课就是“我准备怎么组织与实施教育活动，我就怎样说出来”。其实，说课的本质并不是这样的。说课是要说清楚：教什么、怎么教、为什么教这些内容、为什么这样教。教师在说课的过程中，不仅要将书面的教案说出来，更要将隐含于教案后面的设计思想、教育理念、具体依据说出来，强调的是说出教师为什么要这么设计。所以，说课重在说“理”，即你这样设计和组织教育活动的道理。

写教案与写说课稿是不同的。写教案是教师在吃透教育活动内容的基础上精心写出教育活动方案，只要写清楚“做什么”“怎么做”就可以。而写说课稿则不仅要写清楚“做什么”“怎么做”，还要写清楚“为什么做这些”“为什么要这样做”。因此，说课不能仅仅按照自己写好的教案详细讲解教育活动如何开展。

说课和上课也不同。上课是将设计好的教育活动方案付诸实践的过程，是促进幼儿发展的过程；而说课则是向听者介绍一次教育活动的设想，使听者听明白你在这个预设的教育活动中将要做什么、为什么要这样做。上课是教师与幼儿的双边活动；说课则是以教师自己的解说为主。

说课者所说的教学活动，必须是自己亲自开展或自己设计的活动，如果说别人组织或设计的教学活动，就不能称为说课；说课的内容中必须有具体的教育活动过程及其理论依据，否则，同样不能称为说课。以上是构成说课的两个必要条件，二者缺一不可。

说课的目的是促进教师更好地掌握幼儿园教学的有关理论，进一步熟悉教学内容，提高教师处理教学内容、合理选择教法、进行实际教学的能力，以及口头表达、逻辑思维等能力，进而全面提高幼儿园教育质量。

1. 说课的意义

幼儿园说课具有以下意义。

（1）可促进教师对教育教学理论的学习和运用

说课，不仅要求教师说教什么、怎样教，更主要的是说出为什么要教这些内容、为什么这样教。这就要求教师除了具有丰富的专业文化知识以外，还必须具备一定的教育思想和教育教学理论水平，用科学的教育教学原则去阐述其理论根据，使听者不仅知其然，且知其所以然。这也促使教师必须认真学习和钻研教育教学理论，提高自身的理论素养。

（2）可加强教师对教学内容的钻研和理解

教学内容是教学的依据，因此说教学内容是说课的第一环节。说教学内容主要包括说教学内容所处的地位及前后联系、教学内容的编排意图、教学目标及制定目标的依据、教学内容的重难点及确立依据。要说透这几点，教师就必须很好地钻研、理解、吃透教学内容及其前后的逻辑关系。

（3）可强化教师对教法的研究和选用

说教法就是把教师所要采用的科学合理的教法介绍给大家，它是说课的第二环节。教学方法多种多样，各有各的优势和局限性，各有其适用范围和条件，这就要求说课者必须首先研究和熟悉各种教学方法的特点，然后根据教学内容的特点和幼儿的特点、教学目标、园内设施、教师自身的特长，选用适当的教法，或者对多种教法进行综合、优化使用，从而取得理想的教学效果。这无疑对教师提出了更高的要求，强化了教师对教法的研究和选用。

（4）可促进教师对学法的探索和指导

现代教学论从重教法的研究转向重学法的研究，要求教师不仅向幼儿授“鱼”，更重要的是授之以“渔”，应教幼儿从“学会”转为“会学”。这就要求教师必须介绍其利用本次教育活动教给幼儿哪些学习方法、培养提高幼儿什么样的能力以及为什么这样做等，以达到总结经验相互交流、探索规律逐步完善的目的。这无疑促进了教师对幼儿学法的探索和指导。

此外，说课还可提高教师的表达能力，也能使教师集思广益，提高教师的教学水平。

说课，不像示范课、观摩课那样受时间、场所和师资条件的限制。它较好地将“教”和“研”结合起来，而不像观摩研讨课一样，教师上完课就完成了任务，很少去反思自己是怎样教的和为什么要这样教，听课教师囿于水平和碍于情面，也很少认真评课，使教研活动流于形式。

2．说课的内容

（1）说教学活动名称

教师要表述清楚该教学活动是哪个年级组、哪个领域的。幼儿园活动的综合性很强，如果教师不说明是哪个领域的内容，很容易造成误解。比如“小兔子采蘑菇”这个活动，如果不表明领域，就可以把它理解成体育活动，或者美术活动、音乐活动、语言活动等。另外，同一活动，对于不同年级组的幼儿会有不同的要求，比如同是“吹泡泡活动”，在小班进行时只要求“会吹泡泡”，而在大班进行时，则要求研究“泡泡里有什么”“如何才能将泡泡吹得更大”等。因此，说课时说清楚该活动适合哪个年级组开展十分重要。

（2）说教学活动来源

说教学活动来源能让听者明了上课者为什么组织这样的活动，了解活动背后的原因。活动可来源于幼儿的兴趣，或者偶发事件、主题活动、文学作品等。教师在表述活动来源时还应对幼儿的已有经验、情感态度做简单介绍，比如之前做过哪些相关活动，幼儿已经具有哪些经验、能力准备，学习状态如何等，还要说明本活动的必要性：本活动对社会发展要求的回应；本活动对幼儿素质发展的必要性、针对性；本活动在相关领域活动中的地位。

（3）说学情

说学情，就是说明学习者（幼儿）的情况。教师要说清本班幼儿发展的基本情况，尤其是与将要开展的这一活动密切相关的幼儿的实际发展水平，不同层次幼儿的水平、特点、优势与不足，以及幼儿的可接受性等情况。“说”这一环节，使教师将平时对幼儿进行观察所得到的零散印象逐步条理化、明晰化，有针对性地表述出来，既能使教师更清楚地了解幼儿，又能使教师将幼儿的发展水平与教育活动设计紧密联系起来，去考虑目标、内容的确定与选择，从而逐步真正做到使教育活动有效地促进幼儿的发展。

（4）说教学活动目标

在说课过程中，教师要说清自己对教学活动目标的认识与确定的考虑，以及为什么要这样做，教师应做出具体表述，说清具体的知识、情感和技能等方面的要求。说出对目标分解与确定的考虑，有利于教师逐步增强目标意识，明确目标与幼儿实际发展水平的关系，既使目标的确定建立在幼儿现有发展水平之上，又能通过活动促进幼儿发展。说出对目标的思考，可让其他教师了解说课教师的设计意图是否合适，长处在哪里，不足方面是什么，再经过讨论与最后的实施，使教师对目标的确定与表述更加清楚。

（5）说教育活动内容

这是教师说清“教什么”的环节，是教师在把握幼儿发展水平的基础上，根据目标选择本次活动内容的思维过程。教师不仅要说清选择的教学内容，更要说清为什么要选这些内容以及它与目标的关系、对幼儿发展的作用、与其他活动的联系，还要说清重点与难点内容的安排特点及理由，以及教师对内容所做加工的依据等。

（6）说教学活动准备

教师要说出整个活动中要创设的环境、需要的玩教具和相关的设备，说清做这些准备的依据以及各种玩教具对教学和幼儿发展的功能等。教学活动准备一般包括物质准备和心理准备。物质准备又可分为活动前的物质准备（家长工作、社区协调、环境创设、材料收集、幼儿园活动等）和活动中的物质准备（即有关玩具、教具等材料，包括幼儿用书、课件、教学挂图等）；教学活动的心理准备是指为了顺利达成本次教学活动目标，活动之前幼儿在经验、能力、兴趣、需要、情感方面应做的准备。

（7）说教法、学法

①说教法。

说教法就是教师说明“怎样教”“为什么要这样教”的环节。说教法时，教师要主要说明在本次活动中将采用的教学方法和运用的教学手段，以及这样做的原因，要着重说明自己在其中独创的做法，特别是培养幼儿创新精神和实践能力的具体做法。说教法时，教师要根据教材的特点、幼儿的实际、自己的特长以及教学设备等资源情况，来说明选择某种方法或手段的依据。

为了更好地说好“教法”，教师有必要了解教法是什么、教法有哪些。

说教法中的“教法”其实就是指教学方法。教学方法是教师和幼儿为了实现共同的教学目标、完成共同的教学任务，在教学过程中运用的方式与手段的总称。

教学方法可分为以下五类：

- 以语言传递信息为主的方法，包括讲授法、谈话法、讨论法、读书指导法等；
- 以直接感知为主的方法，包括演示法、参观法等；
- 以实际训练为主的方法，包括练习法、实验法、实习作业法等；
- 以欣赏活动为主的方法，包括陶冶法等；
- 以引导探究为主的方法，包括发现法、探究法、引导发现法等。

在说教法时，许多教师容易将启发式教学法当作一种方法来介绍，而事实上，启发式教学法是一种教学原则，或者说是一种教学指导思想，而非具体的教学方法。

②说学法。

说学法就是说明幼儿要“怎样学”“为什么这样学”的环节。教师要说出让幼儿采用哪些方法进行学习。教师在说学法时要说出教学活动中幼儿怎样学习以及这样学习的依据是什么，在教学活动中如何激发幼儿的学习兴趣，如何引导幼儿积极、主动地探索；还要讲出怎样根据班级特点和幼儿的年龄、心理特征，运用哪些教育教学规律指导幼儿进行学习。幼儿的学习方法主要有体验法、操作法、观察法、小组合作法等。

说教法和学法时应注意：

- 教法和学法可以分别叙述；
- 教法和学法可以合在一起说；
- 教法、学法可以穿插在教学过程中说。

（8）说教育活动流程

这一环节一般要说清楚：总共有几大环节，各环节的主要目标是什么，为什么要分为这些环节。

分环节要讲清楚“教什么”“怎样教”——如何保证教学目标的达成、如何保证重难点的突破、如何保证所有孩子最大限度地达成目标。这要从“选择什么教学方法来突破教学的重难点”“如何引导幼儿学习”“如何帮助幼儿在情感、认知、能力等方面获得提高”以及“为什么这样教”这几个方面说。

说流程的方法，可以是把整个环节的安排先说出来，再逐环节地说，也可以是把一个环节的内容说完后，再依次说下个环节的内容，环节之间尽量用上恰当的过渡语，使整个说课内容浑然一体。

说流程要注意详略得当。对于重点环节，诸如运用什么教学方法突破重难点，要细说，一般环节的内容则可少说，尽量避免流水账式的说法。

几种基本的教育活动流程举例

示范练习型教育活动流程案例：体育活动——学习正面钻

导入活动—准备活动—教师示范（总体示范、分步示范）—幼儿模仿练习、教师巡回指导—游戏练习—结束整理

逻辑归纳型教育活动流程案例：科学教育活动——我长大了

导入活动—启发经验1：我的身体长大了—启发经验2：我的能力增强了—启发经验3：我比以前懂事了—归纳小结：我长大了

逻辑演绎型教育活动流程案例：艺术教育活动——儿歌《伞》仿编

复习儿歌—分析结构—仿编练习1、2、3—展示与小结

探索发现型教育活动流程案例：科学教育活动——什么东西能吸水

魔术导入（激发兴趣）—引导发现（提示方法）—尝试探索（自我学习）—交流讨论（分享验证）—小结（形成概念）—发散迁移（引导应用）

操作练习型教育活动流程案例：数学教育活动——猜图形

出示幼儿认识过的图形—复习图形特征—猜图形游戏—小结图形间的联系与猜图形的策略

（9）说教学活动的延伸

教师应说出怎样延伸活动、延伸的作用、延伸的依据。说这部分，可以反映出教师对本班幼儿发展水平的掌握程度、对促进幼儿在不同水平上发展的理解认识与做法，以及因材施教、对个别教育原理的运用等。

（10）说亮点或特色

说课的核心在于说理，重点要说清为什么要这样教、教学重点和教学难点如何突破。因此，教师在对自己设计教育活动方案过程中的思维活动进行审视后，要突出说明自身的教学风格与特色，要多角度挖掘自己在本次教育活动设计方面

与众不同的地方，包括做法及其原理的不同。

3．说课的基本要求

（1）亲切自然，声情并茂

既然是说课，就要求说课者把为什么这么教和指导幼儿怎样学的科学理论依据等内容“演说”给同行听，而不是简单地“念”给大家听。因此，说课时应尽量脱稿。此外，说课者要精神饱满，充满激情，使听者受到感染，产生共鸣。

（2）详略得当，重点突出

说课的时间一般是10分钟，因此，不能平铺直叙、面面俱到，要突出重点，对“怎样引起幼儿的兴趣”“怎样运用恰当的教学方法、手段来突破教学的重点和难点”等内容应浓墨重彩，予以渲染。

（3）表现专长，突出特色

说课者要能够说出对教学内容、教法、学法有别于常规的特殊理解、安排，充分体现出自己的教学专长，突出教学特色和教学成果。在教学内容的处理、教法的选用、学法的指导、教学情境的设计、教学环节的安排等方面，说课者都应有自己的独到之处。

4．说课应遵循的原则

（1）理论性原则

说课是说者向听者展示其对某个教育活动的教育设想的一种方式，是教育与研究相结合的一种活动。因此，在说课过程中，说者不仅要说清其教育活动构想，还要说清其构想的理论与实践两个方面的依据，将幼儿教育理论与教育实践有机地结合，做到理论与实践的高度统一。

在说课过程中，既要避免空谈理论、脱离实际，又要避免只谈做法不谈依据，还要避免为增加理论色彩而张冠李戴。要做到理论切合实践，而实践是在理论指导下的实践，要做到理论与实践的高度统一。

（2）科学性原则

说课要遵循科学性原则，这一原则要求整个教育活动设计科学合理，并且其背后的依据也是科学可靠的。这一原则要求做到以下三点。

- 说课中教师要从幼儿学习本活动的原有基础和现有困难两个方面分层次地、客观地、准确地分析学情，为采取相应的教育对策提供可靠的依据。
- 论证中所引用的幼儿教育理论应该是大家公认的、被科学证明是正确的。
- 所引用的事实材料应该是客观存在的，而不应是人为编造的。

5. 说课的评价标准

什么样的说课才是好的说课？大家可参考以下标准对说课进行评价。

- 说教学活动内容评价标准：能准确分析教学活动内容的特点及教育价值，并能说出教学内容选择的理论依据。
- 说教学活动目标评价标准：确立教学活动目标及其依据恰当，对教学活动内容的重点、难点和关键点分析正确。
- 说教法及学法评价标准：能选择适合教学内容、幼儿特点、教学资源条件的教法并能说出其理论依据，分析学情准确，并能根据学情选择相应的学习方法。
- 说教学活动流程评价标准：能说清楚教学过程安排的理论依据，能正确分析教学过程安排与目标实现之间的关系，体现环节之间的内在逻辑关系。
- 说教学活动准备评价标准：教学准备能为教学目标的达成服务，能说出教学准备的理论依据。
- 说课者形象、语言评价标准：仪表庄重，举止文雅大方，表情自然、丰富，有亲和力；语言规范，条理清楚，逻辑性强，口齿清晰，表达流畅，有感染力。

幼儿园小班语言教育活动“亲亲长颈鹿”的说课稿[1]

一、说活动名称

小班语言教育活动：“亲亲长颈鹿”。

---

[1] http://wenku.baidu.com/view/2831c539580216fc700afdb1.html.

二、说教育活动内容

《亲亲长颈鹿》这个故事选自小班下学期“有趣的动物”这一主题。该故事选用了小朋友生活中比较熟悉并喜欢的小兔子和长颈鹿作为角色，讲述了一个长颈鹿阿姨助人为乐的故事，特别是小兔子们亲亲长颈鹿阿姨这个情节让人觉得既有趣，又很符合小班小朋友的年龄特点，生活中我们也会经常看到自己班的小朋友亲亲老师的手或者脸蛋来表示他们对老师的喜爱之情。考虑到现在的小朋友大多数都是独生子女，特别是小班幼儿年龄小，个个都“以自我为中心”，缺乏友爱互助的品质，所以我觉得这个故事既符合小班幼儿的年龄特点，又符合他们的现实需要，因此我选择了这个故事并将它与语言和社会两个领域相结合。

本次教育活动的重点：“体验友爱互助带来的快乐”“积极参与故事活动的讨论，大胆地表达自己的想法”。因为对幼儿发展而言，情感态度和行为比知识更重要。

本次教育活动的难点：“用比较完整的句子表达自己的想法”。原因是小班幼儿语言表达能力比较弱，有时只说了半句话就无法再说了，较难表达出自己的想法。

三、说教育活动目标

根据《幼儿园教育指导纲要（试行）》中提出的“发展幼儿语言的关键是创设一个能使他们想说、敢说、喜欢说、有机会说并能得到积极应答的环境”“鼓励幼儿大胆、清楚地表达自己的想法和感受，……发展语言表达能力和思维能力”这些语言教育活动目标和要求，结合小班下学期幼儿年龄小、注意力容易分散、以自我为中心、语言发展不连贯等特点，我将本次教育活动的目标定位为：情感态度目标——“体验友爱互助给大家带来的快乐”；行为目标——“积极参与故事活动的讨论，大胆地表达自己的想法”；认知目标——“在游戏情境中理解故事内容，加深对长颈鹿的认识”。

四、说教育活动准备

为了更好地达成本次教育活动的目标，我做了以下准备工作。

1．物质上的准备。

我给小朋友们准备了小兔头饰，这是为了让幼儿更能进入小兔这一游戏角色中。根据故事，我布置了小河、森林等情境以及道具长颈鹿，这是为了使幼儿在情境中游戏并加深对故事的理解而准备的。此外，为了进一步营造游戏的气氛，我还准备了音乐。

2．知识上的准备。

我让幼儿先认识长颈鹿，了解长颈鹿的基本特征。活动前我让幼儿练习爬和滑这两个基本动作，因为这两个动作是游戏进行所必需的，也是理解故事所必需的。

五、说学情

小班幼儿的年龄为4岁左右，他们处于典型的游戏年龄阶段，处于角色游戏的高峰期，他们对游戏特别感兴趣，平时总喜欢把自己想象成故事中的某一个角色，但由于词汇贫乏，他们在游戏中想说又不知该怎样说，即使说了也很难把自己的意思表达完整。因此，我想让幼儿在游戏情境中体验说话交流的乐趣。

六、说教法

教育心理学认为："学习者，同时开放多个感知通道，比只开放一个感知通道，能更准确有效地掌握学习对象。"根据幼儿的学习情况，我在本次活动中运用了情境教学法、角色游戏法、提问法等。

1．情境教学法。

我尝试打破以往仅用图片进行故事教学的传统模式——根据故事内容为幼儿创设了故事情境，这样幼儿就仿佛置身于真实的环境中，许多不能理解的问题会迎刃而解。幼儿有了实践的经验，联想也就丰富了。比如，小兔子马上要去参加演出了，又过不了河，这让幼儿多么焦急啊，他们会主动地想出各种方法过河。当他们真正过了河，参加了表演，这种心情和我们以往仅仅用图片讲述的效果是完全不同的。

2．角色游戏法。

角色游戏是幼儿最喜欢的活动之一。善良、可爱的兔子形象，深受小班幼儿的喜爱，让他们自己来扮演这一角色，不仅能增强他们参与活动的兴趣，还能让他们充分表现自我、大胆说话。

3．提问法。

在教学中，我尝试改变以往语言教学总是先讲完故事再进行提问的模式，将单一性、回忆式、封闭式的提问方法改成多样性、启发式、开放式的提问，比如："小兔子应该怎样过河呢？""我们该怎么感谢长颈鹿呢？"等等。这些问题既能启发幼儿的思维，又能让幼儿根据自己的生活经验来表达自己的想法。

七、说学法

整个活动让幼儿在看看、听听、想想、说说、玩玩的轻松氛围中掌握活动的重点、难点，幼儿运用了讨论谈话法、游戏练习法等体验和学习相关的内容。

1. 讨论谈话法。

幼儿在讨论、谈话中能无拘无束地说出自己对故事的理解与看法，这是激发幼儿练习说话的积极性的好方法。

2. 游戏练习法。

幼儿在游戏中，边游戏边练习故事中的相关句子，这正体现了《幼儿园教育指导纲要（试行）》提出的"语言能力是在运用过程中发展起来的"这一教育原理。

八、说教育活动流程

结合幼儿的年龄特点及本次教育活动目标，我设计了以下四个环节。

1. 交代角色，引出课题，激发幼儿的兴趣。

在开始部分我就将小朋友们的角色交代清楚，并直接告诉他们要去参加"动物联欢会"了，而他们最喜欢参加表演，因此他们的兴趣很快就被调动起来了。

2. 在游戏情境中讨论出故事情节。

在这个环节，我提出了以下几个问题让幼儿讨论：(1) 我们应该怎么过河？(2) 长颈鹿阿姨怎么帮助我们过河呢？（和长颈鹿阿姨一起讨论后，小朋友们按照讨论出的办法过河）(3) 我们怎么感谢长颈鹿阿姨？（大家一起亲亲长颈鹿）我鼓励幼儿用较完整的语言表达自己的想法，从中体会友爱互助给大家带来的快乐。

这一环节通过提问、游戏，让幼儿在讨论、谈话中大胆地说出自己所看到的、所想到的，你一言我一语，幼儿在轻松、愉快的气氛中提高了自己的口语表达能力。它是解决活动重点、突破活动难点最关键的一个环节。考虑到故事中小兔子涂上口红去亲亲长颈鹿这个教具存在不卫生的因素，所以在设计活动时，我将故事的后半部分进行了一些修改。这样，既避免了卫生问题，又激发了幼儿的发散性思维，让他们知道原来不只是用嘴巴才可以亲的。

3. 完整讲述故事。

这个环节其实重在揭示思想内涵、进行情感教育，我将它贯穿到整个故事的情节中，让幼儿通过回忆的方式完整讲述故事，同时我还运用了提问法，引导幼儿去发现本质：长颈鹿阿姨为什么笑得那么开心？你帮助过别人吗？帮助别人后你的感受是怎样的？通过谈话，让幼儿懂得友爱互助能给大家带来快乐。

4．表演歌曲《春天》。

这个环节是根据故事内容而设计的，它既可以让故事的情节发展得比较完整，又可以满足幼儿的表演欲望，并能让幼儿在表演中充分地抒发他们的快乐情感，最终达到实现活动目标的目的。

俗话说，“教无定法，贵在得法”。今天我所展示的这个活动肯定还存在许多不足之处，希望在座的各位领导、老师给予批评指正，让我在以后的教学实践中，在新的教育理念的熏陶下，和孩子们一起探索、一起成长！谢谢！

【解析】

该说课稿，基本要素完整，教育活动目标明确、具体恰当，符合幼儿的实际，并说出了依据；能讲清活动前和活动中必要的准备工作；教学重点、难点把握准确；对教法、学法选择适当并说清楚了相关的依据；各环节及其过渡设计合理，符合教育学的相关原理，符合幼儿的认识规律和特点。

（三）观摩研讨活动

观摩研讨活动是指围绕某一教育活动中的具体问题而进行的研究活动，它由展示、观摩、研讨等一系列研究行为组成。

开展观摩研讨活动的目的是研讨如何解决本园教师平时所面临的真实问题。因此，观摩研讨活动可以促进教师之间的业务交流，促进教师之间取长补短、互相学习、相互启发，对上课的教师来说也是一种锻炼。

1．观摩研讨活动的流程

观摩研讨活动一般包括以下流程。

（1）选题

幼儿园根据本园保教工作所面临的问题，确定一个供观摩研讨的选题。一个好的观摩研讨选题应具有以下两个特点。

①探索性。

幼儿园应着眼于教育思想、教育观念、教学改革的目标和方向进行选题。具有探索性是决定观摩研讨活动价值的最重要的因素。

②针对性。

选题应是广大教师现实中迫切需要解决的具有共性或倾向性的问题。只有这样，才能引起教师的浓厚兴趣和探索愿望。

(2) 根据选题组织教师学习相关的教育理论

进行相关理论的学习，可以提高教师对相关问题的理性认识，减少实践操作层面的盲目性，有利于提高解决问题的实效性。

(3) 设计出相应的教育活动方案

选题确定后，教师在学习相关理论的基础上，设计出着力于解决相关问题的教育活动方案，然后，由园领导组织相关人员从这些教育活动方案中选择两个风格迥异的具有实效性、新颖性、研讨性的教育活动方案，供观摩研讨交流环节使用。

(4) 展示—观摩—研讨活动

前面三个阶段都是观摩研讨活动的准备阶段，而这一阶段则是正式的观摩研讨交流阶段。这一阶段的程序如下。

①说课。

上观摩课者，在上课前先向观摩者说课，除了完成一般的说课任务外，还要特别对以下问题进行说明。

- 本次教育活动想解决哪些问题。
- 本次教育活动想通过哪些措施来解决上述问题，其依据是什么。
- 对本次教育活动解决相关问题的效果的预期。

②展示—观摩。

上观摩课者，根据设计好的教育活动方案，真实地展示自己在该教育活动中如何解决本轮研讨活动要解决的问题。

观摩者则要认真观摩该教育活动，并积极思考和做好记录。

③研讨交流。

观摩课上完后，上课者对自己组织的本次教育活动进行反思，特别应该反思：本次教育活动所做的新尝试是否已经有效地解决了相关的问题？如果没有像所预期的那样解决了相关问题，原因可能是什么？为了更有效地解决该问题，自己又有了什么新的想法？有哪些新的困惑需要与大家研讨？

观摩者针对观摩课进行研讨：你是否赞同该观摩课解决相关问题的措施，为什么？对解决该问题你有何新建议，为什么？

④形成本次观摩研讨活动的结论。经过研讨交流，大家应该在以下四个方面形成结论：

- 解决该问题的有效措施有：……
- 解决该问题的有效措施可能还有：……
- 在解决该问题方面还有哪些问题需要进一步探讨：……
- 对相关的新的观摩活动的建议：……

2．开展观摩研讨活动应该注意的事项

为了提高观摩研讨课的效益，我们应该注意以下几点。

（1）观摩研讨课应该避免的误区

①将观摩研讨课当作示范课。

由于将观摩研讨课当作示范课，往往会要求上课的教师只能成功，不能失败，因此，许多观摩研讨课都“完美无缺”，令参与观摩研讨的教师自卑不已，或者这些课中看不中用，没有任何研讨意义。由于受这种观念的影响，许多上研讨课的教师心理负担很重，大家都不怎么愿意上观摩研讨课。

其实观摩研讨课就是为大家提供一个研讨的“靶子”，该课展示上课者对某保教工作中某一真实问题的尝试解决，有可能成功，也有可能失败。但不管成功或失败，都具有研讨价值——成功了，我们研讨他如何成功、为什么会成功；失败了，我们研讨他如何失败、为什么会失败、下一步应该如何改进以及为什么要这样改进。

②将观摩研讨课上成“表演课”。

许多观摩研讨课预演、表演、导演的痕迹过重，给人一种“不是听课而是看演出”的感觉。在观摩研讨课实施之前，有些教师会对孩子们进行遴选，挑选部分能力强、老实听话的孩子参与，或者在课前对孩子们进行相关知识或能力上的铺垫和渗透，好让师幼在教育活动过程中有热闹而顺畅的互动。尽管我们提倡上课要声情并茂、感情饱满，但这绝不是提倡教师像演员一样演出，更不提倡整个教育活动像被导演过的一出话剧。

有些教师说，我们宁愿看到一堂原汁原味、哪怕是失败的观摩研讨课，也不

愿看到一堂历经预演、导演再加表演的完美无缺的观摩研讨课。因为从前者，我们能了解到幼儿学习的真实情况，能了解到同行组织教育活动的真实水平和独到之处，也能了解到这堂课失败的原因或成功的经验，听这样一节课，我们有感触、有收获，能指导我们的教学。而“表演型”的观摩研讨课，给人一种假的感觉，对真实问题的解决、对其他教师平时工作的改进没有任何现实指导意义。

③不计代价。

有些教师为了追求观摩研讨课的外在成功，进而获得外在的赞赏，往往会不计成本地投入：观摩研讨课上不合时宜地使用多媒体教学手段，不合时宜地设置了亮丽繁杂的环境或使用不怎么有实效的教玩具，为了保证观摩研讨课的顺利进行，上观摩研讨课时往往会有好几位教师在一旁予以协助……虽然这些措施可能会提高教学质量，但这种不计成本的教学投入，在平时的教学活动中不可能做到，因此它是没有推广价值的。

④研讨环节只说好话。

在研讨环节，许多参与观摩者在评课时或碍于情面，或因不善于发现问题，往往只说“好话”，很少说“坏话”，即使说“坏话”，也只是泛泛地就上观摩研讨课的教师的教学行为进行评价，说一些空话、套话，如：声音小了点、教态有时不够自然、教具的颜色不够鲜艳、环境的布置不够牢固，等等。这让研讨促进教师专业成长的功能大打折扣。

⑤研讨活动重研“现象”，轻“反思”。

很多幼儿园教研活动只是研讨活动哪里好、哪里不好，而对现象背后的原因很少深究、反思，没有对现象产生的教育情境、教育个体的不同进行剖析，或者做了却很肤浅，有点像流水账；有的教研活动喜欢抛问题，不喜欢思考可能的解决策略。

教研活动的目的绝不是对教育活动情况的好坏进行评价，而应将研讨的视角放在教师的思考上。教师从经验中进行学习，通过对过去发生的事件的思考，寻求对过去事件的理解，以帮助自己找到在未来类似情形下新的行为方式，这对教师的专业化成长才具有意义。

（2）明确观摩研讨课的目的

观摩研讨课的目的不是对一次教学活动的优劣进行判断，而是通过对具体教育行为的分析，探索如何在日常教育工作中，将正确的教育观念转化为具体的教育行为，是通过分析一个人的教育行为使更多的人受到启发。因此，观摩研讨活动的组织者要引导教师将注意力集中在分析教育行为及其背后的教育观念上，而不是对个人能力的评判上。

在观摩后进行的研讨活动中，应尽量减少对教师个人“甄别优劣”与“甄别等级”的所谓权威式评价，研讨关注点应集中在新举措与问题解决的有效性上，即：本次提供给大家观摩研讨的教育活动尝试使用了哪些新方法、新举措来解决我们都感到棘手的问题；这些尝试有效地解决问题没有，如果没有解决，原因是什么，如果解决了，这些尝试蕴含了哪些教育原理；该教师所提供的观摩研讨课为我们解决同类问题提供了哪些有效的新思路。

我们坚决反对由于上观摩课失败而对上课的教师进行人身攻击及对其专业能力的贬损；相反，我们应该由衷地感谢他们勇敢地站出来上观摩研讨课，是他们给我们的研讨活动提供了“靶子”，感谢他们为解决我们共同面临的问题所做的努力与尝试，感谢他们的专业勇气！

（3）营造安全、平等的研讨氛围

只有在安全、平等的心理氛围中，大家才会畅所欲言。要通过观摩研讨，引发教师各种观念的碰撞，让教师各抒己见、百家争鸣。为此，管理者可以采取以下两种策略。

①不批评性原则。

为了让每位参研者都畅所欲言，我们主张在研讨交流环节采取“不批评性原则”，即每个人都只能表达自己的不同主张，要相信每个人在提出自己的主张之前都是有所考虑的，在你不了解别人主张背后的“考虑”时，不要批评别人的主张。每个人都可以说：“我不认同你的主张，但我尊重你的主张，同时也尊重你这个人。”这样，发言者就不用担心被别人批判了。

②钝感管理策略。

这里所说的钝感管理策略就是指幼儿园领导在教研活动中适当隐去自己的地位，冷静地观察教研现象，耐心地倾听教师的诉求，不急于发表意见和建议，放手引发普通教师的研讨，协同提炼普通教师的智慧，隐性地推进研讨活动的进程。

在现实中我们时常发现，由于园长过多过早地发言，所以大家的意见很快地、很容易地达成了一致。因此，在研讨交流环节，园长应该尽可能地少表态，尽可能地晚表态，这样更有利于教师畅所欲言，更有利于将研讨交流活动引向深入。

（4）研讨交流要有深度，要生动活泼

研讨交流环节要有一个得力的主持人。这位主持人应是行家里手，他应该既是业务尖子，又有丰富坚实的教育理论基础，同时还有组织能力和概括能力。这样的主持人对把握研讨交流会的导向和推进议题的深化将产生重要作用。

观摩研讨活动还应该事前物色好中心发言人，最好是“外人”，因为“外人”更能站在中立、公正的立场说话，同时，由于“外来和尚会念经”的效应，“外人”的观点可能更容易受到大家的重视。让“外人”有准备地拟好实质性的纲目，尤其要准备好那些有争议的，但又能深化议题的纲目，这是保证观摩研讨活动开展得生动活泼、有质量、有水平的关键环节。

（5）观摩交流活动需要专家的专业引领

观摩研讨课的教研效果要比纯理论的培训好得多，但是我们也有这样的担忧：如果仅有同事间的横向支援，没有纵向的专家的专业引领，没有先进理念的引导，就会造成低水平的重复甚至倒退，正所谓“萝卜烧萝卜还是萝卜”。

因此，我们主张在举办观摩研讨交流活动时，如有条件，最好请相关专家给予相应的专业引领，这样会让我们在相关问题的探讨上少走弯路，大大提高研讨交流的实效。

（四）专题研讨活动

专题研讨活动是指根据本园工作的实际需要，就教师工作中迫切需要解决的共性问题进行专题研讨的一种教研活动形式。专题研讨活动的功能主要有两个：一是在园内营造开展研究和研讨问题的学术氛围；二是通过对一个问题进行广泛而深入的思考，拓宽教师思考问题和解决问题的思路，澄清一些模糊的认识。

专题研讨活动的流程一般包括：选题—设计并进行专题研究—进行专题研讨交流活动。

开展专题研讨活动应该注意以下五点要求。

1．前期研究工作是专题研讨会顺利进行和取得成功的基础

专题研讨会是以前期的专题研究作为基础的，没有前期的专题研究作为基础，专题研讨会就无从开启。

因此，在专题研讨会开始之前，幼儿园要注意组织大家有目的、有计划地进行相关的研究活动：确立研究选题—成立研究组织机构—拟定研究方案—实施研究方案—撰写研究报告和研究论文。

为了优化专题研讨活动的效果，幼儿园要组织好相关人员扎实地开展相关的研究活动并做好相关材料的收集、整理与分析工作。

2．提前将专题研讨会的材料发给大家

专题研讨会召开前两个星期，幼儿园应该将会议的相关材料发给大家，这些材料应该包括：

- 研讨会活动计划（时间、地点、研讨的专题、参与人员、拟请专家、会议议程等）；
- 相关专题研究报告和论文；
- 能引发研讨争论的相关材料；
- 与本专题有关的理论材料。

每位与会人员在会前都要做足“功课”，这样在正式参加研讨时对相关问题就会有更多的想法，在专题研讨会上就会有更多的思想碰撞，与会人员就会得到更多的收获。

3．指定2～3位教师作为主发言人

主发言人在会前要做好发言的准备，如预先写好发言提纲或发言稿。主发言人陈述自己的观点后，其他与会人员进行质疑或讨论。在这里，主发言人有点类似于射击场上的靶子，亮出自己的观点，是为了引来别人对这个问题的不同看法。

一个好的研讨会，需要有不同观点的碰撞。争论越激烈，研讨就越可能接近问题的本质。因此，专题研讨会往往难以产生一致的结论，但有了争论，有了不同的声音，研讨会就取得了很大的成功。

4．约请相关专家与会

约请相关专家与会可以提高研讨会的成效，因为专家对同一问题的视角会与一线教师的视角有很大的差异，约请相关专家可以打开大家的思路，同时由于相关专家有着深厚的学术基础，他们会将相关的专题引向前沿、引向深入。

为了利用好专家资源，会议前要向相关专家说明会议的主题、本园研究的进展、本园需要专家参与的工作、大家的困惑和需要解决的问题等。如果需要专家做相关的专题报告，要事先跟专家说明，以便其在与会前做好相应的准备。

5．注意研讨会材料的整理归档

研讨会后，最好能进行文字总结，将会上的主要观点进行归纳，比如，哪些是比较一致的看法，哪些是有争议的观点，对问题的认识有哪些新的突破，有待进一步研讨的问题是什么等。这样可为本园的研究工作留下宝贵的资料，为今后的深入研究奠定基础。如果专家报告或发言没有提供文字稿，幼儿园要根据录音进行整理，请专家审议定稿后，才能存档。一般专题研讨会结束后应出一期会议简报，反映本次专题研讨会的基本情况及取得的成果。

（五）案例分析法

案例分析法教研活动是指通过对保教工作中真实的、典型的事例的分析或评价，挖掘其中所蕴含的保教工作原理，或发现其中存在的问题，然后提出解决问题的办法和思路的过程。案例分析法通过对实例的理性分析与实际操作来解决实际问题，是教师自己头脑中的理论与实践的结合。通过这种分析，可以增进参与者对教育理论的理解，同时也有助于参与者建立教育理念与实践的联系，从中获得解决问题的经验，并将其迁移到新的保教工作情境中，解决同类保教工作问题，从而有效地提高保教人员的专业能力，进而提高保教工作的质量。

1．案例分析法教研活动流程

案例分析法教研活动流程一般包括以下几个环节。

（1）案例的筛选

选择适当的案例是案例分析法教研活动的起点。没有适当的案例，案例分析法教研活动就无法开始。另外，案例的质量也直接影响到相关教研活动的质量。

一个适用于幼儿园教研活动的案例应该具备以下五个条件。

①有利于教研活动目标的达成。

教研活动中的案例是为教研活动目标的达成服务的，我们应该选择那些有利于教研活动目标达成的正面、反面教育案例，从正反两方面给参与者以教育智慧的启迪。

教研活动的组织者要在明确本次教研活动目标的基础上，确定让教师通过案例分析来掌握哪些保教原理或技能，从自己收集到的案例中筛选出与这些原理或技能密切相关的案例材料。

②具有真实性。

教研活动中的案例应该来自幼儿园保教工作实践。真实才有说服力，也只有真实才能让教师有兴趣去探讨并且相信其所蕴含的教育原理。

③具有典型性。

教研活动中的案例应该具有代表性，应该是具有典型意义的，是教师经常碰到的，这样从教育案例分析中发现的教育原理才更具有普遍的指导意义。

④具有启发性。

教研活动中的案例应该具有启发性，要能给参研者以教育智慧的启迪。

⑤具有研究性。

案例应能引起参研者在原有经验上的认识冲突，有利于其新认识的形成。

被拒绝过程中的等待[1]

浩浩想去剪纸区域，但是这个区域已经人满了。老师说："再等等，也许其他小朋友出来，你就可以进去了。"但是浩浩在门口等了半小时，也没能进入剪纸区域，最后忍不住哭了。老师安慰他："你等了这么久，比进去的小朋友做得还好！"但是浩浩依然觉得很伤心，真的很想进这个区域玩。这位老师安慰了一会儿，没有采取其他办法。之后这位老师反思，觉得很矛盾：让浩浩继续等待好呢，还是破例让他进入这个区域好呢？

[1] 赵虹．例谈案例式园本教研的组织与实施［J］．教育导刊：下半月，2015（6）：74-75．

这是一个很真实的案例，它真实地存在着，很有研究价值。这个案例的核心问题是：幼儿合理的、强烈的意愿与规则之间产生了矛盾，怎么办？是破例照顾幼儿呢，还是坚持规则？在研讨交流中参研者思考和探索了如下几个问题。

- “等待”对幼儿发展的利弊是什么？
- “等待”在什么条件下对幼儿的发展是有利的？在什么条件下对幼儿的发展是不利的？
- “等待”本身有没有教育意义？有什么教育意义？
- “破例”对幼儿发展的利弊是什么？
- “破例”在什么条件下对幼儿的发展是有利的？在什么条件下对幼儿的发展是不利的？

把这些问题弄清楚了，参研者就会明白：有“等待”或“破例”时机时，就不用犹豫，此时“等待”或“破例”就有利于幼儿的健康发展。

（2）案例的精加工

案例选好后，还要对案例进行精加工，高度概括甚至省略与保教原理或技能相关程度低的材料，彰显与保教原理或技能密切相关的情节。同时，还要考虑到案例材料的展示序列——先呈现哪些，后呈现哪些。此外，还要预设一些引导性的问题，以供案例讨论时使用。

真实的谎言[1]

“我们每个人都有自己的影子。它是我们的好朋友，我们走到哪儿，它就跟到哪儿……”这是在对外公开科学活动“认识影子”中，教师最后的小结。为了继续体现活动设计的整体性，教师接着说：“现在，我们大家一起到草地去玩‘踩影子’的游戏，好吗？”

“好！”孩子们欢呼着，跳跃着，一边向客人老师挥手再见，一边跟着自己的老师离开了教学大厅。但是教师并没有带他们去草地，而是回到了自己班的教室……

[1] 万迪人．现代幼儿教师素养新论［M］．南京：南京师范大学出版社，2002：27．

【思考】

1. 我们平时组织幼儿教育活动时是否也存在类似的“真实的谎言”？这些“真实的谎言”存在的深层原因是什么？

2.“真实的谎言”对幼儿会有何影响？“真实的谎言”违背了哪些教育教学原则？

3. 为什么幼儿对“真实的谎言”没有抗议？这又说明了什么？

4. 如果你是案例中的教师，你应该如何让“真实的谎言”变为现实？这种变化利大还是弊大？

5. 如何走出我们平时工作中的“真实的谎言”？

通过案例情节的展现，教师们进入了现实的问题情境；通过问题的引导，他们反思案例、反思自己的工作，然后悟出一些教育实践的智慧，促进自己专业素养的提高。

（3）案例的展示与讨论

按事先准备好的展示序列，组织者向参与教研活动的教师展示案例材料和预设的引导性问题，并给他们一定的理解材料和思考问题的时间，增强他们对材料的感性认识，然后组织他们讨论。讨论包含以下三个方面的内容。

- 揭示案例所隐藏的教育理论观点。
- 感悟教育教学事件中的方法策略。
- 探讨疑难问题的解决措施。

讨论过程中，组织者要像节目主持人那样做好组织引导工作。一方面，要让教师充分表达自己对案例的理解。其中，不同的教师可能会从不同的角度对案例进行解读，甚至会出现对立的观点，从而形成对案例的多角度的解读。另一方面，要掌握好每个人的发言时间，提醒和鼓励有不同意见的教师发言，在确保讨论热烈有序的同时，要让更多的人参与讨论，并认真做好记录。

（4）概括与总结、分析

把讨论过程中收集到的各种意见集合起来，对教师的认识重新归纳或汇总，可以帮助教师继续思考和改进他们的观点，也可以帮助他们更清晰地认识案例中的疑难问题，把解决问题的方案或想法更加具体化。同时，教师看到别人与自己相同的观点，就会受到鼓励，别人不同的观点则可以为教师进一步拓展思路提供参考。

孩子现在没事了吗？[1]

【情境再现】

张老师正在收拾整理饭桌，这时，角落里传出“哎呀”一声。张老师急忙走过去问道：“丽丽，你怎么了？”丽丽哭着说：“呜……，我的头撞到了椅子上。”张老师一看，丽丽的额头上已经起了个包。家长马上就要来接孩子了，这时的你应该怎么办呢？

扮演张老师的年轻老师带着孩子去医务室，正巧保健医生去别的班级了，她就去食堂要了个鸡蛋，帮丽丽揉，因为撞得不严重，过了一会儿丽丽就不哭了。

家长来接丽丽了：“丽丽，你的头怎么了？老师，这是怎么回事？”张老师说：“没事，刚才丽丽的头不小心撞了一下椅子，保健医生没在，我已经帮她用鸡蛋揉了，现在没事了。”

“什么？没事，你怎么知道没事了？！我要找你们园长。”家长咄咄逼人，张老师委屈得都要哭了。

【研讨交流】

教师1：千万不能说孩子没事，我们不是医生，不能下这个结论。

教师2：是啊，也不能说保健医生没在，她只是暂时不在保健室里。我们有制度规定，保健医生不能随便离开岗位。

教师3：在家长没见到丽丽前，要先跟家长说：“今天丽丽在活动区玩得很好。丽丽妈妈，真不好意思，我没带好孩子，刚才她额头碰了一下椅子。丽丽的伤我已经处理好了。您看看是否需要去医院再检查检查。”必须请家长做决定。当然，如果很严重，应该马上去医院。

教师4：晚上还要打电话慰问一下，告诉家长：“您放心吧，明天我一定好好关注丽丽。丽丽这样，老师们可心疼了。”说这些话时一定要发自内心，并且在第二天丽丽入园的时候，马上问问她现在还疼不疼，老师给吹一吹（或看一看）、抱

---

[1] 李冰．情境再现式园本教研：如何与家长进行沟通［J］．早期教育：教师版，2010（9）：38-39．

一抱。让孩子知道，老师很关注她，也很爱她。

教师5：但也不要过分关注，免得让孩子以为老师做错什么了。

教师6：平时的工作中一定要提醒孩子遵守游戏规则，并在健康教育活动中教给孩子与人交往和自我保护的方法。

教师7：发生事故后，要马上带孩子去保健室找医生。如果问题比较严重，要马上去医院，并打电话通知家长，跟家长解释发生事故的缘由，要说明是自己没照顾好，以平息家长的怒气。

教师8：家长来接孩子时，一定要先说："丽丽表现很好，但很抱歉，我没带好孩子。"放下教师的架子，并主动承担责任。晚上一定要打个电话慰问，并在第二天早上一见面就问问孩子的情况怎么样。如果丽丽伤得严重，还要到医院去探望。

……

上述案例体现了幼儿园教师经常碰到的真实工作情境，许多教师处理此类问题时多凭经验行事，没有想得那么周密，如果碰到爱找事的家长，这些话语中的漏洞往往就会成为家长攻击的把柄。

在这样的案例研讨交流中教师往往都很有感触和体会。相信，通过这样的研讨交流，他们今后定会更加周全地处理类似的问题。案例分析法能让教师形成处理此类问题的流程和标准，将大大改善教师的家长工作行为，不但不会激发家园矛盾，还能有效地化解家长的不满，为建构良好家园关系创造条件。

2．使用案例分析法进行教研活动应该注意的问题

为了充分发挥案例分析法在促进教师专业能力发展方面的作用，我们应该注意以下六点。

- 案例应具有多样性，可以是保教工作中遇到的某一具体困难、疑惑或矛盾，也可以是某一特定的问题情境。案例可以是保教工作的真实情境，也可以是采用模拟方式或电教手段再现的保教工作情境。
- 案例应具有开放性，可引起多角度的分析与讨论。
- 案例分析过程应该是一个民主的研讨过程。应该努力避免权威人士的"一言堂"，否则，教师参与研讨的积极性就会受到挫伤。园长要以"平等者中的首席"身份参与对案例的研讨与分析；园长等权威人士不能

成为讨论的中心，不要总是抢先给出结论或观点。否则，就会阻碍教师创造性的发挥。园长要经常强调和鼓励争鸣，不要强求一致。

- 坚持研讨过程中的不批评性原则。在研讨过程中，如果某位教师的看法不合常理，其他教师可以说说他们的不同看法，但不要批评他人不同的意见。应该让所有教师都有展示自己观点的机会，并有机会了解其他人的不同观点。
- 案例分析法旨在建构一个研究共同体，从分析、思考到发言，都需要全体教师的支持和参与。教师既要做有效的倾听者，又要做踊跃的发言者。
- 开展案例讨论的形式要多样化，要有利于调动教师的积极性。案例讨论的方式有：组织者—教师模式、学员—教师模式、组织者—教师小组模式；讨论式、辩论式、研讨式；交互询问式、正方与反方式；等等。

案例分析式教研活动的三种形式及其流程

一、研讨式

其基本流程是：(1) 出示优秀课例；(2) 自主学习课例；(3) 交流学习成果；(4) 自主内化反思；(5) 主持人点评反思。

二、提问式

其基本流程是：(1) 出示案例情境；(2) 提出研讨问题；(3) 教师各抒己见；(4) 点出执教教师做法；(5) 主持人点评反思；(6) 评选“教育能手”。

三、介绍式

其基本流程是：(1) 教师介绍自己在平时的教育教学实践中遇到的特例场景或突发问题案例情境；(2) 提出研讨问题；(3) 同伴互助研讨、交流案例；(4) 由介绍教师点出当时自己的做法；(5) 由介绍人主持共同反思；(6) 评选“教育能手”。

【说明】

评选“教育能手”就是评出本次案例分析教研活动中提出了最佳观点或措施的教师。

3．案例分析法中的案例来源

了解案例分析法中所使用的案例的来源，有利于我们找到更多、更合适的案例供大家研讨。

（1）来自保教工作实践

在保教工作中，每一位教师都会有令人欣喜的、成功的实践，这个成功不一定是很大的成功，可以是自己满意的一次教育活动、一个精彩的教育活动环节的设计、一次巧妙的问题解答或者一次高效的训练等。教师在教育教学活动中也常常出现失误，年长教师有，年轻教师也许更多：本来设计得好好的，可是一上讲台，就讲得乱七八糟的；原以为这样组织教育活动是很不错的，可一试就发现完全行不通。

不管是成功的案例，还是失败的案例，我们都要把它们呈现出来供大家研讨交流，因为它们可以成为教师相互学习、相互启发的桥梁。

面对成功的案例，我们可以研讨：案例成功在哪里？为什么会成功？今后我们将如何把其迁移到相关教育情境中，以更好地促进幼儿的发展？

面对失败的案例，我们可以冷静地想一想：案例为什么会失败？主要症结在哪里？应该吸取什么样的经验教训？可以用什么方法来弥补？在今后类似的情境中该如何避免同样的失误？

（2）来自文献资料

图书和报刊上的备课教案、说课讲稿、教学实录、教育经验等材料中存在着大量的案例素材，我们可以根据本园近期的教研活动目标，从各种文献中选择出一系列的案例来供大家研讨交流。

幼儿失败了

A老师：“你的能力就是比较差。你看你，又失败了。”

B老师：“这次任务太难了，所以你失败了，但你的总体能力还是很强的。下次你再努一把力，发挥得好一些，就会成功。”

研讨交流：

（1）你支持A老师还是B老师的做法？为什么？

（2）A老师、B老师对幼儿失败的不同回应对幼儿的发展有何影响？

(3) 我们平时工作中的哪些地方有A老师的影子？为什么会有这些影子存在？

(4) 我们可从上述案例中得到什么积极的启示？可将它们迁移到今后的哪些工作中去？

“幼儿失败了”的案例来自文献资料，经过加工，它就成了我们教研活动的素材，成为促进幼儿园教师专业成长的桥梁。

大连市实验幼儿园教研活动实录——以教育案例为主题的互动式研讨[1]

【背景】

依据我园本学期的教研计划，我们的教研活动更侧重于关注教师在实际工作中的需求，对教师在教育实践中遇到的具体问题和事件开展以案例研究为主题的互动式研讨活动。我们从具体的教育教学方法和策略入手，利用教研活动的时间，为教师提供教师间互动研讨与交流的平台，帮助教师解决实际工作中遇到的问题，激发教师参与研究的主动性和积极性，促进教师对教育实践的反思和总结。

【教研活动时间】2006年6月15日

【教研活动地点】幼儿园教研室

【教研活动主持人】朱立

【参加人】全体教师

【活动实录】

主持人：在上次的教研活动中，我给大家介绍了一个教育案例，这也是每个班级在实际工作中都会遇到的问题，今天我们就以这个案例为例开展互动研讨，希望大家能各抒己见，将自己的想法和做法与大家进行分享和交流。

【案例内容】

凯凯是个行为问题较多的孩子，经常有小朋友告他的状：“老师，老师，凯凯咬我了！”“老师，凯凯打人了！”“凯凯用脚踹我了！”……同时，也有很多家长对教师提出要求：“别让我们的孩子和凯凯在一起玩。”“我们的孩子不能和凯凯

[1] www.xgedu.cn/info/data/resource/youjiao/.

坐在一起。”“凯凯不能睡在我的孩子旁边。”……遇到这样的情况教师通常都很为难。那么，教师该怎样解决和处理这样的问题呢？

（教师互动研讨）

初老师：我们在实际工作中经常遇到像凯凯这样的孩子，也的确觉得比较难应对。我认为处理这种问题时教师的导向作用很重要，因为在对孩子们的管理中教师是起主导作用的。首先，教师不要过分强调凯凯的不足，应当对小朋友们进行适当的疏导，扭转他们对凯凯的印象，多引导他们去主动与凯凯友好相处；其次，教师要做好家长们的导向工作，帮助家长们理解每个孩子的个性特点都是不同的，要以正确的态度去对待孩子们之间的矛盾，相信教师能处理好这些问题。

张老师：我非常同意初老师的观点，教师在处理这个问题时要把握好方向，要关注凯凯这样的小朋友，积极与家长沟通。凯凯这样的孩子在班级中已经影响了我们正常的教育教学活动，因此更需要我们教师的特殊关注。教师要观察他与小朋友们之间的矛盾，以教师对凯凯的关注来启发引导其他孩子，帮助他们认可凯凯小朋友，进而帮助凯凯改正自己的不良行为；对于凯凯经常伤害小朋友的行为，教师应主动与凯凯的家长联系，就一些具体的事情进行沟通，反映凯凯的真实表现，争取家长的共同教育；对于其他小朋友的家长，教师也应采取积极的态度细致地做好工作，多就一些具体事宜与家长交流，使他们主动地将关注的目标从凯凯小朋友的身上转移到具体的事情上，就事论事。

刘老师：我的想法与初老师和张老师的意见基本是一致的。在教师正确引导和关注的同时，我认为还应该更多地去挖掘深层次的原因。孩子的年龄决定了他们建立的是非观念是不完全的，因此我们应找到凯凯小朋友产生这些行为问题的根本原因，从根本上挖掘其坏习惯形成的原因，进而选择有效的方式去帮助他、教育他。

主持人：刚才三位老师就案例发表了自己的想法，而且她们三个人的意见是基本一致的。幼儿园教育应面向全体，坚持正面教育，因此这三位老师的观点都很明确：教师要积极引导，发挥教师在教育中的主导作用，特别关注像凯凯这样的孩子，正确地疏导其他孩子对凯凯的反感情绪，使他融入集体生活之中而不是越来越被排斥。我们每位教师在自己的实践工作中都遇到过与凯凯类似的小朋友，那么实践中你有什么好的处理方式呢？希望能与大家交流一下。

傅老师：我来说说吧。我从事幼教工作这么多年来，遇到的像凯凯这样的小朋友很多，我觉得有一种办法是比较实用的。我感觉班级中像凯凯这样行为问题多的孩子大都比较聪明，而且他们打人多属于无意识的动作。虽然凯凯的行为问题比较多，但是教师可以抓住凯凯小朋友身上某一方面的优点，让其他小朋友以正确的态度去认识和了解凯凯，让凯凯为小朋友们做事情，为集体服务，或者请他帮助老师做些力所能及的事情，并及时地在集体中表扬他。这样既能帮助他在集体中树立威信，也能有效地控制凯凯与其他小伙伴发生矛盾的机会。这么多年来，我觉得这种方法在应对问题儿童方面是很有效的。

贾老师：傅老师的做法我感觉非常有道理。对待班级中的问题儿童，教师本身要从内心里接受这样的孩子，并采用恰当的处理方式。这一点很重要，所以我非常同意傅老师所说的。教师要善于发现这些小朋友身上的闪光点，比如，有的孩子非常喜欢帮助别人、有的孩子非常爱劳动、有的孩子绘画非常出色，作为教师我们总能找到他们身上那一点点的闪光之处。及时捕捉到凯凯身上的闪光点并积极引导其他孩子去关注凯凯优秀的一面，淡化凯凯身上的不足之处，孩子们就会慢慢接受凯凯的，那么相应的问题也就迎刃而解了。而孩子们不再告凯凯的状，不再描述凯凯的种种不足，家长们自然也就接受凯凯了。

主持人：傅老师刚才将自己多年实践中的好方法与大家分享了，贾老师有非常相似的观点，并做了一些补充。我想两位老师的观点都强调了教师的积极引导。教师要善于发现每个孩子身上的闪光点，并以最恰当的方式利用和发挥他们的闪光点，让他们有事可做，使他们在集体中得到更多的赞扬和支持，树立他们在集体中的威信，同时很巧妙地控制他们与其他小朋友发生矛盾的机会。其他老师面对凯凯这样的小朋友，有哪些不同的想法或做法呢？

乔老师：我觉得像凯凯这样的小朋友之所以会有这么多的问题行为，主要是因为他不会与小伙伴交往和相处。就像傅老师所说的，幼儿园里的孩子很少会真正去打人，我认为他们打人是因为缺乏与人交往的能力和经验。因此，教师要关注孩子是否掌握了一定的交往技能。刚才前几位老师的观点都是从关注凯凯入手，去积极地引导和帮助他。我的想法是，作为教师，我们除了关注凯凯以外，还可以换个角度从关注被攻击的孩子入手。教师可加倍地关心和呵护受到攻击的孩子，对凯凯小朋友采取冷处理，用行动去发出暗示，让凯凯自省，进而主动地克服自己的不良行为，与其他小朋友友好相处。当然，教师在这个过程中要教给孩子一些与他人友好相处的技能和方式等。我觉得换个角度去处理也会获得好的结果。

袁老师：我的想法与乔老师的观点比较相似，我认为凯凯的问题在于他不具备与人友好交往的技能，缺少这方面的指导和帮助。因此，作为教师，我觉得应该有计划地、适时地教给凯凯一些与小朋友友好交往的技能。比如，如何向小朋友借东西，如何与小朋友一起玩玩具，怎样表达自己对小伙伴的喜爱，用什么样的语言跟小朋友交流会让其容易接受，等等。相信孩子有了一定的交往经验后，会融入小朋友们之中的。那么，对于家长们的反应，我觉得教师应多与家长们沟通，请他们进行换位思考，设想凯凯是自己的孩子大家会怎么对待，多体谅和理解教师的工作，以宽容的心态去接受凯凯。

主持人：我想乔老师和袁老师做出的诊断也是很准确的、非常具有教育智慧的。凯凯的种种行为非常明显地表现出他在交往技能和经验上的弱势。教师在找到症结的同时采取适宜的方式教给凯凯一些与小伙伴相处的技能，也是十分重要的。具备了一定的交往技能，相信凯凯小朋友会很顺利地融入集体生活。刚才两位老师都提到了换位问题。乔老师提到了教师对关注对象的换位，袁老师提到了家长对孩子的换位，我觉得都是很有价值的，会给我们每位老师带来新的启示。那么，其他老师还有什么样的观点呢？

赵老师：我来说说我的想法吧。我觉得教师碰到了凯凯这样的孩子，最重要的是要保持愉快、平常的心态，多一点儿“好笑”，少一点“好气”，为凯凯营造一个宽松的教育氛围。教师可以从情感的体验入手，比如可以运用绘画的形式，让孩子感受到教师的意图，这比直接的说教更容易让孩子接受。另外，我认为针对凯凯这样的孩子，教师要避免在集体中批评他，尽量对其进行个别教育，这样既可以保护凯凯的自尊心，也不会使凯凯的行为问题得到强化，还不会使其他孩子加深对凯凯不好的印象。

李老师：我非常赞同赵老师的观点。对待凯凯这样的问题儿童，教师首先要以积极的、愉悦的心态去面对，宽松的教育氛围在孩子的教育中是十分重要的。我记得自己读过一本书《窗边的小豆豆》。小豆豆就是一个问题儿童，原来的学校老师不能以积极的心态去接受小豆豆，使得她被迫辍学，而巴学园的校长以极大的尊重和宽容改变了小豆豆的心理状态，使一个问题儿童充满了自信，最终成为优秀的人才。由此可见教师对待孩子的态度是多么重要。对于凯凯这样的小朋友，我觉得教师的正面引导和积极态度是最重要的，这样才能帮助他在集体中建立自信。

主持人：大家的讨论的确非常有价值，刚才赵老师和李老师的观点我也非常赞同。在处理凯凯小朋友的问题时，教师的态度是至关重要的，因为教师是孩子们的引领者，教师对待凯凯的态度将直接影响到班上其他孩子对凯凯的接纳程度。我们在实践工作中往往很难总是保持平和、愉悦的心态，尤其是面对像凯凯这样的孩子时就更难做到了。但是，积极、宽松的心理环境对我们自己和孩子都是很有帮助的，因而我们都应该尝试着在班级中多一些“好笑”，少一些“好气”，尽量在班级中营造宽容、愉悦的教育氛围，使孩子们能放松、自然地生活在班级中，没有任何心理压力。在这样的环境中，孩子们都会充满自信，健康地、富有个性地发展。

杨老师：我认为在凯凯的问题处理上，做好家长工作也是很重要的一个环节，因为家长的满意度直接影响到班级工作的质量。因此，对于因凯凯的问题而引起的家长的不满，教师要引起高度重视。做好家长工作分为两个方面：一方面，教师要做好凯凯家长的工作，争取他们的支持和帮助，共同教育孩子；另一方面，教师要做好其他家长的工作，多与他们交流具体的事件，对于凯凯给他们带来的焦虑，教师要诚恳地向他们表达歉意，争取他们的理解与协助。这样共同努力使问题逐渐淡化，也会对凯凯有更大的帮助。

主持人：杨老师是我们当中最年轻的一位，虽然工作时间不长，但是刚才她的发言角度也很好。她主要是从家长工作方面提出了自己的见解。我想，家长工作是我们现在的班级工作中很重要的一部分，因此对待凯凯的问题，我们从家长的角度去做好工作也是很有必要的。

今天大家就凯凯的案例展开了非常热烈的讨论，我深深地感受到大家对这次活动都非常重视，在活动前做了充分的思考和准备，每位老师都结合自己的教育经验说了自己的看法，谈了自己的体会，共同探讨了对这些“调皮”儿童的教育策略。我认为每位老师的发言都很精彩，大家从不同的角度提出了自己的想法，比如：对问题儿童的关注，关注他们的心理健康；寻找问题儿童身上的闪光点，使他们树立威信并融入班级生活中；教师对孩子进行积极正面的引导；认真做好家长工作；等等。这些都是很有价值的观点。也希望今天的活动能给大家的实践工作，特别是对问题行为较多的孩子的教育带来一些帮助和启示。

【后记】

本次教研活动是我们首次征集教师在实践工作中的“经典”问题并开展的互动研讨活动。教师们在轻松、愉悦的氛围中，以自己教育生涯中所积累的经验去看待问题、分析问题，在交流中碰撞出智慧的火花！它促使大家重构与扩展自己的经验和理论，使每位教师所拥有的经验和观点成为一种共享的群体资源。我们感觉这样的教研活动非常有价值。我园的“园本教研”坚持从幼儿园实际出发，从教师的需求出发，创设宽松的环境，使教研走近了教师，解决了教育教学实践中遇到的问题，使园本教研更具针对性和有效性。

（六）同课异构

同课异构[1]中的“同”是指保教活动内容相同，“异”是指在保教活动设计和实施过程中，不同的教师采取不同的思路、方法、途径以及风格来实现保教活动目标。同课异构是指针对同一保教工作内容，由经验、理论背景不一样的幼儿园教师，基于其自身的知识观、儿童观、教育观、课程观和经验水平，根据幼儿的实际，构思出不同的保教活动方案付诸实践，且彼此在比较中相互学习、扬长避短、共同提高，最终优化幼儿园保教活动的一种教研活动方式。

“你有一颗糖，我有一颗糖，交换后你我还是只有一颗糖；你有一套思路，我有一套思路，交换后你我就有两套思路。”这就是同课异构最初的教研理念。同课异构重在教师自主建构，真正体现的是幼儿园教师的保教个性和风格，大家用不同的方式方法去解决保教活动中的实际问题，可开阔教师的思路，体现同伴互助、共同发展的特点。

1. 同课异构式教研活动的流程

同课异构式教研活动的流程如下：

确定研究主题→课的设计→课的实施与呈现→课后反思→集体研讨→修改活

[1] 特别说明：幼儿园同课异构教研活动中的“课”特指幼儿园的集体教育活动、集体教学活动、生活活动、家长工作等。除了集体教育活动和集体教学活动之外，生活活动和家长工作等也可以通过同课异构这种教研方式来得到改善。

动方案→再次实施→……

（1）确定研究主题

这个环节，要确定同课的内容是什么，同课异构要解决的保教工作问题是什么。

（2）课的设计

作为教研活动的课的设计，与平时的课的设计是不同的。平时的课的设计只针对幼儿的发展，即在这个活动中促进幼儿情感态度、行为、认知的应有发展就好，而作为教研活动的课，不仅要促进幼儿情感态度、行为、认知的发展，还要围绕教研活动的主题——解决哪方面的工作问题，关注哪个工作环节，如何提高保教工作质量和效率等。也就是说，同课异构的课有双重任务：一是促进幼儿的发展，二是解决本次教研活动提出的保教工作问题。

（3）课的实施与呈现

同课异构者在参研者面前展现自己如何通过本课促进幼儿的发展，如何在本课中回应本次教研活动所提出的保教工作问题。

（4）课后反思

同课异构者在上完课后，要将自己的课后反思告诉参研的教师：我为什么这样设计课？我今天上的课在哪些地方与自己原来设想的不一样？为什么？今天的课最精彩的三点是什么？为什么说它们是精彩的？今天我做得不好的三点是什么？为什么做得不好？如果我重新上这一课，我会做哪些改进？

（5）集体研讨

在这一环节中，参研教师要对不同的同课异构者的课就活动目标、活动过程、活动方法和手段、师幼关系、活动亮点、活动效果等方面，以及这些要素背后的理论支撑进行对比分析。由于所上的课涉及相同的主题，所以同课异构者更容易通过这些不同来相互学习，取长补短；而观摩者能够从中了解更多的、不同的教学理念与策略，所有围绕在“同课异构”教研活动周围的人都能在这样的比较中获益、成长。

（6）修改活动方案

这个环节要集同课异构者和其他参研者的智慧，形成本“课”活动方案的修订版，同时让所有参与者得到处理同类保教工作问题的策略和方法。研究的成果，既对本“课”有效，也对同类“课”有效。

（7）再次实施

参与教研的教师在自己的工作中重新实施相应的活动，然后将相关经验继续分享，不断地推动幼儿园保教工作质量更上一层楼。

同课异构的七个环节是环环相扣的，上个环节落实好，才能确保下个环节的有效、顺利进行。

2．进行同课异构教研活动应注意的事项

幼儿园在利用同课异构进行教研时应该注意以下几点。

（1）同课异构的目的

同课异构是教研活动的一种方式，其目的仍然是提高保教工作效率、提高教师的专业素养。它不是参与同课异构的教师一比高下的舞台，而是一个交流的平台、一个研究的平台。

参与同课异构的教师不应抱着与相关教师比赛的心态去建构和实施自己的教育活动，否则心态就会出问题、压力倍增，进而影响“课”的真实性和研究性。参研教师也不能把自己设想成评委，对参与同课异构的教师进行肆意评论，甚至将几位教师分出高下。因为这样做不但违背了同课异构的初衷，还伤了同事之间的和气，致使大家不再愿意参加同课异构活动。

我们追求的理想的同课异构不仅可以解决幼儿园教师个人保教工作中的个性问题，而且可以解决幼儿园教师群体保教工作中的共性问题。在幼儿园同课异构教研活动中，同课是前提，异构是手段，其目的在于提高保教工作效率。同课异构不是用来判断不同执教者的保教活动设计孰优孰劣。同课异构活动成功与否不在于同课异构者是否有标新立异的独特设计，而在于活动能否更好地促进幼儿的发展，能否解决相关的保教工作问题、提高工作效率。

只有正确把握同课异构的目标，基于同课的前提，正确运用好异构的手段，摈弃一切形式主义，才能最终促进师幼的共同成长。

（2）重视预设，也重视适时生成

同课异构者在设计和实施教育活动的过程中，既要注意课前的精心设计，也要重视保教工作过程中适时的生成。有些教师太在意自己的课前预设，只关注幼儿是否按照自己的预设一步一步地走下来，忽略了教育活动的生成。关注教育活

动的生成，即关注幼儿的成长和发展，因为幼儿园保教工作的终极目标就是促进幼儿的发展，而不是执行预设的保教工作计划。在同课异构的过程中，教师要精心预设，宽容地接纳生成，理性地认识生成，机智地筛选生成，巧妙地利用生成。

（3）同课异构的起点——问题

在开展同课异构教研活动中，首先要确定研讨交流的问题。同课异构者在设计和实施保教工作时，都要紧紧围绕这个教研问题。同课异构的主要任务不是上好一节课，而是解决教研问题——保教工作中的问题。

（4）同课异构的关键——教师

同课异构的关键，应当是每一位参加教研活动的教师。同课异构者是研讨载体的提供者和创造者，是活动的组织者和引导者。为确保每位参研教师都成为同课异构教研活动的主角，就需要在同课异构的每一个环节都让参研教师处于主动的、能动的、积极的状态。这就要求我们针对同课异构教研活动的每一个环节制定详细的要求和规范，例如，课前备课的要求与规范、听课观课的要求与规范、研讨发言的要求与规范、研后反思的要求与规范，等等。具体来说就是：课前，确保每一位教师可以围绕教研主题主动学习和反思，并尝试对相同的内容进行备课（这一点很重要）；课中，确保每一位教师都带着思考与疑问去观课、听课；研讨中，每一位教师都做准备和思考，做到有话可说、有话敢说：研讨后，确保每位教师都有所收获并能发现新问题。

同课异构是一种多层次且全方位地合作、共享、交流、提升的保教工作和研究模式。它可以更好地比较不同教师对相同保教工作问题的不同处理方式，比较不同班级的保教活动效果，比较不一样的保教工作策略所产生的保教效果。通过沟通和讨论，可使参研教师优化保教工作设计，积累保教工作方法，分享心得，共同提高，实现资源共享、优势互补，从而拓宽教师的专业思维与眼界，彰显教师保教工作艺术的个性与魅力，形成教师个人独特的保教风格。[1]

---

[1] 彭陈莲．同课异构异彩纷呈　异曲同工殊途同归：对“同课异构”教学教研方式的探究［J］．中学政治教学参考，2014（10）：29-30．

（七）会诊式教研活动

“会诊”是一个医学术语，指几个医生共同诊断疑难病症。会诊是建立在听诊基础上的一种医学诊断模式，是一种团体行为，现也常用来比喻几个方面共同研究解决生产、工作上出现的疑难问题。

会诊式教研是一种集体教研的团队活动组织形式，它以解决保教工作的问题为核心，通过会诊式的教研活动，建立开放的教研系统，既注重总结经验和解决实际问题，又注重理论素养的提升，促进教师专业素养的提高。[1]

借用医学上的“会诊”的含义，结合其他学者的定义，我们可将会诊式教研活动定义为：针对幼儿园保教工作中遇到的各种“病理”现象，召集园内教师、保健医生、保育员、幼儿家长、园外专家等，集众人之智慧，共同商讨应对保教工作中遇到的问题，寻找最佳的解决方案，并将方案付诸实施的一种幼儿园教研活动方式。

会诊式教研活动以保教工作方案、保教工作现场（或保教工作视频）等为研究对象，通过教研组成员的共同参与，就保教工作中出现的各类疑难问题进行集体会商、共同诊断、做出分析、得出结论，从而解决问题。

1．会诊式教研活动的流程

会诊式教研活动的流程主要包括以下七个阶段。

（1）准备阶段

调查、寻找在教师中存在的比较普遍的保教工作真问题，从中筛选出教师感到迫切需要解决的保教工作实际问题，将其转换成一个明确的会诊研讨主题。

（2）组建会诊团队

主题确定后告知全园教师，再由有这方面成长需求的教师个人提出“诊断”申请和“参与”申请，由骨干教师、特长教师提出“主持”或“指导”申请，组建相应的会诊教研团队。

---

[1] 翁丽红，吴艳青．“会诊式”园本教研，助推教师在实践中成长［J］．幼儿教育研究，2018（2）：57-59．

（3）听诊或问诊

听诊就是到保教工作现场观摩活动，或者观看相关视频材料，或者听求诊者诉说相关的保教工作过程及其问题表现，听诊者带着问题去听、有准备地去听、有目的地去听，并积极进行思考、观察与记录。

问诊就是会诊指导教师和同伴互助参与者适时就主诉人提供的保教工作情况中的不明之处等细节加以询问和厘清，并就保教工作中的问题提出自己的理解、看法和建议。在全组教师发现式的讨论、研究与学习中找到其核心问题、本质问题，重点加以研究和解决。

（4）诊断

诊断就是问诊完毕，教研组内达成一致意见，提出针对本次研究问题的初步诊疗建议。主持人对大家的表述进行归纳、整理，形成诊断报告。报告的内容包括：问题的原因（内因与外因、园内与园外、教师与家长），家庭和幼儿园应对的策略与方法。

（5）验诊

根据会诊团队的讨论和各点评人的意见，对保教工作进行改进，再次开展相关保教工作，验证会诊团队提供的策略与方法的实效。

（6）复诊

根据会诊团队建议，实施一段时间后，让团队成员重新回归对相关保教工作进行诊断：看看效果，总结经验，提出进一步的改进措施。

（7）推广

经过上述几个阶段的教研活动找到了可行办法后，即可在全园推广，扩大会诊式教研活动的效果。

2．进行会诊式教研活动应注意的事项

开展会诊式教研活动时应该注意以下几点。

（1）注意会诊方式的选择

“会诊”任务不同，选择的“会诊”方式应有所不同。幼儿园常见的“会诊”方式有“小会诊”“大会诊”“急诊式会诊”“回访式会诊”“查班式会诊”“外出会诊”等。

①小会诊。

小会诊，一般是指会诊时间在15分钟左右、参与人员4~6人、问题较小的会诊。这种会诊可在每天上午幼儿入园前进行，参与人员为全园教职工。会诊由园长主持，教师可将教育工作中遇到的困惑提出来，并做简要描述，而园长要组织大家当场会诊，分析问题，提出解决问题的思路和方案。

②大会诊。

大会诊，一般是针对小会诊中提出的各种当时解决不了的“疑难杂症”进行的会诊，一般参与人员为8~10人，除了本园人员参与外，还需要邀请园外的专家。

③急诊式会诊。

急诊式会诊是指遇到突发事件需马上处理而组织的紧急会诊，如幼儿在园发生意外、家长与教师之间发生纠纷等，此时园长要马上动用紧急预案对相关问题进行诊断和处理。

④回访式会诊。

回访式会诊就是指针对会诊的问题，在实施新方案一段时间后，相关人员到现场察看问题的落实情况和效果，并根据实际情况提出下一步的工作方案。

⑤查班式会诊。

查班式会诊类似医生的“查房式会诊”。每天上午幼儿入园后，园长组织骨干教师组成专家组并带上新教师到各个班级去检查、巡视，在现场发现问题并现场“会诊”，提出解决方案。它的主要目的在于发现常规问题或细小问题，同时以“传帮带”的方式帮助新教师快速成长。

⑥外出会诊。

当“会诊”的案例资料不齐全或案例更多地涉及家庭因素时，园长可组织相关人员到幼儿家里进行“会诊”，以收集更完整的信息，做出更全面的“会诊”。

以上的小会诊和大会诊主要是以案例为主的会诊，而急诊式会诊、回访式会诊、查班式的会诊属于现场会诊。[1]

（2）要注意会诊教研活动的连续性

因为会诊对象处于不断发展变化中，当方案已经不适于新情况时教师可再次提出案例，邀请相关人员重新对案例进行会诊。

---

[1] 严碧芳．“会诊式”教研值得推广［J］．福建教育，2016（12）：14-16．

（3）要有专家的点拨

在进行会诊式教研活动时，需要专家在现场“把脉”并引导教师透过事件的表象去思考事件背后产生的原因，引导教师把感性的经验变成理性的思考，使教师明白做了什么，明白为什么这样做，实现实践性智慧的提升。

（4）人人平等

在会诊式教研活动中，所有参研者都是平等的，专家、领导要尊重普通教师的话语权，不要抢夺他们参与讨论的话语权，不要独霸“讲坛”，让参研教师各抒己见，自由发表观点。

（5）注意预告

一般提前半个月对会诊式教研活动的主题、时间、地点、案例情况、教研角色分工等进行预告，让相关人员有所准备，从而使大家在研讨交流时有话可说、畅所欲言。[1]

下面提供一个案例供大家参考。

银行太挤了！[2]

【会诊申请人】杨老师

【会诊时间】×月×日

【会诊形式】年级组会诊

【参与人员】大班年级组教师

【游戏背景】大班门口有一大块公共区域。教师利用公共区域开展了“小社区”的串班游戏，各班幼儿都参与到“小社区”的游戏中。但每次游戏一开始，除了担任各主要社区职员的小朋友，其他小朋友都齐刷刷地到“银行”去取钱。“银行”被挤得水泄不通。尽管每个班都有“银行”的柜台，但是每个柜台的前面都排起了长长的队伍。“银行”窗口前乱糟糟的，有时“银行”的柜子都被挤得移动了位置。

【会诊问题】如何解决游戏中“银行”拥挤的问题？

---

[1] 叶南燕．幼儿园会诊教研模式的构建［J］．新课程，2015（1）：178．

[2] 翁丽红，吴艳青．“会诊式”园本教研，助推教师在实践中成长［J］．幼儿教育研究，2018(2)：57-59．

教师1：可以介入引导幼儿排队。

教师2：大班幼儿不是不会排队，实在是因为人太多了。大厅里没有地线，幼儿排队歪歪扭扭的，有时会串班引起纠纷。可以贴上地线帮助幼儿自我纠错，排好队。

教师3：可以增设“银行保安”的角色，来帮助管理。

教师4：我观察发现，幼儿等待排队取钱的时间将近10分钟。由于幼儿的催促，对于“银行”里登记存取钱的环节，有的幼儿省略了，直接提钱。

教师5：高峰期过后，“银行工作人员”常常无事可做。

主持人：请问，幼儿为什么这么积极地参与取钱的活动？什么才是真正导致幼儿拥挤的原因？

教师：他们想去参与其他游戏，因为游戏区里都需要钱币。

主持人：请问，老师们日常购买东西之前是否都要去取钱？

教师：没有，我们钱包里有余钱。

主持人：结合大家的生活经验，如何解决“银行”拥挤的问题？

教师1：我们可以让幼儿准备一个小钱包，在游戏中使用。游戏中剩余的钱币可以储存在自己的钱包里，下次游戏时继续使用，钱币不够时再去银行取。这样幼儿取钱的时间就会错开。

教师2：这个主意好！有了钱包，我想可以更好地帮助幼儿管理自己的钱币。游戏时我常常会捡到钱币。

【会诊后验证】

各班幼儿背上了自制的钱包、斜挎包等参与游戏，合理安排自己去“银行”的时间，解决了“银行”游戏前期拥挤、后期冷清的状况。同时，由于幼儿的钱包是手工制作，易损坏，所以生成了新的游戏——“包包加工厂”，负责帮助幼儿修补钱包、自制钱包，这个游戏深受幼儿的喜欢……随着游戏的开展、幼儿生活经验的丰富，开始出现了扫二维码支付、POS机刷卡支付等方式。

【启示】

当问题出现时，教师要关注幼儿行为背后的原因。只有了解幼儿的游戏行为，顺应幼儿的需求，服务于幼儿的游戏，才是有效解决问题的好办法。

（八）六顶反思帽法

“六顶反思帽法”是由被誉为“创新思维之父”的英国心理学家爱德华·德博诺（Edward de Bono）提出的。它是一种简单、有效的平行思考程序，在许多知名跨国大企业的管理中盛行。

“六顶反思帽法”主要是把反思过程分为六个重要的环节和角色，并用不同颜色的帽子来表示。每一个角色与一顶不同颜色的“反思帽”相对应。六顶“反思帽”的颜色分别是白色、蓝色、红色、黄色、黑色、绿色。反思者一旦戴上帽子，就将融入角色中并进行反思。运用“六顶反思帽法”作为教研活动反思的一种媒介手段，能够帮助教师走上有效听课和有效反思的道路，也能够提高反思的效率，促进教师之间的协同行为。

六顶反思帽的含义和应用流程如表3-1所示。

表3-1　六顶反思帽法

帽子	原始含义	应用流程
白帽	中立而客观；思考的是客观事实和数据	陈述问题
绿帽	创造力和想象力；具有创造性的思考；头脑风暴、求异思维等	提出解决问题的方案
黄帽	价值与肯定；从正面考虑问题；表达乐观的、满怀希望的和建设性的观念	评估该方案的优点
黑帽	否定、怀疑与质疑；是合乎逻辑的批判，发表负面的意见	列举该方案的缺点
红帽	情感的色彩；可以表现自己的情绪，表达直觉、感受和预感等方面的看法	对该方案进行直觉判断
蓝帽	控制与调节思维；控制各种反思帽的顺序，规划和管理整个思考过程，并负责做出结论	总结陈述，做出决策

在实施过程中，主持人将不同颜色的纸张放在一个布口袋里，让教师伸手进去摸，然后让他们根据自己摸到的纸张颜色及其代表的思维视角将想法写下来。在进行发言时，教师将属于自己颜色的反思帽戴上，阐述自己的观点。通过几个

轮回，让教师重复地摸不同颜色的纸条，从不同的角度阐述自己的主张。

比如，某幼儿园采取“六顶反思帽法”研讨小班活动——“小兔上幼儿园”。戴上不同颜色帽子的教师分别阐述自己对活动的不同想法。如，戴上黄帽的教师阐述对该活动的肯定：“这个互动很有趣，在互动形式上采用了许多种不同的方式，比如说说、找找、唱唱、玩玩等，这对小班的幼儿来说比较具有吸引力，能够使他们一直保持参与活动的兴趣和热情。”而戴上黑帽的教师则提出了自己的反面观点：“我认为整个活动的设计尽管比较紧凑，但是如果放在‘审美性’阅读课程的背景下就比较没有代表性。整体来看该活动依然比较像一个普通的阅读活动，尽管教师在活动中尽量去带动和强调童趣美，但是整体效果并不是很明显。所以，我认为，如何将这个活动设计得更加具有童趣，显示出童趣美，是我们应该进一步思考与完善的地方。”[1]

“六顶反思帽法”的运用使教师在进行反思时更加具有针对性和系统性。以往的评课都是说到哪算哪，思路比较乱，而“六顶反思帽法”将参研者反思的点加以明确，理清思路，一层层地将自己的想法表达出来。[2]

（九）小纸条法

“小纸条法”指的是在教研活动中，针对其中的某个问题，每位教师将自己的看法与意见不记名地写在一张小纸条上，主持人把小纸条收上来打乱顺序，再将纸条发给每位教师一张，要求每位教师大声地说出自己拿到的那张小纸条上的内容，并有针对性地谈谈自己对内容的看法。在结束之后主持人可以将大家的研讨结果展示出来，供教师进行更加深入的探讨与反思。

在运用“小纸条法”开展教研活动的过程中，我们能够较为清楚地看到这一反思脉络：写条→换条→亮条→解条→展条。这些循序渐进的反思步骤，可以促进教师之间的反思、交流和共同成长，达到源于主体却超越主体、共同提高的效果。

- “写条”是将自己的观点进行阐释，即自我反思；

---

[1] 严婧．园本课程开发下幼儿教师的反思研究——以幼儿园“审美性”阅读课程为例［D］．上海：华东师范大学，2014：34．

[2] 严婧．园本课程开发下幼儿教师的反思研究——以幼儿园“审美性”阅读课程为例［D］．上海：华东师范大学，2014：32-34．

- “换条”是了解他人的想法，即换位反思；
- “亮条”是对观点的呈现；
- “解条”是对别人观点的理解与反思，即对理念与行为的构建；
- “展条”是将研讨结果公布出来，促使教师更深入地反思，形成多元互动。

“小纸条法”的反思策略改变了“一言堂”的局面，增强了教研中集体反思的民主性，让反思活动在较为轻松的气氛下进行，能够让教师放开心情，畅所欲言。

在“小纸条法”的反思策略下，教师能够更加全面地了解群体的想法，也能更加系统地进行反思，并在了解了别人的反思后进行“再反思”，对教师的反思水平和专业成长有巨大帮助。[1]

三、幼儿园教研活动的运行机制

幼儿园教研活动运行机制，是指幼儿园教研工作系统的运行过程和方式。要提高幼儿园教研运行质量，增强幼儿园教研管理效益，必须做好幼儿园教研活动运行机制的建设。

（一）建立和健全教研工作管理体制

为了更好地组织和开展幼儿园教研活动，幼儿园应该建立和健全相关的组织机构，形成业务副园长领导、保教主任负责、教研组直接实行的教研活动管理体制，将本园的教研工作任务层层落实和推进。

教研组为幼儿园教研活动的基层单位。教研组可以按幼儿的年级组来划分，分为小班教研组、中班教研组、大班教研组，分别研究不同年级组的保教工作中存在的共性问题；还可以按教育领域来划分，分为健康教育活动教研组、艺术教育活动教研组、科学教育活动教研组、社会教育活动教研组、语言教育活动教研组、生活教育活动教研组，分别研究不同领域保教工作中存在的共性问题。

教研组还有其他一些补充形式，比如：“×× 名师工作室”——由专业上较

---

[1] 严婧．园本课程开发下幼儿教师的反思研究——以幼儿园“审美性”阅读课程为例［D］．上海：华东师范大学，2014：31-32．

有影响力的教师领衔主持形成的一个保教研修组织，目的在于“扬名师之长，传名师之优”，它能很好地发挥名师的专业引领作用；“项目组”——以某一研究项目为载体，以团队为抓手，自我结伴，秉持首席负责的理念，希望通过组内成员的自我管理、运筹、谋划和优化配置，使“资源”实现最大限度的“增值”；“自组织”教研组——由研究志趣相投、有共同研究爱好的人组织在一起所形成的教研组的一种形式。

按幼儿的年级组或按教育领域来将相关教师划分为不同的教研组，这种划分方式带有很大的行政性、指令性，存在很多弊端，比如：教师对归于哪个教研组没有选择权，有共同研究兴趣的人不在同一个教研组，个人的研究兴趣在行政式的教研组中往往会被忽略，等等。而“名师工作室”“项目组”“自组织”教研组则在较大程度上尊重了教师个人的意愿，这样的教研组更有活力，更有团队精神，更有利于教研工作的推进。

因此，幼儿园应该在设立传统的教研组的基础上，建立一些补充形式的教研组，从而推进教研活动更加生动有效地开展。

（二）建立和健全各项教研活动制度

建立各项相关制度，能使幼儿园教研活动逐步走上系统化、科学化、规范化的轨道，比如：制定《教研组职责》，明确各种教研组的职责；制定《教研项目管理制度》，规定教研项目的申报、评审、实施、推广的程序与规范；制定《教研活动制度》，规定各种教研活动的程序与规范；制定《教研活动激励办法》，规范对教研活动的种种激励措施。

在教研制度建设方面，应该有一个正确的价值取向。它不是以约束教师的行为、强制他们服从为目的，而是以激发教师的专业探索兴趣、帮助教师形成专业自主、促进教师自我反思为主旨；它对教师没有行政性的惩戒作用，而是通过一系列引导性、诊断性、激励性的措施，让教师体验到职业的乐趣与专业的进步，从而产生更大的内在行为动机；它并不强调通过检查与考核等行政性手段来明确教师的教研行为，而是试图建立一种合作、探究、反思的教师群体文化，不断完善教师的实践行为，促进教师的专业发展。

理想中的教研制度，让教师体验到的不是对他们的管制，而是专业研究和专业成长的快乐。

（三）加强对教研活动过程的管理

1．重视教研活动计划的制订

为了使教研活动能有目的、有计划、高效地进行，幼儿园教研活动必须制订科学合理的活动计划。幼儿园教研活动计划，按参与的主体来分，可分为全园教研活动计划、教研组活动计划、个人教研活动计划三种。

（1）全园教研活动计划

全园教研活动计划一般包括以下三个方面的内容。

①本学期教研活动的总要求。

可依据上学期教研工作中列出的问题或成绩，阐明本学期教研工作的总要求。此外，还要注意计划的连续性。

首先要说明要求的内容，再说明为什么要这样做，可以根据《幼儿园工作规程》和《幼儿园教育指导纲要（试行）》的精神、本园的差距以及本园的条件来确定问题解决的程度，即说明问题解决的必要性和可能性。

②对不同的教研组提出具体的研究内容及成果方面的要求，并规定解决问题的时间期限。

③对教研工作中的组织、制度等方面的改进。

（2）教研组活动计划

教研组活动计划，主要是根据全园教研活动计划和本教研组保教人员在实际工作中所面临的普遍问题以及相关的理论来制订的。教研组活动计划，主要包括指导思想、工作任务与内容、活动安排等部分。

（3）个人教研活动计划

个人教研活动计划是根据本园和本教研组的教研活动计划及本人保教工作所面临的主要问题、所带班级幼儿的发展需要制订的，主要包括指导思想、主要研究内容和时间安排等部分。

大家可以参考《幼儿园教研活动计划评价表》（见表3-2）来规范地制订适合本园的各种教研活动计划。

表3-2 幼儿园教研活动计划评价表

评价项目	评价内容	评价情况	
		是	否
教研情况分析	1．体现承上启下		
	2．凸显问题或困惑		
教研目标定位	1．符合本园保教情况分析		
	2．能预见达成度，具有可操作性		
	3．表述清晰准确		
教研内容确立	1．针对教师保教工作的实际问题		
	2．符合幼儿园保教工作发展方向		
	3．反映群体研修能力的提升		
	4．能引起本园教师研究的兴趣		
教研活动安排	1．主题内容能细化		
	2．形式丰富而实际		
	3．进程排列有层次，能理论联系实际		

2．重视落实教研活动计划

各种教研活动计划制订出来后，关键就是组织力量、布置任务、开始实施。幼儿园应该采取有力措施，经常了解、督促、协助各教研组、个人按计划做好各项教研工作。

3．重视对教研活动计划落实情况的检查

教研活动正常运作起来后，管理者的主要任务是检查、反馈教研活动计划执行和落实的情况。对做得好的要及时肯定，对存在的问题要及时给予指导，从而促进各项教研工作有效、有序地进行。

4．重视教研活动的总结与提高

总结与提高是幼儿园教研活动运行的最后阶段，也是教研活动的终端环节，

还是下一阶段的起点。教研活动的总结与提高工作，可以一年或一学期举行一次，此项工作可以从以下两个方面进行。

①总结本教研组的工作。

各教研组要对照原来的工作计划对一年或一学期以来本教研组的工作进行总结：哪些方面做好了；哪些方面没有做好，原因是什么，取得了哪些经验教训；对下一阶段教研活动的开展有何新想法。

②举行教研活动成果展示会。

展示的形式可以是文档材料、图片材料、录像材料、保教活动、玩教具、经验交流活动等。

5．重视教研活动档案工作

最后，我们还要重视教研活动档案工作。各教研活动的音像、文字材料都应该及时分类归档，让今天的教研活动能成为明天教研活动的基础。

第四章

幼儿园教研活动的评价

幼儿园教研活动评价就是对幼儿园教研活动的特点和组成要素（教研活动的组织者、参与者以及教研活动的内容、方式等），通过收集和分析比较系统全面的有关材料，科学地判断幼儿园教研活动的价值和效益的活动。幼儿园教研活动评价，不仅评价组织者如何组织教研活动，更要看整个教研活动效果如何，其中最主要的是评价参与者的参与程度和参与成效，看教研活动目标达成度的高低。教研活动的评价，对做好教研工作有着积极的指导意义。

一、幼儿园教研活动评价的原则

对幼儿园教研活动进行评价应该遵循以下四个原则。

（一）鼓励性原则

幼儿园教研活动评价是为了改进教研工作，将其做得更好，因此，要多给教研活动的组织者、展示者与参与者以肯定与鼓励，多看到他们的成绩与努力，让他们更有信心和热情去做好各项教研工作。

1. 理由

在幼儿园教研活动评价过程中遵循鼓励性原则的主要理由有如下三点。

- 美国心理学家威廉·詹姆斯（William James，1842—1910）说："人类本性中最深的企图之一是期望得到称赞。"渴望赞美是深藏于人们心中的一种基本需要。教研活动中的主持人、展示者、发言者也同样渴望得到认同、赞美和肯定。
- 认同、赞美和肯定会激励所有参研者参与教研活动的热情和信心；相反，过多的批评、指责会让教师失去参与教研活动的兴趣和热情。

- 认同、赞美和肯定会让参研者看到专业发展的方向和希望。

因此，在教研活动过程中不要吝惜你的赞美，这有助于增强别人前进的动力，也是自己赢得好人缘的机会。

2. 落实

在教研活动评价过程中落实鼓励性原则，应该注意以下五点要求。

- 鼓励要具体化。你说“你的发言真好”，不如说“我很欣赏你的……观点，因为……”。你说“你今天的课上得真不错”，不如说“你今天上课时向幼儿提出‘……’问题，我觉得问得真好，因为……”，或者说“你的……做法，真值得我学习，我回去也试试你的这个方法”。空泛化的赞美，使人怀疑动机，而具体化的赞美则显示出我们的真诚。
- 从否定到肯定的评价。这种鼓励同事的方法一般是这样的：“我很少佩服别人上课的，但你今天是个例外……，我真的很佩服你……的做法。”
- 适度指出同事的变化。在教研活动中适度指出同事的变化，其蕴含的意义是“我很关注你的专业成长，你的专业成长给我留下了深刻的印象”。比如，你可以这样说：“在处理……问题的技巧方面，你以前的做法，我觉得已经很好了。可是，你今天这样处理，我觉得更好了。谢谢你总是给我学习好东西的机会。”
- 与自己做对比。通常情况下，一般人是很难贬低自己的。如果你压低自己与对方做比较，会显得格外真诚，对方会受到一种莫大的鼓舞。比如，你可以这样说：“对于……问题，我一直是这样应对的。而今天我觉得你的这种应对方法比我原来的方法更加有效，因为……”
- 给对方没有期待的评价。别人都说她在某方面设计和处理得当，你就说别人根本没有注意到的那些优秀的细节；或者，别人都说她对某些环节的处理不够好——她也觉得自己做得不够好，你却发现她那样处理问题的积极一面。如此，一定能让她大受鼓励，并感谢你的独特视角。

幼儿园教师在专业成长的道路上需要相互鼓励、相互支持，我们要做一个充满善意的批评者，更要做一个鼓劲者，让自己心中的光，不仅照亮自己的前途，也为同事的专业进步增加点亮光。

（二）实话实说原则

评价者只有怀着强烈的责任心，本着客观公正、实事求是的精神去评价教研活动，评价才有实在的意义。对教研活动的评价要让教研活动的组织者与参与者知道他们的教研活动好在哪里、不好在哪里，并且说得有理有据，让听者心悦诚服。

1. 理由

在幼儿园教研活动评价过程中遵循实话实说原则的主要理由有如下三点。

- 教研活动是一个求真的过程。对教研活动进行评价时，无论是正面评价，还是负面评价，都要基于真实的情况。
- 说实话有利于进一步提高教研活动的实效。让组织者和参与者知道本次教研活动好在哪里、不好在哪里，其中的原因是什么，对于改进教研工作是有益的。
- 实话实说有利于求真务实的教研风气的形成，还有利于大家专注于事，而非专注于人。

2. 落实

在幼儿园教研活动评价过程中落实实话实说原则，应该注意以下三点要求。

- 从教研活动的设计、准备、实施、效果四个方面去客观真实地评价本次教研活动，有优点、有不足。
- 重视结果评价，也重视过程评价。教研活动的结果很重要，重视结果评价可避免教研活动去追求那些华而不实的东西，避免教研活动过程中的形式主义；但教研活动的过程也很重要，设计者和参与者在教研活动设计与实施过程中的态度、思维表现也是很重要的评价方面。
- 注意说话的艺术。指出教研活动存在的不足时要注意说话的艺术，在肯定的基础上指出不足，指出不足应对事不对人。

（三）友好交流原则

对教研活动进行评价的目的是相互交流、相互学习、相互启发、相互促进。因此，评价者要让被评价者感觉到自己的善意，这样他们就更容易接受意见，也有利于良好交流气氛的营造。

1．理由

在幼儿园教研活动评价过程中遵循友好交流原则的主要理由有如下三点。

- 教研活动不是批判会，而是交流会。
- 教研活动是求知活动，不是比赛活动，不是要比出谁优谁劣。在真理面前人人平等。
- 友好交流的气氛有利于激发教师参与教研活动的积极性，有利于增加教师参与教研活动的愉悦感。

2．落实

在幼儿园教研活动评价过程中落实友好交流原则，应该注意以下四点要求。

- 在教研活动的评价环节，要对事不对人，特别是在指出本次教研活动的不足时尤应如此。
- 教研活动评价要让设计者和参与者看到希望，让他们对设计和参与教研活动充满信心。
- 教研活动评价要多看设计者和参与者在教研活动过程中的优点，要看到他们所做出的努力。
- 在教研活动评价中要不批评、不指责、不贬损，多鼓励、多提出期望。

我们要努力在幼儿园教研活动中营造良好的心理氛围，让参研者真实地体验到教研活动带来的快乐。

（四）效果性原则

对教研活动进行评价要关注它的效果：看它能在多大程度上有助于教师改善保教工作行为、提高保教工作效率，看它在哪些方面转变了教师的观念。如果一个教研活动不能在保教工作改善方面有所作为，那么这个教研活动是没有价值的。

1．理由

在幼儿园教研活动评价过程中遵循效果性原则的主要理由有如下四点。

- 只有教研效果是不骗人的。评价教研活动就是要看其是否解决了保教工作问题，是否提高了保教工作效率，是否提高了幼儿园教师的专业素养。
- 以效果为导向，有利于克服教研活动过程中的形式主义。教研活动评价对教研活动的设计与实施有导向的作用，即你如何评价，人家就如何迎接评价。因此，正确的评价导向，对幼儿园的健康发展具有十分重要的意义。我们主张将幼儿园教研活动的评价定格为“效果‘导向’”。如果我们的教研活动都着眼于保教工作效率的提高，那么幼儿园教研活动就会减少许多看起来华丽而实际上没有多少价值的做法。
- 以效果为导向，有利于提高教师参与教研活动的内在积极性。由于教研活动追求保教工作问题的解决，追求更好地促进幼儿的发展，追求教师以更少的付出获取更大的保教工作效果的高效保教工作模式，所以教师每次参加教研活动都会有实质性的收获，这样他们就有了参加教研活动的内在动力。
- 以效果为导向，有利于在幼儿园形成求真务实的良好风气。当前幼儿园里形式主义的东西真不少，倡导效果导向，有利于纠正这一不良风气。

2．落实

在幼儿园教研活动评价过程中落实效果性原则，应该注意以下三点要求。

- 以效果为导向。教研活动的效果主要体现在两个方面：保教工作效率的提高，幼儿园教师的专业素养得到提升。
- 要谈过程，就要谈过程与效果的关系，要谈过程与保教工作效率的提高、幼儿园教师专业素养提升的关系。
- 对教研活动的改进建议也应该落实在如何提高教研活动的效果上。

总之，幼儿园教研活动评价要轻检查、评比功能，重诊断、指导和激励功能，不断地推动幼儿园教研活动走向规范、高效。

二、幼儿园教研活动评价的主体

现代教育评价理论倡导评价主体多元化，因此，在评价主体上我们实行组内教师自评、教研组长自评和幼儿园主管业务领导评价。

- 组内教师自评：要鼓励参与教研活动的教师对教研活动进行自我评价，这样能够促进教师的学习和反思，提高教师的学习积极性和主动性，有助于培养教师自主发展的能力。
- 教研组长自评：要鼓励教研组长对教研活动进行自评，这样能够促进组长对教研活动的策划和组织的反思，有助于教研组长策划和组织教研活动能力的提高。
- 幼儿园主管业务领导评价：主管业务领导要从管理和指导的角度对教研活动进行评价。这样能使教研组更清楚地认识到自己的优势和不足，并且有助于下一步工作的改进；同时，这对主管业务领导也是一个学习和提升的过程。

三、幼儿园教研活动评价的内容与标准

幼儿园教研活动主要从教研活动选题、教研活动准备、教研活动过程、教研活动效果等方面来评价。

（一）教研活动选题的评价

对教研活动选题一般从以下四个方面来评价。

- 选题是不是本园保教工作中的真实问题。
- 选题是不是本园教师当下迫切需要解决的问题。
- 选题是不是本园能够解决的问题。
- 选题是否符合现代幼儿教育的发展趋势。

（二）教研活动准备的评价

对教研活动准备一般从以下四个方面来评价。

- 开展本次教研活动之前是否有策划。
- 开展本次教研活动之前是否做好了相关理论准备，比如组织教师进行了相关理论的学习、研讨。
- 本园教师对本选题的研究是否有兴趣。
- 研讨环境、设备的准备是否有利于本次教研活动的开展。

（三）教研活动过程的评价

对教研活动过程一般从以下五个方面来评价。

①整个活动是否围绕选题来进行。

②研讨的重点是否突出、集中并有所突破。

③对参与者的评价。

- 会前对研讨的问题是否有所研究与思考。
- 是否善于倾听同行的发言。
- 是否能够大胆地、积极地表达自己的感受和主张。

④对组织者的评价。

- 准备是否充分。
- 是否善于调动全体成员的研讨积极性。
- 是否关注交流过程中生成的问题。
- 是否及时梳理、归纳与总结。
- 组织形式是否有利于研讨。
- 在研讨过程中是否有独到的见解。

教研活动的主体是教师，但教研活动的成败与主持人（即教研活动组织者）的行为密切相关。教研活动主持人作为活动进程的主导者，是架构实践和理论桥梁的核心人物，一个优秀的主持人就意味着一次成功的教研活动。

⑤对有效性的评价。

- 问题的研讨是否得到充分的展开。

- 组员之间是否有积极的互动。
- 思想是否相互碰撞、相互启发。
- 结论是否体现集体的智慧。
- 研讨是否深刻、有理有据。“研讨深刻”指的是参研者的思维有深度，在表述观点时能够结合具体的现象，并能够透过现象揭示问题的本质。“有理有据”指的是参研者在表述观点时要有一定的理论做支撑。

专家型教师和经验丰富的教师的最大不同点是：专家型教师往往能够透过事情的表象敏锐地确定问题的主要症结所在，每个问题的解决策略背后往往都有自己独特的理念支撑，他们能够使问题的解决策略有助于幼儿的发展；而一般教师往往只能就事论事，不能由表及里地去思考问题，思维水平难以有进一步的提高。因此，在研讨中教师无论是反思还是讨论，都应向理论结合实践的方向努力，以锻炼自己的思维能力，久而久之教师的思维水平一定会得到提高。

（四）教研活动效果的评价

对教研活动效果一般从以下三个方面来评价。

①教研活动目标的达成度。

②是否能对不同层次的教师产生影响。

教研活动的目标是让每位参与者的专业意识和能力都能在原有基础上获得一定的提高。

③意行是否有改进、研究是否有延续。

意行有改进，指教师的教学意识和行为通过教研活动要有所改进。研究有延续，指专题研究不能随着研究活动的结束而结束，而教师要在不断的实践中去进一步思考和完善专题研究。

教研活动是否有效，最重要的是要看教师在保教工作中的专业意识和专业行为是否朝着积极的方向发展。因此，在评价一次教研活动是否有效时，我们不能把眼光局限于现场，而更应关注教研活动之后所产生的效益。另外，在专题研究过程中，教师的认识和行为应该是不断更新、螺旋上升的，有效的教研活动中教师的研究与进步是一种渐进的过程。这项标准不是通过现场活动就能够表现出来的，而要通过教师今后在专业意识和行为方面的实际变化来评价，因此幼儿园教研活动评价不仅要放眼现场，还要放眼今后教师所发生的变化。

对于幼儿园教研活动的评价量化，大家可参考表4-1。

表4-1　幼儿园教研活动评价量化参考表[1]

<table>
<tr><td colspan="2">教研活动主题</td><td colspan="10"></td></tr>
<tr><td colspan="2">教研活动主要形式</td><td></td><td colspan="4">时间</td><td colspan="5"></td></tr>
<tr><td rowspan="2">序号</td><td rowspan="2">一级指标
及赋分</td><td rowspan="2">二级指标及分值分配</td><td colspan="4">评分标准</td><td rowspan="2">评估
简记</td><td colspan="3">评价人</td></tr>
<tr><td>a</td><td>b</td><td>c</td><td>d</td><td>A</td><td>B</td><td>C</td></tr>
<tr><td rowspan="4">一</td><td rowspan="4">教研活动
选题（20）</td><td>1．选题是本园保教工作中的真实问题。（5）</td><td></td><td></td><td></td><td></td><td></td><td></td><td></td><td></td></tr>
<tr><td>2．选题是本园教师当下迫切需要解决的问题。（5）</td><td></td><td></td><td></td><td></td><td></td><td></td><td></td><td></td></tr>
<tr><td>3．选题是本园能够解决的问题。（5）</td><td></td><td></td><td></td><td></td><td></td><td></td><td></td><td></td></tr>
<tr><td>4．选题符合现代幼儿教育的发展趋势。（5）</td><td></td><td></td><td></td><td></td><td></td><td></td><td></td><td></td></tr>
<tr><td rowspan="4">二</td><td rowspan="4">教研活动
准备（15）</td><td>1．本次教研活动之前有策划。（4）</td><td></td><td></td><td></td><td></td><td></td><td></td><td></td><td></td></tr>
<tr><td>2．开展本次教研活动之前做好了相关理论准备，如组织教师进行了相关理论的学习、研讨。（4）</td><td></td><td></td><td></td><td></td><td></td><td></td><td></td><td></td></tr>
<tr><td>3．本园教师对本选题的研究有兴趣。（4）</td><td></td><td></td><td></td><td></td><td></td><td></td><td></td><td></td></tr>
<tr><td>4．研讨环境、设备的准备有利于本次教研活动的开展。（3）</td><td></td><td></td><td></td><td></td><td></td><td></td><td></td><td></td></tr>
</table>

[1] 崔岚，黄丽萍．如何当好教研组长：幼儿园教研组长最新工作手册［M］．上海：华东师范大学出版社，2011：157-158，162-169．

（续表1）

序号	一级指标及赋分	二级指标及分值分配	评分标准				评估简记	评价人		
			a	b	c	d		A	B	C
三	教研活动过程（40）	1．整个活动围绕选题来进行。(10)								
		2．研讨的重点突出、集中并有所突破。(10)								
		3．参与者积极参与研讨。(5)								
		4．组织者的组织能力强。(5)								
		5．研讨气氛热烈、有序，研讨内容有深度。(10)								
四	教研活动效果（25）	1．达到预期目标。(10)								
		2．不同层次的教师都有所收获。(10)								
		3．与会者的专业意识和行为有改进，研究有延续。(5)								
总分										
评语与建议		评价人：								

【说明】

①评价人：A 为组员，B 为教研组长，C 为幼儿园主管业务园长。

②评分标准：a 为好，其得分值为 90~100 分；b 为较好，其得分值为 80~89 分；c 为一般，其得分值为 60~79 分；d 为较差，其得分值为 0~59 分。

第五章

园本教研及其案例

“园本教研”这一概念是在中小学校本教研的背景下提出来的，是对校本教研的借鉴和发展。2003年年初，教育部正式提出在中小学探索和实施以校为本的教研制度。2006年9月，国家启动“以园为本教研制度建设”项目，全国103个基地、700多所幼儿园参与了该项目。现在，“园本教研”已成为幼儿园教研理论与实践中使用频率最高的名词之一，因此，我们有必要研究园本教研的理论与实践，进而推动幼儿园教研工作更加有效地进行。

一、园本教研的含义

园本教研是指立足于幼儿园的实际情况，以教师为研究主体，以教师保教工作中出现的具体问题和保教工作发展的实际需要为研究对象，以改进保教工作为研究目标，以行动研究为主要实施方式，以专业引领为助推力的一种教学研究模式。

从上述园本教研的定义中，我们可以得出四个关于园本教研的观点。

- 园本教研所研究的是本园在保教工作中遇到的各种实际问题，而非纯粹的理论问题。
- 研究的主体是幼儿园一线教师，当然，由教师、幼儿园行政人员及专业研究人员组成研究共同体是更为理想的研究主体。
- 研究的目的是通过有效地解决保教工作的实际问题，改进教师的保教工作行为，提高幼儿园的办园质量。
- 研究方法以教育行动研究为主。

“园本教研”的概念被提出来后，我们习惯称幼儿园原有的教研为“传统教研”。或许大家会感到疑惑：幼儿园本来就有教研活动，教研活动本来就是在幼儿园里开展的，专家何必又要造出“园本教研”这个新名词呢？传统的教研活动与园本教研活动到底有什么不同呢？

反观传统教研，其所持的是“技术性”观念，认为教师只需学习、接受和操作已经存在的先进成品即可。因此，教研活动是以如何让教师更好地完成教学计划为目标，自上而下组织实施的。教研活动的主题一般由上级行政部门确定，如园领导、年级主任、教研组长等提出问题并组织研讨，教师在活动中扮演的是从属者的角色，心理感觉是上级“要我研”。其组织形式常常是以年级或研究领域为单位，如年级教研组、语言教研组等。常见的方式是集体备课、教学观摩。活动对具体的教学方法、程序讨论较多，在教育理念的关注、理论的提升上做得较少。由于师资水平有限，专业引领缺乏，教研活动往往只在同一层次的教师之间横向互动，难以实现纵向的螺旋提升。

因此，幼儿园传统教研活动存在许多共性问题，如重研活动课，轻研一日生活的其他环节；重“研教”，轻“研学”；重教学，轻理论提升；重教研内容、形式、结果，轻教研文化（平等、民主的氛围）、制度建设等。

教师不是被动的专业发展者，其知识和信念不能仅通过传递获得，更重要的是要依赖于教师的体验、发现、反思、感悟与内化。园本教研的组织形式多以教师教育实践中所面临的、希望得到指教的问题及问题解决为指向，如幼小衔接教研组、提问有效性教研组、家园合作教研组等，教研组可以随着问题的解决而解体。由“要我研”向“我要研”的心理转变是园本教研最重要的特征。在教研活动中教师要反思怎样使教和学更有意义，要建立交流、分享、互助的教师学习共同体，要有专业研究人员引领教师透过教育现象看到教育本质，促进教研活动的纵深发展。自我反思、同行互动、专业引领是园本教研的主要途径。

教师在行动中研究，通过研究教育实践中发生的问题、迫切需要解决的问题来反思和改进自己的教育行为，更能促进教师对自己专业活动的理解与把握。因此，园本不是一个仅强调“在幼儿园”的空间概念，而是一种强调“以园为本”、强调专业取向的理念。

传统教研与园本教研在取向、路径、关注的问题、组织形式和衡量指标等方面都有所不同（见表5-1）。

表5-1　传统教研与园本教研的比较

	传统教研	园本教研
取向	行政取向	专业取向
路径	自上而下，重理论	自下而上，重实践
关注的问题	个别问题	共性问题
组织形式	单一，依据同质性原则设置组织	多样，以问题和问题解决为指向设置组织
衡量指标	是否完成上级布置的教研任务	是否解决了实际问题 是否促进了教师行为的改善

在一定程度上可以说，参与教研的主动性是区别两种教研模式的关键。出于教师自身需要、满足教师专业提升需求的教研活动最能激发教师的参与热情。

二、园本教研的特点

园本教研具有以下四个特点。

（一）园本性

园本性，是指园本教研把现实生活中具体的幼儿园作为教研工作研究的基地。幼儿园进行教学研究必须以园为本，即要从幼儿园教育教学实践中的问题出发，通过全体教师共同研究，达到解决问题、提高保教质量的目的，即“为幼儿园、在幼儿园中和基于幼儿园”。

1．“为幼儿园”

“为幼儿园”，即以解决幼儿园、教师在实施课程、促进幼儿发展和教师专业发展中所面临的问题为指向，选择幼儿园、教师在课程实施中遇到的亟待解决的实际问题，在《幼儿园教育指导纲要（试行）》和《3—6岁儿童学习与发展指南》的指导下进行研究。

2．“在幼儿园中”

“在幼儿园中”，即幼儿园自身在实施课程中出现的问题，由幼儿园自己提出来分析研讨，并由自己来解决，改变“等”（等专家指导）、“靠”（靠上级教育行政部门和教研部门）的现象。这样就使保教工作过程成了一个研究过程，一个不断反省的、理智的工作过程，从而达到了研究和行动的完美结合，使园本教研收到立竿见影的效果。

3．“基于幼儿园”

“基于幼儿园”，即从本园和教师自身的实际出发，充分发挥幼儿园教职工的积极性，激活幼儿园的教育资源，适时邀请园外专家、学者参与研究，广泛开展各种创造性的研究，解决课程实施中的各种问题。园本教研追求幼儿园、幼儿、教师发展的和谐统一，让每一所幼儿园都富有特色，让每一位教师、每一个幼儿都富有个性。

（二）教师是园本教研主体

在传统教研中，教研的主体是专职教研员，教师主要是在上级教研部门的指导下，按照一定程序完成规定的教学任务的具体操作者，教师处于客体地位。由于教研员的“导演意识”过强，事实上教研员已把自己摆在教师的支配者、控制者、要求者和评判者的地位；教师扮演的仅仅是“配角”“旁观者”，有时甚至是被研究者的角色。这种教研不能有效地解决幼儿园所面临的突出问题，不能有效地提升教师的专业发展水平，不能有效地促进幼儿的发展。

教师是园本教研的主体，教学研究是教师的权利和责任。《中华人民共和国教师法》指出，教师享有“进行教育教学活动，开展教育教学改革和实验”“从事科学研究、学术交流，参加专业的学术团体，在学术活动中充分发表意见”的权利。《幼儿园工作规程》也规定，教师有“参加业务学习和幼儿教育研究活动”的职责。现代幼儿园不只是一个“执行机构”“加工单位”，还应该是“教育研究＋实施”的组织，教育研究应成为幼儿园的功能之一。教师不只是“执行者”“操作者”，还应该是“教育研究者＋实践者”，教育研究应该成为现代教师的职责之一。

我们应该提倡“幼儿园即研究中心”“幼儿园教育活动室即实验室”的办园理念。

当今世界教育研究的共同发展趋势是教育研究向基层单位（学校 / 幼儿园）回归，向教师回归，向实践回归。幼儿园是园本教研的主体，园本教研必须从幼儿园实际出发，围绕幼儿园保教工作中的重要问题，有针对性地开展教研工作，通过解决现实问题为幼儿园发展服务。

每一个教育活动都是研究活动。在教育活动实地情境中，要面对实践中的问题进行研究，不要回避现实生活中对幼儿、对教师和对教育工作产生影响的各种复杂因素，要看得清楚、摸得准确、抓住要害，解决实际问题。幼儿园教育改革的过程，不是教师按照专家设计的图纸进行施工的过程，而是一个开放的、民主的、科学的探索过程。幼儿园教师应树立“教师即研究者”“课堂即研究场”的新理念，破除教育研究的神秘感，通过对幼儿园保教工作的探索、发现、解决、创新，使自己的思想观念、保教行为方式适应幼儿园教育改革的需要。

在园本教研中，教师是主体，专业研究者仅仅是同盟、合作伙伴，专家、学者参与研究时扮演的角色是提供意见与咨询者，是协作者，而不是研究的主体。也就是说，教师成为园本教研的主体，但并不排斥教师与专业研究人员的合作，并不排斥教师接受专业研究人员的指导。恰恰相反，专业研究者是园本教研不可缺少的重要力量。

（三）改进性

改进性，是指园本教研直接指向幼儿园教师保教工作过程中的实际问题，并进行研究和实践，以提高保教工作质量，研究着眼于解决实际问题、改善现实。因此，改进是园本教研的重要特征。园本教研解决保教过程中的实际问题，而且在日常的保教工作中进行，提高了保教质量，促进了幼儿更好的发展。同时，幼儿园教师在解决问题的教研过程中进行反思，直接促进了教师的专业发展，提升了幼儿园的办学水平。

（四）开放性

开放性，是指在园本教研中仍然注重借助园外专业研究力量。开放性是园本教研的一个显著特点。园本教研最重要的支持、支撑网络是专家系统对幼儿园里发生的问题的关注和支持，专家系统是幼儿园发展的服务系统。园本教研反对幼儿园自我封闭，强调合作与开放，在合作与开放中解决幼儿园的问题、发展幼儿园特色。在园本教研中，幼儿园教师是教研项目的主持人，园外专业研究者是顾问或指导者。园外专业研究者是幼儿园教育研究的重要力量，幼儿园教师要千方百计争取园外专业研究者，包括大学教师、科研人员、教研员的指导和支持，进而提升本园教研的层次和水平。

三、园本教研的特殊意义

园本教研以本园研究力量为主体，以研究和解决本园存在的保育、教育、家长工作等实践问题为主要内容。它具有如下四个方面的特殊意义。

（一）有利于提高本园保教工作质量

园本教研是一种自下而上的教研方式，它以解决本园保教工作中的实际问题为根本目的，有利于更新本园全体教师的保教观念，有利于他们树立正确的保教理念，有利于提高本园的保教工作质量。

（二）有利于提高教师参与教研活动的内在积极性

由于园本教研活动是从幼儿园的实际情况出发，着重解决本园保教工作中所面临的实际问题，而本园教师有解决相关问题的迫切需要，所以他们就有参与相关园本教研活动的内在动力，进而更加喜欢园本教研活动并投入其中。

（三）有利于幼儿园教师团队品质的提升

园本教研从解决教师保教工作和家长工作中碰到的实际问题出发，从而调动了教师参与园本教研的内驱力，提高了教师主动研究、主动学习的积极性。在园本教研的过程中，幼儿园形成了热爱学习的氛围，树立了建立学习型组织的理念——共同的研究目标、研究内容、研究活动有效地推动了教师队伍的建设，有利于团队共识的达成，有利于增进教师之间、教师与领导之间的沟通与交流，增进彼此的情感，从而有效提高幼儿园教师团队的品质。

（四）有利于提高幼儿教师的专业能力

园本教研活动可解决幼儿教师在保教工作过程中碰到的实际问题，进而促进他们的专业保教工作能力的提高。此外，幼儿教师参与园本教研活动，有利于他们在教研活动过程中提高自己的反思能力和保教工作研究能力。

四、园本教研促进教师专业成长的路径与策略

一般认为，教师个人、教师集体、专业研究人员是园本教研的核心要素，而教师个人的自我反思、教师集体的同行互助、专业研究人员的专业引领是进行园本教研的三种基本行为方式。

（一）自我反思

幼儿园教师个体的自我反思是幼儿园教师以自己的保教行为为思考对象，用批判和审视的眼光对自己的保教工作理念、保教工作行为、保教工作过程、保教工作效果等进行自我回顾和分析的过程。自我反思是幼儿园教师的自我对话，自己挑自己保教工作中的“毛病”。自我反思不是一般意义上的“回顾”，而是反省、思考、探索和解决保教工作过程中存在的问题，具有研究性质。幼儿园教师反思的过程实际上是使幼儿园教师在整个保教活动中充分地体现双重角色：既是引导者又是评论者，既是教育者又是受教育者。幼儿园教师个体的自我反思具有目的性，带有研究性质，是园本教研最基本的力量。

美国学者波斯纳（Posner）认为，“教师成长＝经验＋反思”。没有经过反思的经验是狭隘的经验，至多只能形成肤浅的知识，如果一位教师仅仅满足于获得经验而不对其经验进行深入的思考，那么不管其教龄有多长、经验有多么丰富，他都将永远停留在一个“新手型”教师的水准上。可以说，能否自我反思是“教书匠”与“教育家”的根本区别。

1. 自我反思的基本方法

幼儿园教师自我反思的常用方法有以下六种。

（1）反思总结法

反思总结法，是指总结反思自己或他人保教工作中的经验与教训的方法。

（2）对话反思法

对话反思法，是指通过与同伴交流研讨来检讨自己的保教工作行为，理解隐藏在保教工作行为背后的教育理念，提高保教工作能力的方法。

囿于个人的经历和经验的保教工作是狭隘的、封闭的。幼儿园教师要打破保教工作上自我封闭的藩篱，进行同行间的对话，特别是批判性的对话。对话反思法类似于小型专题研讨会，教师相互观摩并围绕着研讨问题进行相互交流。

（3）教育活动实录反思法

教育活动实录反思法，是指通过录像、录音等现代教学手段再现整个教育活动过程，让教师以旁观者的身份反思自己或他人的教育活动过程的方法。观看教育活动实录时，应注意比较哪些地方按原教育活动设计进行了，哪些地方进行了调整，哪些地方失控走样了，为什么会出现这种情况，在相互借鉴中进行自我反思。

（4）教后记反思法

教后记反思法，是指把教育活动中感受深刻的细节记录下来，写成教学后记、案例评析的方法。

教后记的内容包括：对教育活动中所发生的事情的个人感想，对教育活动中的问题的质询与观察，对教育活动有意义的方面所进行的描述，需要思考的问题和所要采取的措施。

写教后记，找出教育活动中的问题，可以让教育活动过程中存在的问题充分暴露出来。教师可以通过教后记的撰写与分析，检查自己的观点、想法和感触，以达到自我反省的境界。

教后记反思法重在分析总结，不仅要记下教和学的成功与失败之处，还要有自己的分析、感想、体会、新的认识和改进意见，使其成为今后保教工作中的有益借鉴。

（5）**教育活动后备课法**

教育活动后备课法，是指教师实施一次教育活动后，根据教育活动中所获得的反馈信息进一步修改和完善教育活动方案，明确教育活动改进的方向和措施的方法。

（6）**阅读新知法**

阅读新知法，是指幼儿园教师采取各种手段搜集所要解决问题的相关信息，通过阅读相关信息获取与自己过去不同的想法和价值观，帮助幼儿园教师接受新的信息和观点，为自己所要解决的问题提供新的解释、见解和可能的新方案的方法。事实上，如果幼儿园教师在保教工作中轻视理论，甚至拒绝理论指导下的实践，那么他们就只能是在低层次上进行摸索或重复。幼儿园教师接触到的新知识与原来掌握的知识差别越大，就越能启发他们的思维，帮助他们更新保教工作理念，改进保教工作行为。

自我反思不排斥理论学习，阅读相关的新知是幼儿园教师反思时的必要手段之一。要指导幼儿园教师开展专业理论的学习，鼓励、引导幼儿园教师增强研究的意识，以研究者的眼光审视、分析和解决自己在保教实践中遇到的问题，克服被动性和盲目性。阅读相关的新知的过程实质上就是与教育理论"大家"对话的过程。

2．自我反思的基本类型

幼儿园教师的自我反思从时间维度来分，可分为教育活动前反思、教育活动中反思与教育活动后反思。幼儿园教师的自我反思，不仅是对教育活动的回顾，更是为了指导未来的教育活动。

（1）**教育活动前反思**

教育活动前反思，是指教师在进行教育活动设计时的反思，包括对教育活动目标的叙写、教育活动材料的处理、教育活动行为的选择、教育活动组织的设计、教育活动方案的编制等进行反思。教师在进行教育活动设计时，首先要对过去自己或他人的经验进行反思，使新的教育活动设计建立在对过去经验和教训反思的基础上，使其具有前瞻性。

幼儿园教师在比较反思中能够不断加深对教育活动内容的理解，形成独特的经验，有助于增强教育活动设计的针对性。

在教育活动开始前，教师可以通过以下这些问题进行反思：这种教育活动，总共可以有哪些方法和策略？这些策略的优点与不足是什么？它们应用的条件和情境是什么？自己具备了哪些条件？有哪些经验可以借鉴？

在设计教育活动内容时，教师还应该思考：

- “我对这项教育活动的内容有怎样的理解？”通过对这个问题的探讨，教师就可以将教育活动设计与教学内容融合起来。
- “如果幼儿学习这项内容，可能会有怎样的理解？”在探讨这个问题的时候，教师就会站在幼儿的角度思考。
- “当幼儿对这项教育活动的内容产生自己的观念或经验时，我能提供怎样的帮助，从而使幼儿的观念或经验由低级向高级发展？我的观念或经验与幼儿的观念或经验如何互动？”

（2）教育活动中反思

教育活动中反思，主要是指幼儿园教师在组织教育活动的过程中，根据教育活动情况及时反馈，灵活有效地监控、调节教育活动，对幼儿的参与、交往、达成状态进行反思。这种反思具有监控性，强调解决发生在教育活动现场的问题，使教育活动高质高效地进行，能够提升幼儿园教师对教育活动过程的调控和应变的能力。

教师反思时，应认真做好反思记录。反思记录的内容主要包括：总结成功的经验，查找失败的原因，记录幼儿的情况。

（3）教育活动后反思

教育活动后反思，主要是指教师对整个教育活动过程进行思考性回忆，包括对教师的教育观念、教师的教育行为、幼儿的表现以及教育活动的成功与失败进行理性分析，提出改进意见。教育活动后的反思具有批判性，它可以开拓幼儿教育的新思路，创造教育的新经验，形成幼儿教育的新模式。

在教育活动后反思中，教师可以问自己下列问题：

- 这次教育活动是否如我所期望的发生了什么？
- 怎样用幼儿教育学和幼儿心理学的理论来解释这次教育活动？
- 怎样评价幼儿是否达到了预定的教育目标？

- 教育活动过程中改变了原教育活动计划的哪些内容？为什么？
- 用其他教育方法是否会更成功？为什么？
- 这次教育活动发生了哪些令我印象深刻、经久难忘的事件？哪些片段值得仔细品味咀嚼？
- 这次教育活动中是否有些问题困扰着我，使我在这几天中一直冥思苦想？我怎样才能找到答案？

根据这些问题，幼儿园教师可以判断自己是成功地达成了教育活动目标，还是需要重新计划或试一试新的教育策略。

教育反思，是幼儿园教师专业成长的有效途径，因为教育反思能促进幼儿园教师思考，使幼儿园教师更自觉地把教育理论与实践相结合，更理性地认识自己的教育实践，进而促进自己专业素质的提高。

因此，幼儿园教师应该努力让自我反思成为自己的一种职业习惯，在自我反思的过程中不断地提高自己的专业水平。

（二）同行互助

同行互助是在两个或两个以上教师间发生的，以专业发展为指向，通过多种手段开展的，旨在实现教师持续主动的自我提升、相互合作和共同进步的教研活动。

园本教研不是单个教师的单打独斗，也不只是工作经验丰富、工作成绩突出的优秀教师的成果分享。园本研究强调教师开放自己，加强教师之间以及保教工作中的专业切磋、协调和合作，共同分享经验，互相学习，彼此支持，共同成长。幼儿园必须改变教师各自为战和孤立无助的状况，加强教师之间的对话与交流，让广大教师在同行互助中茁壮成长。

教师同行互助的基本形式通常有专业对话、协作和帮助三种。

1. 专业对话

专业对话，是指教师在专业领域里针对教学活动涉及的各种问题，与同事们进行交流、切磋和研讨，以达到相互激发智慧、共同发展的目的。

专业对话的过程是相互分享、相互促进的过程，是不同观念、做法相互碰撞的过程。一方面，通过专业对话和共同探讨，公共知识会转化为个人知识；另一方面，通过互动将个人的难题转化为公共难题，借助集体智慧解决个人难题，将会促进教师的学习和实践创新。

（1）专业对话应该注意的事项

教师集体的同行互助和合作文化，是园本教研的标志和灵魂。幼儿园要培育学术对话和学术批评文化，营造一种教师内部自由争论的气氛。为此，在与同行进行专业对话的过程中，教师应该做到以下三点。

①各抒己见，自圆其说。

教师要独立思考，发表自己的见解，不人云亦云，不牵强附会；要对自己的观点尽可能地进行解释、说明、阐述。

②观点交锋，讨论争鸣。

这一要求强调不同观点的碰撞、交锋、比较、鉴别。

③不做结论，各取所需。

个人对他人观点的消化吸收在于自己的感受、认识、体验、经验与别人的感受、认识、体验、经验之间的对接、兼容、批判。应保留不同意见，保护不同的见解。

（2）专业对话的方式

教师心灵的开放是园本教研的有效指标。“专业对话”可分为“直接专业对话”和“间接专业对话”两种。直接专业对话又可分为“园内专业对话”和“园外专业对话”。教师进行最多的是园内专业对话，对话的方式主要有以下九种。

①信息交换。

教师通过信息发布会、读书汇报会等形式，彼此交换信息，扩大信息量，提高认识。

②先进经验共享。

先进经验，是指成功的、典型的、具有效法意义的保教工作经验。教师通过互相分享、借鉴他人的先进经验，反思自己的保教工作。分享经验的主要途径是召开经验交流会。学习外地先进经验的最好方法是上互联网查询，这样既便捷又经济。

③“沙龙”式研讨。

在“沙龙”式研讨里，没有领导、没有权威，只有观点争论。幼儿园教师为某一问题而争得面红耳赤是常事，大家只有在思维的碰撞中激活灵感，才能有所启迪、有所提高。沙龙的话题广泛，形式宽松，不论哪一种话语，都会引发更多的思考，引出许多问题，迸发出更多思维的火花。

④专题讨论。

幼儿园可组织教师围绕某些问题畅所欲言，提出各自的意见和看法，这有助于教师丰富彼此的思想，共同提高对问题的认识，如“活动室环境布置的有效性专题研讨会”“提问的有效性专题研讨会”“互动的有效性专题研讨会”“有效应对家长难题专题研讨会”“幼儿食欲问题与对策专题研讨会”等。

⑤阅读经典著作，与教育家对话。

通过阅读经典著作与教育家对话，是幼儿园教师成长的基本条件，也是幼儿园教师教育思想形成与发展的基础。幼儿教育智慧的形成，在一定意义上说，就是跨越由这些经典著作构成的桥梁的过程。幼儿园教师要多看些国外的幼儿教育类专著，因为这些专著更有利于我们打开幼儿教育改革与创新的思路。

⑥阅读教育报刊，与同行对话。

教育报刊是幼儿园教师“专业对话”的一个平台。在这个平台上，幼儿园教师可推广自己的保教经验，提出保教工作中遇到的各种问题。这种“专业对话”包括学习、领会、吸收、运用、交流、解答、提高等过程。

⑦网上对话。

幼儿园教师可以通过QQ、博客、微博、微信和本园网站等网络平台与同行、幼儿教育专家交流。将相关话题放在互联网上，可使教师的对话更具针对性，并且这种形式的对话不受时空的限制，对话的材料也容易生成电子文档材料。

⑧办公室专业闲聊。

幼儿园教师间的相互交流是其专业成长的一种重要途径，然而集中式、规模化的教师交流，在时间上不允许，效果也不一定理想。有调查显示，“同事之间的随时交流”要比“教研组的常规活动”更有效。教师“办公室专业闲聊”作为一种非正规的教研活动，具有其他途径所不可代替的优势。闲聊时教师精神放松，思路开阔，不同思想间的交流整合会更加灵活、更有成效。为此，幼儿园需要把专业闲聊作为一种“办公室文化”来建设。

第一，在安排教师的办公座位时，要有意识地为教师随时交流、“天天教研”创造有利的空间条件。

第二，可以要求探讨同一专题的教师，将教育活动的探讨设想以及教育活动后总结的得失记录下来。

第三，为了便于交流与促进，同一专题的教师在教学进度上可适当拉开距离，有时要有意拉开2~3个课时的进度，这样更利于“先教者”与“后教者”进行交流。

⑨深度会谈。

深度会谈是一个有主题的、自由的、开放的过程，能让教师把深藏于心的甚至连自己都意识不到的看法、思想、智慧展示出来。这个过程同时也是最具有生成性的，它会激发出很多有价值的、建设性的新见解。

2．协作

协作，指充分发挥每位教师的兴趣爱好和专业特长，使教师在相互补充、彼此合作互助中完成任务，共同成长。可具体借鉴的形式有：集体备课、共同完成教研项目研究、听课与评课等。

3．帮助

这是新老教师之间的合作互助形式，要求保教工作经验丰富、保教工作成绩突出的优秀教师具有带头、示范作用，帮助和指导新任教师，使其尽快适应角色和环境，防止并克服教师出现各自为战和孤立无助的问题。

幼儿园应本着“以老带新、以能带新、结对共进”的原则，发挥老教师、骨干教师的作用。每学年一开始幼儿园就应给青年教师找指导教师，让他们共结对子，并对师徒结对听课、指导互学做明确的规定。比如：指导教师每周听徒弟1节课，徒弟每周听指导教师2节课；每到学期末对指导青年教师有突出贡献的指导教师以及结对共同取得优异教学成绩的教师给予表彰鼓励。这样可以让青年教师更快地成长起来。

（三）专业引领

园本教研是基于幼儿园、以幼儿园为单位、围绕“本园”的问题而进行的研究，但它又不局限于“本园”，参加研究的人员也不完全局限于“本园工作人员”，还必须依靠园外的专业研究力量。若缺少了专业研究人员的参与，园本教研就常常会囿于同一水平，很难得到理论的提升，从而出现形式化、平庸化的问题。因此，理论指导、专业引领是园本教研得以向纵深发展并实现可持续发展的重要支撑。

专业研究人员主要包括各级教研员、科研人员、大学教师等。专业研究人员相对于一线教师来说，是幼儿教育研究的先行者，有系统的教育理论素养、开阔的视野、前瞻的理念，熟悉国内外幼儿园教育教学改革的发展趋势。专业研究人员参与园本教研，能使园本教研在一定的理论高度层面进行。

专业引领的实质是理论对实践的指导，是理论与实践之间的对话，是理论与实践关系的重建，专业人员的参与是园本教研走向纵深和可持续性发展的关键。另外，幼儿园教师可以从专业研究人员那里获得直接的指导，习得相关的研究方法和技巧。

专业引领的形式是多样的，有显性的，也有隐性的。教师要养成理论学习的习惯，教师自学理论是一种隐性的专业引领，而幼儿园教师更期盼的是专家以各种形式对教师进行的现实的专业引领。目前，幼儿教育学术理论界和幼儿园教师实践层面都在努力探索实施专业引领的途径和方式，力求做到专家不越俎代庖而幼儿园教师又保持合理的能动性和积极性，现在也大致形成了一些基本方式，如专业人员的学术专题报告、理论学习辅导讲座、教学座谈等，其中教学的现场指导是最有效的，也是最受教师欢迎的形式，专业人员与教师共同备课、听课、评课，如果条件方便，专业人员还可直接走上讲台为小朋友们组织教育活动，亲身示范。

专业研究人员指导幼儿园教师，只谈理论太抽象，往往指导不到位；只凭经验，手把手地教，容易越位。因此，专业研究人员必须用适当的形式进行专业引领才能有效地达到目的。专业引领的主要形式有以下七种。

1．学术专题报告

在幼儿园教育改革中，会不断出现亟须解决的专业理论、边沿理论等问题，因此幼儿园可定期邀请相关专家到幼儿园做学术专题报告，用先进的理论来指导幼儿园教育改革，帮助教师开阔视野，更新教育观念，深化对幼儿园教育的认识，创造性地促进幼儿的发展。

2．理论学习辅助讲座

幼儿园可聘请资深幼儿教育改革专家围绕某一幼儿教育理论做辅导报告，提升教师的教育理论水平。

3．教学疑难问题咨询

专业研究人员可通过网络、电话、座谈等多种形式，解答幼儿园教师保教工作中的疑难问题和困惑，提出解决问题的各种方案。幼儿园教师则通过一次次的聆听和直接对话，在交流中不断构建新的幼儿教育理念。

4．提供信息

专业研究人员可针对一线教师的需求，通过网络、信函等形式介绍幼儿教育改革的知识，使其了解研究的信息、拓宽知识背景，为其提供全面的、丰富的、典型的相关信息。

5．教育活动现场指导

教育活动现场指导，是指专业研究人员和一线幼儿园教师合作备课、听课、评课，并对其进行指导。它是专业研究人员对一线幼儿园教师实施的零距离指导。幼儿园可聘请外校的名师和专家，让他们参与一些教师的教学实践活动，与教师共同备课、听课、评课等，为教师提供现场指导，通过让他们与教师一起反思、体悟、交流，促进教师的专业成长。教学现场指导是最直接、最有效、最受教师欢迎的专业引领形式。

6. 网络为教师专业引领提供了有效平台

过去，一些教育专家和特级教师的教学风采只能在期刊上看到，要聆听他们的观摩课和讲座，必须要走很远的路，来去匆匆，花费很大，很多教师也没有这样的学习机会。网络不受时间和空间的限制，很好地实现了向专家学习、请教，与专家交流、对话的可能。如果某一地方举行了大型的教学研讨活动，网络上马上就可以看到相关信息，一些热心的参与者还会把他们的听课实录、课堂语音实录、听课感想发布在网络上。专题网站会把观摩课的视频放在网站上，让大家自由点播收看，这样教师不用一点花费，不用走出家门，就能观摩到这些优秀的课例，就能让教师有身临其境之感，并且教师想什么时候看、想在哪里看、想看谁的视频案例，没人会来干扰。教师还可通过发送电子邮件获得名师的指导；通过QQ、微信、抖音等网络途径向名师、专家请教；通过浏览网络上的名师博客，进行互动交流；参加教师在线研修，效果也很好。

7. 共同对某个教研项目进行研究

专业研究人员可参与幼儿园教研项目研究，和教师共同做项目，在做项目的过程中和教师共同发展。

专业人员参与园本教研，不只是作为行为的示范者或先进理念的解读者，更要借园本教研这一平台为教师的专业成长“搭架”，促使教师的专业发展从一个水平提升到另一个新的水平，最终让教师学会独立教学、独立研究。

教师个体的自我反思、教师集体的同行互助和园外专业研究人员的专业引领三者之间具有相对的独立性，同时它们又是相辅相成、相互补充、相互渗透、相互促进的关系，只有充分地发挥教师个体的自我反思、教师集体的同伴互助和园外专业研究人员的专业引领各自的作用，并注重相互间的整合，才能有效地开展园本教研工作，促进教师和幼儿的发展。

五、完善教研制度管理，保证教研活动的有效进行

园本教研制度是保障园本教研活动过程正确、有效、有序、持续开展下去的长效机制。教研制度不健全，教研活动开展就不会正常，还会影响教师参与教研活动的积极性。因此，幼儿园要建立以园为本的、合理的、有利于幼儿园园本教研工作的教研制度。园本教研制度建设要注意以下几个方面的工作。

- 建立园本教研组织制度，其中包括参与园本教研的人员的工作制度、园本教研组织工作制度和保教工作与教研工作合力制度。
- 建立园本教研启动制度，其中包括教师教研需求调查制度和教研课题申报制度。
- 建立园本教研指导制度，其中包括园内或联合园、专业带头人制度和园外专家专业引领制度，后者包括园外专家的聘任制度、园外专家的介入与工作制度、园外专家工作报酬制度、园外专家参与教学诊断与评价制度等。
- 建立园本教研交流制度，其中包括日常教研活动制度、教研经验总结交流制度、编辑园本教研专刊制度及设立家长开放日、接待日制度。
- 建立教研服务制度，其中包括图书资料服务制度、网络信息平台制度和教研档案服务制度。
- 建立园本教研激励制度，主要包括教研热情激励制度、教研过程激励制度、教研成果激励制度等。

在建立这些制度时，应注意物质与精神、过程与结果、广度与深度的结合。园本教研管理制度是使园本教研制度化、规范化、常规化的有效途径，是园本教研有效实施的保证，因此，制定园本教研管理制度是一项十分重要的工作。

以下是某幼儿园的园本教研管理制度的建设与实施情况。

为保证教研活动的顺利进行，我们建立了完善的园本教研制度，体现在领导重视、分工明确。我们以业务领导为主要负责人，明确了教研大组和年级小组的活动时间和次数，实行年级组长负责制，行政领导每次分别深入小组，保证每次

小组教研的质量。每次教研活动时，不同层面的问题由不同的人担任主持人，上至园长、副园长，下至教研组长、年级组长，还可以请教师轮流当主持人。主持人面对不同层次的教师适当加以区别对待，“以人为本”，把简单的问题抛给信心不足的教师，把难度高一些的问题交给专业能力突出的教师，激发每位参研教师的自信心，让每位教师都能体验参与的成就感。

园本教研制度建设的重点除了规范教师的参研行为外，更重要的是激发教师参与园本教研活动的积极性。为此我园引进并实行了教研积分分层管理制度。为了帮助教师真正认识到教研的重要性，提升教师参与教研的主动性，使教研最终成为教师的一种自觉自愿的行为，我们将教研工作所涉及的各项内容、要求进行细化和量化，并制定出了详细的《教研积分制实施细则》。它说明了教研积分制实施的目的、方法，指明了每项教研工作的内容、要求，并按照一定的比例制定了相应的分值标准：

- 自觉申报上观摩研讨课，5分/次；
- 参加教研项目研究，主持人5分/项，参与者1分/项；
- 策划教研活动，全园性教研活动4分/次，小组教研活动2分/次；
- 参加园内教研活动并积极发言，1分/次；
- 教研成果获奖或公开发表，5分/项；
- 教研成果在本园获得推广，5分/项；
- 自觉申报在园内上示范课，2分/次；
- 在城区内上示范课，3分/次；
- 在全市内上示范课，5分/次。

对不同层次的教师在教研分值方面有不同的要求，比如：工作1~2年者每年必须拿到30分方为合格，随后每增加2年教龄，其年教研分值就要增加1分方能评为合格。

教师们根据细则中的提示自主参与和开展教研活动，教研组长每月对教师的教研积分情况进行统计并上报到保教主任处，教研积分还将作为教师评先、晋级的一项重要内容纳入考核评价体系。

“教研积分制”的实施为教师自主开展教研活动指明了方向，赋予了教师自主权，增强了他们的研究意识。在没有实施“教研积分制”之前，教师参加教研活动都是比较消极的；实行“教研积分制”后，大家参与、策划教研活动的积极性倍增，主动承担观摩研讨课、示范课的人多了，大家在专题研讨活动中的发言也积极多了——因为只是“参加”而不认真思考和发言的，是不能得到教研加分的。

当然，在“教研积分制”实施的过程中也出现了一些教师急功近利、为积分而教研的现象。对此，我们除了有针对性地引导，还给予他们充分的时间，让他们体会到在教研活动中变“被动”为“主动”的乐趣与满足，在实践中看到自身的成长、进步和提高，从而使教研真正成为其内在的专业需求。

六、园本教研案例：让教师在自组织教研组中快乐成长[1]

我园在创建关注新教师需要的园本教研模式的探索研究过程中，尝试“关注教师需要的自主式教研”。灵活多样的自组织教研组及其活动，使新教师群体逐渐在教研活动中感受到快乐和满足。

（一）自组织教研活动的概念

自组织教研是对现有教研形式的创新，教师可以根据自己的意愿、兴趣、特长组成各种教研小组。各小组的教师自主选择组长，自主设计教研活动方案，自主安排活动的时间、地点、内容、形式，每个小组一般由4~6位教师组成，每位教师都深度参与，亲历各个教研活动的全过程。

自组织教研活动从根本上变革了幼儿园教研的制度体系，从研究的有效性出发，以教师主动的专业成长为核心，为教师构建了一个自主研究的平台，为实施自主有效的研究活动提供了基础和保障，是幼儿园现有教科研机构的有力补充。

（二）自组织教研活动小组的特点

和传统的根据年级组或教育领域来划分的教研组相比，自组织教研活动小组具有以下几个特点。

[1] 本案例的作者为广西田东县第一幼儿园的张艳老师。

1．自主性比较强

自组织教研活动小组是自愿组成的，其研究任务、计划是小组成员自己定的；组长是小组成员自己推选产生的，而不是行政任命产生的；自组织教研小组在运行机制上实行完全的自我管理、自我发展，无须外界指令而能自行组织、自行创生、自行演化，它是一个具有内在生命力的系统。

2．自组织教研活动小组的成员有着共同的研究兴趣

自组织教研活动小组成员因共同的研究兴趣而聚集在一起进行共同的研究，他们是"心甘情愿"地结合在一起的一个合作研究团队。当然，他们也会因为完成了共同的研究项目而又没有后续的共同研究项目而解散。

由于有共同的研究兴趣，自组织教研活动小组及其活动是比较有吸引力的，大家聚在一起是为了解决共同面临的保教工作问题。

3．自组织教研活动小组内的心理氛围比较轻松

自组织教研活动小组成员间平时关系就比较亲密，彼此比较了解，因此，他们在活动中的表现是比较自然、真实的；在教研活动中，他们的思想比较放得开，可以敞开心扉，尽情地表达自己的观点与意见。

教师自组织教研活动研究是我们在园本教研实践中的一种积极尝试，其自愿选择、自主活动及其内外结合的激励机制，让教师在自己的组织中、在丰富多彩的活动中展示自己的才华，实现自我价值，同时在园内促成了开放的学习风气。教师从"要我参加"到"我要参加"，从按部就班到创新工作，从被迫完成任务到享受乐趣，个个成为主动的探索者、实践者、创造者，享受着研究的意义与乐趣，体会着成功和被尊重的幸福，同时获得了自身发展的喜悦。

（三）自组织教研组的形式

自组织教研组一般有以下五种组织形式。

1．同志式教研组

同志式教研组由同一领域或同一年级组的教师组成，其合作的优势在于相同的教学内容、差不多的教学进度且同处一个办公室，大家彼此都很熟悉，随时可进行研究和交流。

2．师徒式教研组

师徒式教研组以帮扶为目的，发挥名师、骨干教师的作用，由名师、骨干教师和结对的青年教师组成，这种合作通过一对一的、手把手的帮扶，通过面对面的真诚交流，通过共同项目的研究，促使年轻教师快速成长。

3．朋友式教研组

朋友式教研组由教师根据自己的个性、志趣等自发组成，一般是由年龄相仿、专业水平相近、经历相近的教师组成，其合作的优势在于共同语言，特别是专业方面的共同语言比较多，团体气氛比较平等、民主，成员彼此之间有强烈的认同感，成员间更容易形成积极的互动。

4．专家式教研组

专家式教研组由幼儿园的名师、骨干教师自由组成，这是强强结合，其主要目的是进行本园重大问题的研究。

5．项目式教研组

项目式教研组由一些对幼儿园教研重点项目有兴趣、有能力的教师组成，他们因竞标、中标幼儿园教研重点项目而聚在一起，对该项目进行分工、合作研究。

（四）自组织教研活动的运行机制

建立完善的运行机制是保证自组织教研活动质量的关键，因此，我们十分注意相关机制的建立与完善。

1. 自组织教研组的组建

开学初，园长室会同教研室等部门设计发放“自组织教研组调查问卷”（见表5-2），变原来的由业务园长直接提出研究专题为将调查后的问题进行归纳、总结、分析，提升为贴近教师实际的研究热点问题或专题。接着，将意愿一致或相近的人员组合在一起，组建若干“教研工作小组”，教师之间形成为了“共同的意愿”（即要达到的共同研究目标）、“心甘情愿”地结合在一起的合作研究团队，它使教师们形成了研究共同体。

表5-2　自组织教研组调查问卷

姓名		年龄		工龄	
学历		职称		专业	
你的特长：					
你专业成长中的困惑：					
你想成立并参加的教研组：					
你的愿望（你希望在哪个领域得到提高和突破）：					

“阳光童趣教研组”的成立

开学初，教研室发放了调查问卷，发现有5位教师在“你专业成长中的困惑”一栏里填了“如何使我班的户外活动更具目的性、丰富性和创新性，让孩子们更好地享受运动的快乐”“如何提升教师对晨间锻炼的认识与实践能力”“如何让户外活动的组织更有效”等问题。为此，我们开展了“优化户外活动”的系列研讨，成立了“阳光童趣教研组”，对幼儿晨间锻炼、户外活动现状进行剖析与反思，梳理了目前幼儿园户外活动中存在的需要解决的问题。

2. 自组织教研组活动制度

自组织教研小组是对现有教研制度的创新，教师可以根据自己的意愿自由组合，建立教研小组。活动时间、地点、内容、形式均可以实现自主安排。幼儿园对自组织教研小组只定任务，不限制也不硬性规定教研小组的活动次数。同时，教研小组可根据自己的活动内容申请活动经费，幼儿园根据具体情况提供适当的经费支持。所拨经费也由教研小组自行安排。我们从以下四个方面努力，保障教研小组的良性运转。

（1）科学合理的制度是小组教研活动有序进行的保障

幼儿园统一制定《教师自组织教研小组申请表》《教师自组织教研小组计划表》《教师自组织教研小组活动记录表》等表格，以帮助教师聚焦研究问题，进行目标任务导向，使教研工作有目的、有计划地开展。

为了鼓励教师的积极参与，我园采取积分加自荐的评优方式，针对不同项目设立了不同的奖项，如“最活跃组长”“最爱发言奖”“金点子奖”等，由此激发了教师参与教研活动的热情。

（2）一位好组长是小组教研活动有效开展的保障

组长作为教研小组的负责人，是小组的灵魂人物。由于教研组的活动均为自主开展，要使活动有效地进行，组长对教研内容的计划与把控是关键。因此，我们给组长规定了相关的条件：自愿报名，热心于教研工作，具有幼儿园高级教师及其以上职称，小组成员推荐，有责任心，具有一定的教研活动策划与组织能力。

同时，我们赋予组长一定的权力，如活动规划权、经费合理使用权、年末推荐和参议优秀组员权。

（3）适量的人数是小组教研活动高效进行的保障

实践证明，教师太多或太少都不利于教研活动的开展。一般而言，以4~6人一组最为适宜，这样规模的小组容易开展活动且比较灵活，沟通与交流都较方便。在这样的教研活动中，每位教师的观点和想法都会得到重视。在对一个或几个问题的讨论与研究中，通常大家都能畅所欲言、集思广益，取得较好的效果。

（4）合理的经费支持是小组教研活动的资源保障

对于获得批准的教研项目，我们幼儿园都会提供一定的经费支持。教研小组在提交项目申请或计划时就应该根据研究需要制定出项目研究的预算，并列出相关细目。请看我园阳光童趣教研组某项目的预算（见表5-3）。

表5-3　阳光童趣教研组某项目经费预算

小组名称	阳光童趣教研组			
组长			电话	
邮箱			活动经费／元	
项目经费预算明细				
序号	项目支出	具体内容	金额／元	备注
1	材料费	消耗性材料费		
		文稿印制费		
		图书资料费		
2	设备费			
3	调研费	外出学习		
4	会议费	研讨活动费		
		交流费		
5	专家咨询费			
6	管理和评估费			
7	课题其他支出			
预算总额：____________________（大写）				

【项目支出说明】

材料费：在教研活动过程中消耗的各种材料的采购及运输、装卸、整理等费用。

设备费：活动过程中购置体育活动设备的费用。

调研费：教研活动过程中开展业务调研、考察、学术交流等所产生的费用。

会议费：在研究过程中因组织开展学术研讨咨询以及协调项目等活动而发生的会议费用。

专家咨询费：在教研活动过程中支付给临时聘请的专家的费用（含食宿、交通等费用）。

管理和评估费：一般从教研活动经费中抽取10%~15%作为教研活动项目管理和评估的费用。

课题其他支出：未列入以上各项的其他必要开支。

适当的经费支持，不仅保证了研究活动的正常开展，还使研究交流活动变得更加丰富多彩、更具有吸引力。

3．自组织教研小组活动运行流程

（1）上交小组教研活动计划

每学期放假前一个星期，各个教研活动小组向幼儿园上交下学期教研活动计划，假期里幼儿园组织相关专家对申报的教研活动计划进行评审，确定下学期给予资助的自组织教研活动项目。

自组织教研活动项目应该具有一般教研活动项目的基本特性：是本组成员共同面临的真问题，是操作性的问题，是本组成员所能解决的问题。这些项目可以来自各小组成员自定的项目，也可来自本园教研重点项目。

（2）实施小组教研活动计划

一开学，获得资助的自组织教研活动项目即按照计划开展教研活动，并及时向园领导反馈项目研究的进展。

在教研活动实施的过程中，要注意相关材料的收集与整理。

（3）举办教研活动成果展

各教研活动小组每到期末都要展示各自一学期来所取得的研究活动成果，让全园教师一起分享他们的教研活动成果，推动本园保教工作质量获得更大面积的提高。

教研活动成果包括理论成果和实践成果。

理论成果包括著作、论文等，展示的形式有网络、纸质文档、理论宣讲等。

实践成果包括体现教研成果的教育活动、教玩具、幼儿作品等，展示的形式有教育活动展示、教玩具展示、幼儿作品展示、图片展示等。除了展示活动、图片、物品外，还要展示其背后的原理，让观摩者不仅知道怎么做，还知道为什么这么做；让观摩者不仅知道在同类情境中照着做，还会将其迁移到解决同类情境中的问题。

教研活动成果展示内容主要包括保教行为、保教内容、保教观念、保教工作效率、幼儿的发展在教研活动后有哪些可喜的变化等。在准备教研活动成果时，认真思考下列问题并据此整理我们的思路，将会使我们的成果展示内容更全面、更有说服力。

- 我们研究的是一个什么样的问题？
- 为什么要研究这个问题？
- 怎样研究这个问题？
- 得到了什么样的研究结果？对这些研究结果怎么解释？
- 这项研究有什么特别意义？
- 发现了什么新的问题？

观摩者也可以将自己观摩后的收获与同行分享。观摩者可以从以下几个方面整理出自己的收获与同行分享。

- 我对自己的保教工作有哪些看法上的转变？
- 在我将来的保教工作中会有哪些具体做法上的变化？
- 我有什么能与其他教师分享的好主意？
- 我怎样让其他教师分享自己所得到的启示和所萌发的见解？

（4）活动评价

由于活动的时空、问题等的不确定性，活动过程和结果的不可控制性等原因，自组织教研活动往往难以评价，但难评价并非不可评价。

以往的教研制度中更多的是一些常规性要求，用于督促教师完成教研任务，教师容易感到压抑而产生抵触心理。而自组织教研活动作为教师学习成长的一种主要方式，应是一种发自内心的、主动的、充满热情的活动。为此，我们在管理评价方面淡化了一些不必要的制度，加强了教师对教研成效方面的认定。

首先，管理者和教师一起制定评价标准，一致通过后执行。以前我们评价教研活动，主要从“活动准备”“活动过程”“活动效果”等几方面考虑，评价的指标有：活动准备充分，教研组长事先备案；保证教研活动时间（准时开始和结束）；组内教师都能参与教研活动；活动主题围绕教研计划，恰当贴切；活动内容符合教师的需要，有价值；能解决教师的部分问题，参研者有一定的收获；等等。现在，我们针对自组织教研活动的特点，从重结果向重过程倾斜，设立了“积极参与奖”“进步奖”“爱发言奖”“好点子奖”“抱团奖”，并形成了一份比较完善的《教师自组织教研活动成果评价表》（见表5-4）。

表5-4 教师自组织教研活动成果评价表

时间：　　年　　月　　日		地点：	
组长：		小组名称：	
小组成员：			
评价项目	评价指标	分值	得分
活动准备	教研组长能围绕教研重点学习理论，做到组织研讨心中有数。	10	
	能根据本组成员的实际问题制定活动方案，目的明确。	10	
	活动前全组教师明确教研内容，物质、思想准备充分。	8	
活动过程	教研气氛活跃、民主，教师积极主动。	10	
	活动内容符合教师的需要，有价值。	10	
	活动重点突出，目的性强。	10	
	活动组织形式丰富，能调动教师参研的积极性。	10	
	发挥教师的主体作用，每位教师积极投入教研活动，能够主动承担任务，积极参与研讨，发言理论联系实际，并能大胆地争论问题。	10	
活动效果	能解决教师的部分问题，参研者有一定的收获。	12	
	记录清楚，有价值。	10	
总分	100		
反馈与建议			

其次，在对教师教研成效的评价中，应坚持以鼓励为主，尊重教师的自我成长，慎用横向比较，多用纵向比较，采用结果评价与过程评价相结合等方法。评价在实施中力求为教师创设良好的教研氛围和环境，激发教师学习和成长的欲望，调动其参与教研的积极性和主动性，从而也淡化了传统管理制度所带来的一些消极影响。

自组织教研活动小组，不仅改变了教师在以往那种传统教研组中的被动研究状态，还为教师的专业发展提供了一条充满合作快乐、研究快乐的路径——因为团队成员都是志同道合者，他们是为解决自己的工作问题而进行的研究，他们有发自内心的需要。在自组织教研组中，教师的专业素养在快乐中获得提高。

七、园本教研案例：以主题式教研活动促进教师专业成长[1]

我园近年来一直积极探索幼儿园的主题式教研活动——每学期都围绕一个主题开展多次的、多层次的、多形式的专题研讨交流活动。

很多教研活动是“蛙跳式”，想起什么就研究什么，没有计划，没有分析，更没有形成系列化。久而久之，教研活动形式化，对问题的解决和对教师的专业成长很难产生有效的作用。

幼儿园里的实际问题不是一两次教研就能解决的，它需要过程、反复、多角度、系列化，需要深度。而主题式教研活动有利于幼儿园集中本园各方面的力量对本园某一领域的问题进行系统全面的、深入透彻的研究，让工作中的弱项变成强项，强项变成优势和特色，有利于某一方面的工作获得实质性的突破，有利于获得辐射性效果和系列性教研成果。主题式教研活动无疑更加有利于幼儿园教师的专业成长。

（一）主题式教研活动的流程

主题式教研活动的流程有以下四个环节。

1．教研活动主题的确立

主题式教研活动的主题可以是本园保教工作中最薄弱的方面——克服保教工作的短板，全面提高保教工作质量；也可以是本园保教工作中的强项方面——把本园保教工作强项做成“好上加好”，形成本园办园特色，扩大本园的社会影响力。

---

[1] 本案例的作者为广西教育厅幼儿园的张文莉老师。

不管从哪方面选题，它都应该来自本园保教工作的实际需要。我园从主管保教业务的副园长、保教主任，到教研组长、年级组长、一线教师，大家平时都十分注意对自己看到、遇到的问题（这些问题包括工作中的难题，以及希望通过哪方面的变革让本园工作变得“好上加好”，形成本园的优势及特色）进行收集、记录；每到期末全体教职工就将自己所发现的“问题”提交幼儿园，幼儿园将教职工提交的“问题”分门别类归档，建立本园本学期的问题库，然后组织园内外专家来对本园保教现状进行分析，根据幼儿园保教工作发展的趋势及本园未来的发展定位，从问题库中选出下学期或下学年的教研活动主题。

近年来，我们分别开展了“托盘式教玩具制作”“区域活动材料投放的有效策略”“主题墙的创设”等主题教研活动。

主题“区域活动材料投放的有效策略”就是通过“自下而上”的形式确定下来的。我园开展区域活动已有相当长的时间了，全园上上下下对于区域活动对幼儿学习与发展的重要性、独特性有了深刻的认识和认同，教师不仅努力在区域活动中给幼儿创设一个宽松、自由的心理环境，而且积极开动脑筋，花费大量的休息时间思考、设计、制作区域中幼儿的操作材料，幼儿园为此投入了大量的人力、物力、财力。在主题式教研话题征集表中，许多教师提到在进行区域活动时常感到困惑：为什么幼儿在活动区中频繁地更换托盘玩具（托盘玩具是指幼儿园将幼儿的操作材料放在一个适合的托盘中，方便幼儿取放、操作）？为什么绝大部分幼儿在玩了某些托盘玩具一次后就不会再次拿起它们来玩呢？有的班级，提示区域活动结束的音乐还没响起，幼儿就已经表现出不想玩的态度，是不是教师设计的操作材料无趣，幼儿不喜欢呢？有的操作材料对某年龄段的幼儿没有挑战性，太简单，幼儿一下就玩会了、玩好了；有的操作材料又太难，没有教师的指导幼儿根本无法去玩……教师在投放区域操作材料时遇到了瓶颈。区域活动是通过对活动区材料的投放来支持幼儿的游戏活动的。如何才能为幼儿提供系统、充裕、适宜、有趣的操作材料，来满足幼儿宣泄、玩耍、表达表现、操作摆弄、好奇、探索、自主、独立、创造的需要，这是在区域活动开展到一定程度时教师普遍遇到的问题。教师现有的方法、水平已经无法满足幼儿的需要，无法持续推动我园幼儿的区域学习和发展。教师对区域操作材料的设计、制作水平亟待优化，教师的教育观念亟须更新，教师的教育技术亟待提高，教师的专业水平亟须向更高层次发展。基于教师的心声，2009年我园决定，园本教研专题内容就定为“区域活动材料投放的有效策略”，该主题还有许多问题值得探讨，为了研出成效、研得透彻，该主题还将是我园将来较长一个时期内研讨的主题。

2．教研活动主题的细化和具体任务的落实

教研活动主题确定后，接下来的任务就是围绕主题再确定研讨的小专题，并将这些小专题的研究任务落实到具体的人身上。这样，整个主题式教研活动又细化成若干个小专题教研活动，层次分明，且内容与形式均围绕主题式教研目标，为主题式教研活动的有效开展打好了基础。如，我们围绕“区域活动材料投放的有效策略”这个主题设计了以下教研活动（见表5-5）。

表5-5　“区域活动材料投放的有效策略”主题式教研活动计划

时间	内容	执行部门/负责人
2009年9月	专题研讨：区域活动材料的意义和价值	保教主任
2009年9月	专题研讨：区域活动材料投放的原则	保教主任
2008年9月	专题研讨：各年龄段区域活动材料投放的有效策略	各教研组
2009年10月	区域活动材料投放观摩活动	保教主任
2009年10月	各班学习改进阶段	各教研组
2009年11月	专题研讨：区域活动材料投放的有效策略	保教主任
2009年12月	区域活动材料投放专题讲座	各教研组
2010年1月	区域活动材料投放竞赛	各教研组
2010年1月	区域活动材料投放有效性专题经验交流研讨会	保教主任

各小专题负责人根据整个专题研究的活动时间表，制定出本小专题的活动计划表。

3．主题式教研活动的实施

各小专题负责人根据本小专题的活动计划表，认真实施研究活动，并且做好相关材料的收集与整理、归档。

4．主题式教研活动成果的展示

参研教师通过理论成果和实践成长向全园教师甚至园外教师推广本专题研究的成果，这样不仅可以让更多的人从我们的研究中获益，还可以扩大本园在本地区同行中的影响力。

（二）我园主题式教研活动过程中的创新点

我园在主题式教研活动中鼓励创新，充分地调动了大家参与教研活动的积极性。

1．设立“金点子奖”

我园高度重视教职工在工作中进行有价值的创新。为了激励教职工不断地创新，我园设立“金点子奖”，鼓励他们在活动设计、学具研制、计划制订等各方面立足实践、大胆创新，新点子一经幼儿园采用，将获得“金点子奖”。“金点子奖”大大提高了教职工在保教工作中的创新意识和能力。

2．多种形式激发教职工参与教研活动的积极性

我园尝试在各教研组开展主题式教研活动展示评比，各教研组现场展示主题式教研活动及其成果，其他教研组观摩研讨，同时比比哪个教研组的研讨更积极、更有效，最终评出年度或学期优秀教研组，这也大大激发了各教研组策划与组织教研活动的积极性和创造性。

为了提高研讨活动效率，我们把教研环节要研讨的问题藏在小盒子里，让大家玩摸箱游戏回答问题，或者玩击鼓传花游戏，鼓励大家积极思考与发言。这两种游戏方式让教研活动变得生动活泼、紧张有趣，同时，大家为了更好地玩这些游戏，在研讨活动前必须对研讨主题进行深入全面的研究与思考，否则，届时就会“无话可说”，十分尴尬。

为了激励大家在研讨活动中畅所欲言、追求创新，我园在每次研讨活动中还设立了“最有价值发言奖”，以激发教师发言的积极性，同时，激励大家努力分享自己的个人智慧，以生成更多的思想交流与碰撞，让参与者都能从别人的发言中得到启发与收获。

（三）案例分享

幼儿园户外体育游戏的有效组织

一、主题生成的背景

《幼儿园教育指导纲要（试行）》中明确指出，“幼儿园必须把保护幼儿的生命和促进幼儿的健康放在工作的首位”。《3—6岁儿童学习与发展指南》中也指出，“发育良好的身体、愉快的情绪、强健的体质、协调的动作、良好的生活习惯和基本生活能力是幼儿身心健康的重要标志，也是其他领域学习与发展的基础”。这些既是对幼儿健康的高度概括，也表明了健康领域在幼儿学习与发展中的重要地位，即幼儿在健康领域的学习与发展是其他领域学习与发展的基础。开展丰富多样、生动有趣、适合幼儿年龄特点的体育活动是增强幼儿体质、增进幼儿健康的积极手段和重要途径。

为了丰富我园户外体育活动的活动样式，切实提高我园户外体育活动的质量，我园的户外体育活动设置了幼儿自选小型体育器械的自主性体能锻炼活动、早操、体育游戏等。作为主抓保教质量的管理者，要有一双善于发现问题的眼睛。在日常的巡班过程中，我们发现教师组织的体育游戏缺乏趣味性、活动性，体育游戏对幼儿基本动作的发展、体能的锻炼不突出，效率低，体育游戏内容不够丰富。

通过与幼儿园不同年级组、不同层次的教师进行深入的交流，我们发现，造成上述现象的主要原因有：有的教师对户外体育游戏对于幼儿健康发展的重要性认识不足；对当天拟组织的户外体育游戏没有进行充分的备课；对户外体育游戏活动场地的设置、教师的站位欠考虑；对如何采用幼儿喜欢、感兴趣的方式引导幼儿积极参与户外体育游戏缺乏行之有效的策略，特别是年轻教师对户外体育游戏的组织缺乏方法，对户外体育游戏的规则把握不到位，急需获得具体的指导和帮助。

众所周知，游戏是最受儿童喜爱的活动，是幼儿园的基本活动。体育游戏是以身体练习为主要内容、以发展基本动作为目的的游戏活动。根据实际需要，我园组织了以“幼儿园户外体育游戏的有效组织”为主题的教研活动。同时，我们尝试将户外体育游戏有效组织的教研与教师的业务考核内容相结合，建立了“教、考、研、培”四位一体的基于问题的主题式教研模式。

二、教研活动的主题目标

关于“幼儿园户外体育游戏的有效组织”的主题式教研活动的目标是：通过教研活动的开展，切实提高我园教师制定户外体育游戏目标的具体可行性，增强户外体育游戏的趣味性，丰富教师对户外体育游戏的组织策略，形成园本幼儿户外体育游戏集。

三、教研活动的实施过程

确定了以“幼儿园户外体育游戏的有效组织”为主题的教研内容后，我们制订了本学期主题式教研计划，在开学的教师园本培训中对该主题式教研计划进行细致的解读，引起了全体教师对主题式教研活动的重视。在解读以“幼儿园户外体育游戏的有效组织”为主题的教研计划的过程中，教师频频点头。好的开始是成功的一半，当幼儿园选择的教研内容是教师打心眼儿里认可的问题时，就能充分调动教师对教研活动的热情和认同感。

1．促进教研自主，组建学习型小组。

为了促进教研自主，让教师成为教研活动的真主人，我园尝试突破传统教研中的思维定式，大胆提出了组建志趣相投的学习型小组，让有共同志趣的教师形成学习、研究型的合作伙伴。志趣爱好相投的教师自由组合在一起，在学习型小组中互相尊重和信任，人人都是工作伙伴，共同研讨户外体育游戏的设计与实施，相互可以自由地质疑，晒问题、摆困惑，使教研真正从具体的操作行为开始。学习型小组能有效激发每一位成员在小组教研中的能动性、自觉性和创造性，从而实现教研组“人尽其才”、自我发现问题、自我学习提高、自我解决问题的教研效果。

学习型小组研讨的主要活动方式有以下几种。

(1) 创意分享会。小组成员就一个问题给出尽可能多的解决方法，并写在记录纸上相互交流，了解大家对同一个问题的不同看法。人人都参与交流，发表对问题的意见，不需要对别人所提意见发表具体的看法，不需要达成一致的意见。

(2) 畅所欲言。小组成员在一起就某个问题畅所欲言，将自己的意见、假设摆出来接受大家的提问，促进教师的交流。发言时要围绕话题展开，支持别人发言的完整过程，不随意打断。

(3) 专题辩论会。小组成员充分讨论、辨析以形成比较统一的意见，这是一个以达成共识为主的过程。每个成员都要为自己的意见进行充分辩护，同时要不断思考、质疑他人的意见。

传统的以大教研组为主的教研形式被新型的学习型小组代替，学习型小组的建立改变了教师所处的教学环境，使教师对教育思考方式与学习方式进行了重新设计与调整。教师有了面对面的交流，大家在相互信任、尊重、合作的学习研究活动中，不断反思、调整自己的教育行为，感受到成长的快乐，体验到自身发展的真正价值。学习型小组还实现了教师在学习与研究中的自主，即自主选择、自由结合、自觉探索。教师在这样的组织中毫无压力，能积极主动地参与合作交流，形成了多种良好的学习交流方式，能自觉地不断校正自己的教育行为，使教师的专业化发展获得了持续的动力。

2．走群众路线——制定《户外体育游戏考核评价表》。

为了提升园本教研的成效，我们尝试将户外体育游戏的有效组织主题式教研与每学期的规定动作——教师业务考核——相结合，将户外体育游戏的组织纳入教师业务考核内容，不仅使教师在主观上高度重视幼儿园的主题式教研，而且使教师能集中精力将研究的重点放在户外体育游戏上。幼儿园更关注质量，而不是数量，这从另一个层面解放了教师更多的时间、空间。作为幼儿园业务的管理层，我们查阅相关资料，设计、制定了我园的《户外体育游戏考核评价表》（初稿见表5-6）。评价表满分为100分，从八个方面做出评价。

表5-6　户外体育游戏考核评价表（初稿）

户外体育游戏评价指标	活动时间要求：大班20~25分钟；中班10~20分钟；小班15分钟。
	户外体育游戏目标、内容符合本班幼儿的年龄特点和实际水平，符合阶段性保教目标，具体明确。
	能采用幼儿喜欢的方式引导幼儿积极参与活动，运动量和运动强度适宜。
	教师作为支持者和合作者参与游戏，有良好的师幼互动。
	游戏活动的趣味性强，避免单调枯燥的练习。
	游戏活动体现体育常规（有口令指示、有队形变化）。
	在游戏中能保证幼儿的安全。
	游戏能满足幼儿身心发展的需要。

在完成《户外体育游戏考核评价表》初稿后，幼儿园力求使评价表更科学、更完善，为此举行了一次特别的“听证会”，面向全体教师广泛征求大家对《户外体育游戏考核评价表》的意见。得益于幼儿园教研文化的积淀，以及教师对园本教研活动的接纳和认可，大家已经把自己当成了园本教研的主人。对幼儿园公布的征求意见稿，教师私下积极讨论，既可以将自己的意见用便条的形式张贴在留言板上的《你一言我一语》栏目中，也可以直接向教学主管反馈自己的意见。对教师的建议，我们核心小组进行了反复认真的研讨，形成了《户外体育游戏考核评价表》终稿（见表5-7）。

表5-7 户外体育游戏考核评价表（终稿）

户外体育游戏评价指标	户外体育游戏目标、内容符合本班幼儿的年龄特点和实际水平，符合阶段性保教目标，具体明确。
	游戏活动体现日常体育活动常规（如有口令指示、常用队形等），有一定的游戏规则。
	能采用幼儿喜欢的方式引导幼儿积极参与活动，运动量和运动强度适宜。
	游戏活动的趣味性强，幼儿能积极参与活动。
	教师作为支持者和合作者参与游戏，有良好的师幼互动。
	游戏结果能达到目标的要求。
	在游戏中能关注幼儿的安全，有调控幼儿安全的能力与策略。
	在游戏中既能关注幼儿身体的发展，也能关注到幼儿心理的需要。

3．有条不紊地开展实践研讨。

全园上下做好了热身后，每一位教师都开始精心准备一个户外体育游戏来参加教研。就像厨艺大比拼那样，每一位厨师精心挑选食材，设计好烹饪的内容，然后就开始制作，之后让大家来品尝。在学习型小组里，教师将自己设计的游戏方案与同伴进行研讨，经过了集体的二次备课，拟实施的户外体育游戏方案得到了很大程度上的完善，为户外体育游戏的组织与实施做好了充分的准备。

教师们的准备活动做好后，就进入“亮剑”阶段。在固定的园本教研时间里，每次有3位教师为大家展示户外体育游戏，在集中观摩户外体育游戏后，教师们进行了热烈的研讨，积极发表自己的观点，既真诚地捕捉别人的亮点，又真诚地指出别人的问题。在学术上我们鼓励教师针锋相对、各抒己见，当争论出现对立而陷入僵局时，我们分头查阅相关理论书籍，寻求理论上的支持。我们将专家请进来，向专家请教，以推动教研活动不断深入，为教师专业发展提供技术支持，在理论的指导下解决我们在实际教学中碰到的问题。通过实践—研讨—再实践的过程，大大提高了教师们对户外体育游戏的设计与组织能力，他们获得了成就感——组织的户外体育游戏既得到了幼儿的喜爱，又达到了训练幼儿基本动作和锻炼幼儿体能的目的，幼儿也感到身心愉悦。孩子们每天都追着教师问："明天我们还玩体育游戏吗？""老师，我们再玩一遍行吗？""老师，我还想玩。"……教师的专业能力得到了发展，通过户外体育游戏的有效组织和相关教研活动的开展，他们体验到了成功的喜悦，看到了自己的专业成长。

4．物化教研成果：《幼儿户外体育游戏集》问世。

为了使我园的教研成果发挥更大的作用和价值，幼儿园高度重视教研成果的总结、宣传与推广。在以"幼儿园户外体育游戏的有效组织"为主题的教研活动中，生成了许多优秀的成果，值得我们好好总结、提炼、物化。我们有必要集中筛选、进行提升，并在此基础上进行宣传与推广，让更多的教师能借鉴这些成果。

教师不仅要总结自己的教研成果，还要对我们日常组织的户外体育游戏进行筛选，收集更多优秀的户外体育游戏。我们让每位教师提供4个优秀的户外体育游戏案例，并进行了逐层的认真审核。先由年级组长进行第一次审核，对教师提供的户外体育游戏案例中存在的问题一一反馈，教师认真修改后交核心小组进行第二次集中审核。在第二次集中审核中，核心小组成员就户外体育游戏方案进行了热烈的研讨，大家积极建言献策，从目标到玩法都认真地进行审议，就像一次集体备课一样，大家在积极的思维碰撞中甚至是学术冲突中擦出智慧的火花。然后，我们将核心小组的意见细致地反馈给每一位教师，大家进行第二次修改。最后，由保教主任及业务园长进行定稿审核后，幼儿园编辑出版了园本教参《幼儿户外体育游戏集》。经过对户外体育游戏方案的反复修改，每一位教师的专业水平和业务能力都获得了不同程度的提升。《幼儿户外体育游戏集》既保证了幼儿园户外体育游戏的质量，又为教师提供了方便，更解决了新手教师的困难，是新手教师的"求生秘籍"。

第六章

幼儿园教研活动成果的表述

幼儿园教研活动成果，是针对幼儿园某一保教问题进行研究后所得出的新的保教观点、新的保教思想、新的保教方法方案或新的保教工作理论。幼儿园教研活动成果形式分为物化成果（如经过教研活动创造出了新的有效的教具、学具、环境等）和非物化成果（如教研论文、教研论著、教育活动案例与分析、幼儿园教育活动方案等）。

幼儿园教研成果的表述，则是指使用适当的教研成果形式表达教研活动的过程及其所取得的成果。由于篇幅所限，本书只谈幼儿园教研论文、幼儿园教育案例和幼儿园教育经验总结的写作。

一、幼儿园教研论文写作步骤与规范

幼儿园教研论文写作是从选题开始的，然后经过制定写作方案、收集与整理材料、撰写提纲、撰写初稿、修改教研论文直至最终定稿，每个环节都有其规范。掌握教研论文写作每一步的规范，对写好教研论文有着十分重要的意义。

（一）幼儿园教研论文的定义

幼儿园教研论文，是指作者在对幼儿园保教工作中的某个问题进行研究的基础上写成的以论述为主的文章，即在进行相关教研活动的基础上，针对幼儿园保教工作问题谈“你有什么认识，为什么有这样的认识”。幼儿园教研论文不仅要“有述”——亮出你的观点，让别人了解你对这个问题有什么看法，而且要“有论”——论证你的观点，让别人相信你的观点是正确的，然后接受你的观点。

1．幼儿园教研论文与幼儿园教育工作总结的区别

幼儿园教研论文与幼儿园教育工作总结不同。幼儿园教育工作总结是作者对自己或本单位在某一时期从事的保教工作进行全面、系统的回顾，通过分析和自我评价，肯定成绩和经验，找出缺点和教训，以利于今后更好地开展工作。而幼儿园教研论文则是作者针对保教工作中的某一问题，通过研究，针对该问题及其解决方法提出自己的主张，强调有理有据，它在一定程度上揭示、探寻相关的保教工作规律。

幼儿园教研论文与幼儿园教育工作总结的区别主要表现在以下几个方面。

- 教育工作总结从其出发点来看，最早是按照上级主管部门对幼儿园或班级的具体工作检查来完成的，作者带有较明显的被动性。而教研论文的写作则不同，它是非常主动的个体行为，是作者面对保教工作中的经验和问题，自觉地阐述自己的观点，有感而发。
- 教育工作总结强调过程，对具体操作的主要步骤一一点到。而教研论文写作却不能这样，通常是淡化过程，重视结果及其理论分析。
- 教育工作总结在肯定成绩和经验的同时，也提出问题和教训，但通常情况下，教育工作总结对问题往往寥寥几语便打发了，“报喜不报忧”的色彩较浓。而教研论文则重在对经验的提升，有时甚至只针对保教工作存在的问题，通过分析成因，找出症结所在，提出解决策略。
- 教育工作总结往往是一般地、随意地摆出经验和问题，缺乏对经验和问题的深刻思考，因而缺少观念性、思想性内容，感性有余、理性不足，即使试图揭示一定的教育教学规律，也较肤浅。而教研论文则是对感性材料做理性分析和思考，形成自己的观点，提出自己的见解，它更侧重于理性成分，更注重深刻揭示一般规律。

2．幼儿园教研论文与教育新闻报道的区别

幼儿园教研论文与教育新闻报道也不同。教育新闻报道是记者或通讯员以旁观者的身份，通过采访，以报道形式将幼儿园或个人的先进事迹加以褒扬，对存在的问题或不妥之处提出批评，属于他人评价。

两者的主要区别是：教育新闻报道从报道的“5W1H［What（什么）、Where（哪里）、Why（为什么）、When（何时）、Who（谁）、How（怎样）］”等基本要素出发，通常以记叙文这一体裁为主，对事件的某些情节甚至细节、场景加以描述、渲染，摆出事实和现象，但对事实和现象背后的原因探究不深。尽管不少报道也开始重视教育专家的评论，但往往只是蜻蜓点水。而教研论文要做的却是透过现象分析背后最本质的东西，揭示深刻的道理。

根据两者的区别，幼儿园教研论文的作者首先要避免把议论文写成记叙文，只见树木，不见森林，大肆渲染某一过程或某些情节，却忽视了最本质的东西；同时要很好地把握第一手、第二手资料，为自己的论文写作积累材料，在简要地告诉读者“好（错）在哪里”外，还要分析“为什么好（错）”，将现象提升为普遍的、规律性的认识，以指导幼儿园保教工作实践。

（二）幼儿园教研论文写作的目的与意义

幼儿园教研论文写作的主要目的是告诉别人作者对幼儿园保教工作中的某一问题有什么样的认识，同时通过论证让别人相信作者对这个问题的主张。幼儿园教师撰写教研论文具有以下几个方面的意义。

- 向社会表达作者对所研究的幼儿园保育和教育问题的观点、意见，引发人们对相关问题的关注。
- 提高作者对保教工作问题的综合研究能力和书面表达能力。
- 有助于作者将实践中积累的直接经验系统化，有利于把长期积累的经验提高到理论的高度，这有利于幼儿园教师教育理论素养的提高。
- 有利于提高幼儿园保教工作的成就感。教研论文的发表或获奖，会给作者带来很大的工作成就感，甚至可以提高专业的自豪感。

幼儿园教师不应满足于所谓“燃烧了自己，照亮了别人”的蜡烛精神，不应满足于只做一名“教书匠”，而要把幼儿园的保教工作当作“研究工作”，不断有所创造，不断有成果——既要做蜡烛，也要做太阳，在点燃别人智慧火花的同时，也展现自己的光彩。

（三）幼儿园教研论文写作步骤

幼儿园教研论文写作一般包括教研论文选题、制定教研论文写作方案、收集与整理材料、拟定教研论文提纲、撰写教研论文初稿、教研论文修改与定稿六个环节。

1. 教研论文选题

（1）教研论文选题的意义

幼儿园教研论文选题，就是指在对已获得的大量教研材料进行分析研究的基础上提出问题，确定教研论文写作的方向和所要论述的问题。这些问题既是幼儿园教育工作者认识和实践的成果，又是他们进一步认识和实践的起点。

教研活动是教研论文写作的前提，教研论文写作是教研成果的总结。因此，在教研活动接近完成之际，选准一个突破口是教研论文写作的关键。

有些教师认为，教研论文选题就是确定一个标题，简单得很。这是一种误解。教研论文选题是决定教研论文内容和价值的一个关键性环节。教研论文选题工作做好了，等于完成了教研论文写作工作的一半，接下来的一系列工作，如教研论文论证角度的选择、材料的取舍、篇章内容的组织与安排等，就有了依据，并且能够顺利进行，否则就会处处受阻、处处被动。比如，在教研论文选题中，有的教师将论文题目选得过大过难，在论文写作过程中往往会因为能力不足而难以驾驭，无法写好教研论文；有的教师将论文题目选得过小，难以施展手脚，观点得不到应有的展开，结果内容空泛、论述肤浅，文章也显得狭隘，缺少宏观气魄。因此，教研论文选题要恰当、适中，以利于研究和写作的顺利开展。

（2）教研论文选题的原则

幼儿园教研论文选题应遵循以下四个原则。

①创新性原则。

写幼儿园教研论文的根本目的就是要告诉别人幼儿园保教工作方面的“新知”。如果一篇教研论文未能为读者提供任何“新知”，那么这篇论文是没有价值的，也是没有必要写的。因此，我们可以说：创新性是教研论文的生命线。

教研论文的创新性一般表现在以下四个方面。

- 时间新。即幼儿园教研论文所探讨的问题应具有时代感，应能反映出当前幼儿教育发展的方向和趋势。比如，有位幼儿园教师经过长期研究写出了一篇很有新意的论文——《让幼儿害怕教师的15个有效策略》，其文中所列的15个策略确实很有新意，也很有成效，但它不符合当前幼儿教育发展的方向和趋势，因此她的文章是得不到社会认可的，更不可能在正规报刊上发表。
- 内容新。即幼儿园教研论文所探讨的问题应该是前人没有提出、没有解决或没有有效解决的，是在保教工作实践中提出的新问题或者没有解决好的老问题，应反映当前幼儿园保教工作的新经验和新理论。幼儿园教研论文可以是全新的（问题新、观点新、内容新、材料新）的论文，也可以是对前人的成果加以补充、完善或发展的论文，还可以是对别人某一学术观点、理论结果的修正或推翻别人某一结论的论文。
- 方法新。即幼儿园教研论文探讨问题的角度、思路要有新意。比如，笔者发表过的《吃饭方式与孩子的人格》《服装对孩子心理的影响》这两篇文章，就是从“吃饭方式”“服装”的角度来探讨孩子的心理健康问题，角度很新，当然所得到的结论也富有新意。
- 理论应用上的创新。即运用学前教育新理论或其他学科领域里的新理论和新方法来分析、解决幼儿园保教工作中的某一问题。比如，笔者发表过的《论幼儿的“可持续发展”》就是运用“可持续发展理论”来研究幼儿教育问题。

总之，无论写什么教研论文，关键都在于有新意。如果深层次的创新一时做不到，那么可以接着别人的工作往前迈一小步。所用题目应该体现当前幼儿园保教工作的新动向，特别是大家都没有思考到的空白点，所写的内容最好是大家都关心的“热门”内容，对于别人已用过的题目，一般不宜再用。如果受到别人所用题目的启发，对同一问题有不同的看法或在观点上有新的见解而需要再用这个题目，使用时可冠以“再谈”“也谈”之类的字眼。

②科学性原则。

对幼儿园教研论文选题所涉及概念的内涵和外延，应该有明确的界定，并且符合相关学科规范。幼儿园教研论文选题应该有一定的科学理论依据和事实根据。

比如，某位幼儿园教师撰写的《如何让幼儿成为科学教育活动中的真正主体》这一论文所涉及的概念、命题就有不科学之处。“幼儿”本来就是“主体”，还是教育者“让”了，幼儿才成为“主体”呢？该文是建立在“教育者‘让’了幼儿才成为‘主体’”这样的逻辑命题基础之上的。而事实上，“主体”是马克思提出的一个与“客体”相对应的概念。按照马克思主义原理，“一个人，只要他有独立思考能力和实践能力，他就是主体”。如此一来，我们可以做出这样一个结论：“幼儿有独立思考能力和实践能力”“幼儿本来就是主体”，无论教育者“让”与“不让”，幼儿都是主体。因此，“如何让幼儿成为科学教育活动中的真正主体”就是一个伪命题。

③实用性原则。

幼儿园教研活动所要解决的是保教工作中的实际问题，而教研论文则是教研活动过程和教研成果的反映。因此，幼儿园教研论文对幼儿园保教工作应该具有实质性的指导意义，要让读者看了之后就会做，看了之后保教工作就能得到改善。

④可行性原则。

所谓可行性是指两个方面：一方面，看自己对教研论文选题有无撰写能力以及是否能找到必要的材料；另一方面，看教研论文选题所表述的成果有无普遍推广价值。如果既没有条件，又没有推广价值，那么论文就没有必要写。

在确定教研论文选题时，教师应特别考虑以下一些主观条件。

- 自己过去的积累。教师应选择自己有浓厚兴趣的、读书较多、思考较多、实践及体验较多的选题，这样的选题更容易激发自己的信心和发挥自己的创造性。如果没有一点“半成品”的储备，“空手起家”地进行教研论文写作，是很困难的。没有实践基础或者虽有实践但无收获体会，是写不出好论文的。
- 选题的难易、大小要适中。幼儿园教研论文写作，可采用循序渐进的办法，开始应选择一些比较容易写深、写透的问题去研究与写作，而后扩展开，由内而外，由局部到全部，这样就容易写成，同时，也有利于增强研究和写作的信心。
- 扬长避短。幼儿园教师写教研论文，首先要写自己最擅长的、做得最多、思考得最多、想法最多、体会最多的选题，不要去写那些自己做得很少、思考得很少、想法很少的选题。

在幼儿园教研论文写作方面，既要有“知难而进”的勇气和信心，又要做到“量力而行”。尤其是对广大幼儿园教师而言，不要好高骛远，应该把眼光放在自己的工作中，尽量从平时的保教工作中寻找实实在在的选题，把问题研究透、写透。

（3）教研论文选题的路径

幼儿园教研论文选题主要有以下四条路径。

①从保教工作的成功经验中选题。

成功经验应该包括个人的、同行的成功经验以及各种信息载体上传输的成功经验。要从自己擅长的方面入手，小到一次成功的公开课，大到一个周期的教研项目，都可能成为教研论文选题。当然，个人的经验是有限的，真正进行教研论文写作时，还必须收集各种报刊、专著、网络文献中的相关经验，这些经验经过选择和整合，可对个人经验起到良好的补充、参考和延伸作用，有利于拓宽选题的视野。

在日常的保教工作中，每位教师都会有令人欣喜的、成功的实践之处，这些所谓的成功并不一定是很大的成功，可以是一次教育活动、一个教学环节、一个生活环节的组织、一个提问的设计、一次答问等的成功。成功了，不妨仔细想想：我是怎么做的？为什么会成功？主要收获在哪里？这一成功蕴含着哪些原理？用现在的教育原理来解释我们的成功，或者从我们成功的实践中生成新的教育原理，就容易写出很好的教研论文。

②从保教工作的失败教训中选题。

失败教训可以是自己的，也可以是别人的；可以是当前的，也可以是文献上所记载的。

在幼儿园保教工作中，失误是难免的，缺乏经验的新教师有失误，有丰富经验的老教师也同样会有失误。面对失误，我们可以冷静地想一想：为什么会失误？主要症结在哪里？应吸取什么经验教训？有什么方法可以解决？这些失误从反面揭示了哪些教育原理？对失误进行深入思考与认真总结，也是教研论文写作的一个重要内容。

③从与别人的交流中受到启发而生成选题。

教师平时要多与同事、幼儿、家长、专任教研员、相关领域专家、非幼儿教育领域人员交流，听听他们对幼儿园保教工作的主张。由于经验不同、专业背景不同、社会角色不同，他们对幼儿园保教工作会有许多不同的看法，这些不同的看法有利于我们开阔眼界，还可能会给我们提供某些启示，甚至会直接成为我们教研论文写作的选题。

比如，有一次教师给小朋友们讲《小蝌蚪找妈妈》的故事。教师讲完故事后，有一位小朋友问："老师，为什么小蝌蚪的妈妈那么不负责任？其他小动物的妈妈都在它们孩子的身边，而小蝌蚪的妈妈却不在它们孩子的身边，害得小蝌蚪那么辛苦地去找妈妈。"事实上，自然界中小蝌蚪是不找妈妈的，这就引发了该教师的思考：幼儿教育到底要"科学"还是要"童话"？经过认真思考，该教师将"童话与科学"确定为教研论文写作的选题。

④从文献资料中挖掘教研论文的选题。

各种文献资料，不仅为教研论文写作提供了素材，而且为教研论文写作提供了选题。

A．在已有文献中发现被相关研究者忽视而成为空白的教研论文选题。

比如，一位教师在关注"幼儿游戏功能"后，在各种文献资料中发现相关的研究者都只关注了幼儿游戏的教育功能、发展功能，却从未有人关注过游戏在促进幼儿心理健康发展方面的功能，因此，她将"幼儿游戏的心理卫生功能"作为她的教研论文选题。

又如，一位老教师在关注"幼儿园课程生成逻辑"后，在各种文献资料中发现：相关的研究者架构幼儿园课程的逻辑起点都在于"学科知识技能体系""幼儿素质体系"，即幼儿园课程都是为了传授某些学科的知识技能，或者为了促进幼儿素养发展而架构起来的，这是成人的逻辑，但是幼儿的心理需要在课程中被忽视了，而幼儿来园参加活动的根本动力在于这些活动能满足他们的心理需要。因此，她就生成了一个新的教研选题——"基于幼儿心理需要的课程建构"。

B．在文献中发现学术主张的相互矛盾之处，从而生成教研论文选题。

比如，综合课程模式与分科课程模式的矛盾：前者很强调知识的整体性，让幼儿从整体上去认识这个世界，然而它又人为地把许多在原来的学科中本就是完整的知识分割到各种综合活动中去。"这一整体"和"那一整体"对幼儿的发展来说哪个更有价值？于是，就有教师生成了教研论文选题——"分科课程与综合课程的融合"。

C．在文献中发现某些观点有可质疑的地方而生成教研论文选题。

比如，在对幼儿进行“分享教育”时，一定要让幼儿弄清楚，什么东西是可以分享的，什么东西是不可以分享的，这些问题不搞清楚，将会对幼儿以后的发展产生误导，比如，看到别人有些什么好东西都想与人家分享——这可不是一件好事。外国在对幼儿进行分享教育的同时，还注意对幼儿进行尊重别人隐私的教育，外国的幼儿园就有“隐私室”。比如，一个幼儿手中只有一粒糖、一个苹果，怎么与人分享？全班二三十个小朋友一起来分享？这可能性不大。而“隐私室”为他们提供了解决问题的出路。另外，有些老师在春节过后喜欢举办“好玩具大家分享活动”，其目的是让幼儿学会“有好东西要善于与人分享，并享受其中的乐趣”，但它有没有可能会演变成小朋友们“炫富”的活动？如果有这种倾向，那又该如何避免？于是，有教师就生成了教研论文选题——“分享活动与幼儿心理健康发展”。

只要我们用心去想，我们就会发现保教工作中的许多观念和做法是值得推敲、值得研究的，是很有文章可做的。

D．在文献中发现他人研究的不足而生成教研论文选题。

比如，一位教师对幼儿心理行为问题的矫治发生了兴趣，在查阅文献后发现：在相关幼儿心理行为问题的研究文献中，多强调幼儿心理行为问题是由于教育、环境等外在因素引起的，在教育措施上也都是从“外因”着手。她觉得这样的研究是有缺陷的，因此选择了从“内因”来探索幼儿心理行为问题。因为幼儿的心理需要一直是她关注的一个点，所以她就生成了一个新的教研论文选题——“幼儿的心理行为问题与心理需要”。在她的论文中，她以普通心理学原理中的“人的任何行为都是由需要引起的”为整篇论文建构的逻辑起点，深入探讨幼儿各种心理行为问题与心理需要的关系，提出了“仅从教育等外因入手，幼儿的许多心理问题行为是很难纠正的”等主张。其主张得到了同行们的认可。

(4) 教研论文选题的思维方法

教研论文选题的思维方法主要有移植法、常中有变法、对立思考法、转换思考法等。幼儿园教师在确定教研论文选题时要根据自己研究的内容灵活选用。

①移植法。

移植法，即将其他领域的原理、技术、方法引用或渗透到幼儿园保教工作的研究中而生成新的教研选题的方法。我们应该时常思考：国内外的成功经验能不能应用到我们的幼儿园保教工作中？某一领域的教育理论或教学经验能不能运用到另一领域的教学中？比如，某教师将社会心理学的“标签理论”迁移到幼儿园心理健康教育活动中，进而生成了教研论文选题——“标签理论在幼儿园心理教育中的运用”。

移植又分为原理移植、标题移植和概念移植。

A．原理移植，即将其他学科领域的原理运用到幼儿园保教工作的研究中而生成新的教研论文选题。

比如，一位教师将教育心理学中的“迁移原理”运用到幼儿园数学教学中，就生成了选题——“谈谈幼儿园数学教学中的为迁移而教”。

又如，一位教师将心理治疗学中的家庭治疗理论运用到幼儿园心理健康教育中，就生成了选题——“家庭治疗理论在幼儿园心理健康教育中的运用”。

再如，一位教师将中医学理论中的“标本兼治原理”运用到幼儿心理问题的矫治方面，就生成了教研论文的新选题——“幼儿的心理行为问题要标本兼治”。

B．标题移植，即将其他领域的论文标题迁移到幼儿园保教工作不同领域的研究中而生成新的教研论文选题。

比如，一位教师看到一篇论文的题目为“幼儿园玩具的卫生要求”，而她的研究方向是幼儿心理卫生，于是，她生成了一个新的选题——“幼儿园玩具的心理卫生要求”。这一选题很有新意，她在论文中将幼儿园购买和使用玩具的心理卫生要求一一列出并加以论证，稿件一经投出即获得期刊编辑的认可。

下面笔者提供一些标题移植案例与大家分享。

《幼儿卫生学》 → 《幼儿心理卫生学》

《幼儿身体发展与卫生》 → 《幼儿心理发展与心理卫生》

《幼儿园卫生保健制度》 → 《幼儿园心理卫生制度》

《幼儿园身体检查制度》 → 《幼儿园心理检查制度》

《幼儿营养管理制度》 → 《幼儿心理营养管理制度》

《幼儿园保健人员工作操作规则》 → 《幼儿园心理卫生工作操作规则》

C．概念移植，即将其他学科领域的概念迁移到幼儿园保教工作不同领域的研究中而生成教研论文新概念、新选题。

下面笔者提供一些概念移植案例与大家分享。

物质营养原理 → 心理营养原理
物质营养素 → 心理营养素
营养与吸收 → 心理营养与吸收
营养不良 → 心理营养不良
身体伤害 → 心理伤害
疾病传染 → 心理疾病传染

移植也是一种创新，碰到新概念、新观念、新理论时，我们应该多想一想，如果将它运用到幼儿园保教工作及其研究中会产生什么新做法和新思想。

这种嫁接或演绎必须合情合理，不可生搬硬套，更不能为了照顾理论而舍弃事实。

②常中有变法。

在长期的保教工作过程中，幼儿园教师出于提高保教工作效率的需要，往往对各种保教工作都积累了不少的经验，保教工作也形成了一定的“常式”。有了这个“常式”，幼儿园教师的保教工作就有规可循。然而，我们不能把“常式”当作固定不变的模式，而应进一步思考：这个“常式”是不是最好的？它有没有变式？是否可反“常式”而行之？

比如，按照“常式”，幼儿园教学往往是“教师先教，幼儿后学”。但实践中，我们能不能打破这种“常式”，将幼儿园教学模式变成“幼儿先学，教师后教”？这样，我们就可以得到一个很好的教研论文选题——“‘幼儿先学，教师后教’模式探讨”。除了可以进行一般理论探讨外，还可以有“科学教育活动中‘幼儿先学，教师后教’模式探讨”“艺术教育活动中‘幼儿先学，教师后教’模式探讨”“社会教育活动中‘幼儿先学，教师后教’模式探讨”“语言教育活动中‘幼儿先学，教师后教’模式探讨”等选题。

③对立思考法。

对立思考法，即从与幼儿保教工作已有的经验、做法等完全相反、对立的角度来审视幼儿园保教工作中的各种现象，从而发现新教研选题的思维方法。

比如，一位保育员的教研论文选题——“不卫生的卫生习惯”，就是从幼儿园卫生保健工作的各个环节中挖掘出许多打着“卫生”旗号的不卫生习惯，让人耳目一新。

又如，一位教师的教研论文选题——“幼儿园教育中的‘反教育’现象”，就是从日常教育活动中挖掘出一系列打着“教育幼儿”“促进幼儿发展”旗号的“反教育”活动——阻碍幼儿发展的活动。这样的研究对幼儿教育工作者都有警醒作用。

再如，一位教师的教研论文选题——“幼儿心理问题行为的积极效应”，提示了攻击性行为、吮吸手指、发脾气、任性等问题行为的适应性意义，然后指出我们要善待这些问题行为。这个选题立意很新，且对保教工作实践具有直接的指导意义，因为对于幼儿的心理问题行为，一般研究者看到的更多的是它们的消极作用。

④转换思考法。

转换思考法，即通过事物之间的转换，获取新的教研论文选题的思维方法。当大家习惯于从某一角度探讨某一保教工作问题时，我们换个角度来探讨，可能就会生成新的教研选题，形成解决问题的新思路。

比如，一位教师的教研选题是“幼儿与课程设计”，平时，教师们多从社会角度、学科体系角度来建构幼儿园课程，而这位教师的选题则是从幼儿的角度来建构幼儿园课程，幼儿的需要、兴趣、经验、性格等因素在她的研究及其研究成果中得到了充分的关照。这一选题为幼儿园课程设计提出了一个新的视界。

（5）撰写教研论文题目的基本要求

教研论文题目又称教研论文的总标题，它是教研论文内容的词组性标识，也是读者最先阅读的内容，所以教研论文题目的命名必须准确、鲜明、简短，有特异性和可检索性，它要以简练、概括、明确的语句反映所要研究的对象、内容、领域、方向等问题。确定题目实际上是限定教研论文写作的范围，它涉及教研论文写作的大方向。

撰写教研论文题目时要考虑以下几点。

①具体明确。

教研论文题目要能直接揭示论点或选题，使读者一看就能了解该教研论文所要论述的内容，题目还要能准确地反映论文的内容。

比如，揭示论点的题目，即把论点概括出来拟作题目。如，《让孩子的紧张情绪有释放的机会》（整篇论文都围绕“如何为孩子提供释放紧张情绪的机会”来写）、《做个有亲和力的幼儿园教师》（整篇论文都围绕“做有亲和力的教师的意义和措施”来写）等。

又如，揭示教研论文研究内容范围的题目，即不是揭示论点，而是揭示研究什么问题。如，《幼儿在园的心理安全感及心理卫生保健》（整篇论文探讨了幼儿在园的安全感及心理安全措施）、《幼儿的自我表现需要与心理保健》（整篇论文探讨的都是幼儿的自我表现需要及如何满足幼儿的自我表现需要）等。

②文字简洁。

简洁就是简练、干净、高度概括。在能够准确反映、清楚表达最主要的特定内容的前提下，论文字数越少越好。教研论文题目一般不得超出20个字，题目中最好不用标点符号。

③新颖独特。

题目是教研论文的眼睛，居于全文之首，是读者窥见教研论文之要点的“窗口”。教研论文题目要能引起读者的关注，就要新颖。新颖包含两层意思：一是指抓住最新出现的问题；二是指在原有的问题之外提出新的问题，提出新的研究思路。一些教师对教研论文的题目所起的“指引内容，吸引读者”作用认识不足，他们给教研论文所起的题目缺乏新意，有些题目甚至是别人已经写过的，什么词热门就用什么词，如《××中培养幼儿的创造能力》《××中培养幼儿的多元智能》，或者千篇一律地冠以“研究”“探讨”“体会”之类的陈词，或者用“试析××”“试论××”“对××的思考”“有关××的几个问题”等来命题，这样易落入俗套，给人的印象不深刻。

④准确得体。

教研论文题目要能准确地表达教研论文的内容，恰当反映教研论文所研究的范围和深度。这方面容易出现的问题是：教研论文题目过于笼统，文和题不相匹配，或者文不扣题。

⑤切入点宜小。

幼儿园教师写的教研论文题目一般不宜过大，即切入点要小。题目过大，容易写得空泛，初写论文时更是如此。有些大题目可以分成几个小题目来写，使论点更明确、内容更集中、论述更深刻。

有必要说明的是，我们并不一概反对选大题目，只是就当前广大幼儿园教师的实际情况而论，因为一般幼儿园教师难以集中很多的时间、精力来搜集材料，难以研究、撰写题目较大的文章。

（6）教研论文题目的写法

幼儿园教研论文题目一般有以下五种写法。

①提要式。

提要式，即教研论文题目是对教研论文内容或主旨的提炼。如：

●《常换保姆不好》

●《智商不能决定一切》

★《幼儿心理的发展与心理卫生》

★《幼儿泛灵心理与教育》

说明：

打“●”的论文题目本身就是论文的中心论点。

打“★”的论文题目本身表述的是论文的研究内容与范围。

②疑问式。

疑问式，即作者把自己的看法或要论述的内容蕴含在题目之中，有疑问、反问、选择问等方式。其常用的表达形式有“如何”“怎样”“为什么”“是……还是”，如《幼儿园还存在教学吗？》《到底是幼儿在游戏还是幼儿被游戏？》等。

③祈请式。

祈请式，即题目是作者观点或看法的直接表达，反对什么、支持什么，在题目中明白无误地表达出来。这实际上是对论文中作者观点的浓缩，只不过带有较强烈的主观色彩。其常用的词有“要”“应该”“必须”“让”“提倡”，如《幼儿园教育应以幼儿发展为本》《对孩子的进步要做出积极的回应》等。

④礼貌式。

礼貌式，即部分教研论文题目的语言充分表现了作者的谦虚美德和对相关人员的尊敬之意，用词极具礼貌性，充满了友情。这种礼貌性主要由“浅谈”“试析”“管窥”“管见”“初探”“浅探”等词来体现，如《浅谈幼儿的逆反心理与心理需要》《幼儿心理压力之管窥》等。

当然，也有学者反对这种礼貌式的写法。他们认为，论文是研究成果的一种表现，科学研究没必要谦虚，真理就是真理，真理与礼貌无关，用礼貌词汇作为标题反而显得不够严谨。

⑤述评商榷式。

述评商榷式，即这类题目表达的语意是对客体的评价或与某人就某一客体而展开的讨论。其常用“评”“评介”“商榷”“对话”“质疑”“商兑”“置疑”等词。如上海市杨浦区教育学院胡西于1988年6月在《幼儿教育》杂志上发表的《幼儿的能力初步形成了吗？——与丁祖荫教授商榷》，孙民从在2002年第1期《学前教育研究》上发表的《也论儿童的精神——与刘晓东博士商榷》等。

2. 制定教研论文写作方案

教研论文写作方案的制定通常需要回答以下问题：本论文研究什么问题？为什么要研究这些问题？需要哪些材料？如何得到这些材料？本论文能为读者提供哪些新的观点和新材料？本论文在理论上或实践上有何价值？

3. 收集与整理材料

教研论文材料是写作的基础。要想写好教研论文，必须重视教研论文的材料收集与整理工作。

（1）教研论文材料及其意义

教研论文材料是作者为了某一写作目的，直接或间接地从现实生活中收集、感受到并运用于写作过程，体现或未体现于论文中的事实和理论根据（材料）。这里的事实指来自社会生活与社会实践的具体事实和结果，理论根据则指来自前人总结出来并经实践证明已是正确的道理、概念、定理原则等。事实材料与理论材料对论文的写作都十分重要。如果只有事实材料，缺少理论材料，那么论文就显得没有深度；反之，如果只有理论材料，而缺乏事实材料，那么论文就显得没有说服力。

通常人们将“资料”与“材料”在同等意义上使用，其实二者是有区别的。资料应是为了某一写作目的而最初收集到的东西，而材料则是对最初收集到的东西经过筛选而得到的东西。也就是说，材料比资料更有条理、更有序、更精致。筛选工作常常不是一次完成的，且常常伴有分类、排列、组合。即使是材料，也未必都体现于文章中，还要视具体情况而定。但是，所有材料都参与了论文的写作，这一点是毫无疑问的。

任何文章的内容都包括材料和主题两个要素，教研论文也是如此。材料与主题既有联系又有区别。材料是文章中的具体内容，是写入文章中的事实依据和理论依据，而主题（或者说观点）则是在材料的基础上生成的一种抽象的理念，即作者通过论文所要告诉读者的看法，是作者的最终目的所在。但从主题的生成与表现的角度来看，材料十分重要。没有材料，主题就成了“无源之水，无本之木”。所以，材料是生成、论证观点的基础。

我们在确定教研论文选题时就已经离不开自己的亲身实践和手头已有的材料。在进行研究和写作论文的过程中，材料所显示的意义与作用就更加突出了，因为材料是构成文章的基本要素，它首先是观点产生的基础，是研究观点是否成立的依据；材料写入论文后，又成为论证观点的论据。只有认识了材料工作的重要意义，并在材料工作上下功夫，占有尽可能多的材料，研究工作才能顺利进行，写作时才能左右逢源、游刃有余，才能写出有分量、有价值的论文来。

（2）教研论文材料收集整理的原则

在收集和整理教研论文材料时应注意以下原则。

①材料的适用性。

材料的适用性，即根据确定的中心论题选择材料，哪些可用，哪些不能用，都必须紧紧围绕中心论题取舍。凡是能有力地说明、突出、烘托论题的材料就加以选用，说服力不强、烘托作用不太大的尽可能舍弃，这是选材的基本原则。千万不要以为长篇大论就是好论文。如果对手头收集的大堆材料不忍割爱，统统塞进论文，或者把一些不能表现中心论题的材料搬来做牵强附会的解释，材料与中心论题关系不大甚至脱节，势必影响论文质量。从这个意义上说，幼儿园教师要学会写短而精、中心论题突出的教研论文。

②材料的典型性。

典型材料，是指那些最有特征、最有代表性、最能有力地揭示事物本质的材料。我们没有必要也不可能把与中心论题有关的材料都写进文章里，因此，必须选取那些典型材料。一些作者在获取第一手材料时，观察细致、调查深入，对第二手材料也能认真核实，但由于看问题过于片面，常常把一些真实可信的个案（特殊例子）视作普遍现象，并将之当作典型材料进行论证，这样就犯了以偏概全的错误。

只有那些能代表事物整体且能反映事物内在联系的事实，才是胜于雄辩的、确凿的东西，才能有力地证明观点。那些胡乱抽出来的、个别的、片段的事实，不能揭示事物的本质，不能用作论据，它是站不住脚的。

③材料的真实性。

唯有真实，才可信，才有说服力，才能得出科学的结论。观察不细、调查不实会造成第一手材料的失真，而在选择材料的过程中，作者的个人好恶、主观偏见及先入为主的思想，也常常会导致歪曲所选取的材料。选取材料时应该注意两个方面：一方面，采用的第一手材料一定要真实、可靠；另一方面，引用他人的成果等一定要找到原始文献进行认真核实，以求最大限度的准确，切不可人云亦云、道听途说。

④材料的新颖性。

材料新颖包括两方面的含义：一是前所未有、近期才出现的新事物、新概念、新发现；二是某种事物早已存在，但人们一直未能发现其价值，而能对此加以证实的材料同样是新颖的。新颖对材料生成的时间有所要求，更重要的是，它还要求我们从普遍、常见的材料中发掘别人容易忽视却可能被赋予新的含义的那一部分。

⑤材料的全面性。

任何事物的变化发展都是一分为二的，我们对许多教育教学选题的研讨也应该持这个态度。所以在选取材料的过程中，我们应该从问题的各个方面进行全面的分析。如果选取的材料不全面，或者缺少某一个重要方面的材料，那么论述可能不全面，结论常常不圆满，甚至会出现偏颇、漏洞，经不起推敲，也经不起反驳，从而大大影响论文的质量。

⑥材料的针对性。

选择材料要有针对性，这个问题可以从两个方面来认识：一方面，材料与论点之间应该有本质的、必然的联系，必须根据证明论点的需要选择有力的材料，材料要能证明论点，为阐明论点服务；另一方面，选用材料要看对象，根据不同读者的具体情况，选用他们所熟悉、所了解的事例作为材料，这样才能做到有的放矢，达到较好的说服人、教育人的效果。

（3）教研论文材料的搜集途径

①从自己的保教工作中搜集。

致力于教学研究的教师，在每次教育活动或每个主题活动后，经过认真思索、总结，可以写成教后记，不但能总结经验、吸取教训、改进教学，而且常常能将教育活动中激发的灵感迅速捕捉并记录下来，于教研及论文写作都大有裨益。

②从观摩活动中搜集。

相互观摩各自的教育活动，是幼儿园教师互相学习、取长补短、共同提高的行之有效的形式。幼儿园教师平时要有目的、有意识地去观摩同事组织的各种教育活动。确定教研论文选题后，教师要带着问题去观摩。观摩过程中要选择他人教学中的长处和不足，选择那些最有价值的环节、细节，及时记录下来，对那些一般化的过程处理则应该舍弃。

③从调查中搜集。

根据教研论文写作的需要，教师可以选择幼儿、同事、家长、园领导、其他从业者作为调查对象，让他们从不同角度谈谈其对相关问题的认识，这有利于我们打开写作的思路。

④从阅读中搜集。

在阅读过程中，要注意对例外材料和相反材料的分析研究，在研究事实的基础上阐明观点。从阅读中搜集材料，要注意运用储存信息的各种方法。

人们常说，不动笔墨不读书。无论是通过阅读还是通过实践收集来的材料，都要记录下来。对于最重要的或关键性的材料，可采取全抄或成节成段摘抄的方法；对于一般性材料，可采取综合摘抄的方法；对于次要的材料，可采取记章节标题和要点的方法；对于更次要的材料，可用记索引卡（即题录卡）的方法。记笔记的方法大致有以下几种。

A．符号笔记，即读书的时候把书中重要的或者有疑问的地方，用各种符号做标记，如直线、曲线、圈点、箭头、问号等。这种方法简便，能促使我们专心地阅读，有利于今后查找，也能为我们记提纲式笔记或摘录做准备。各种符号代表什么意思，可由自己定，但确定后不要随意更改，以形成习惯。当然符号也不能做得太多，整页整页地圈圈点点，等于没有做记号。

B．心得笔记，即在读完一篇文章或一部专著后，把自己的心得体会记下来。它又可分为以下三种。

- 写读书提纲，即把原文的基本内容、中心思想和分析问题的思路，用自己的话概括地写出来。
- 写批语，即在读书时随即把自己提出的问题、自己闪光的思想火花或者对内容的概括等记在书的空白处。记在原文顶端空白处叫眉批；此外，还有旁批、尾批。
- 写札记，也叫写随笔，即随时记下某条材料或心得。这是我们进行材料研究的“半成品”，经过加工、整理或重写，就可以成为论文或论著了。

C．摘抄笔记，即把报刊书籍上的最重要、最精彩、最适合研究需要的内容或语句摘抄下来。有全抄、摘录、索引、纸条笔记——先记下来以后再整理。摘抄要标明出处，以便以后继续查找或引用。

D．剪贴笔记，即根据自己的需要，从报纸期刊上把材料剪下来，然后分门别类地贴起来。剪留的边要大些，以便标明出处或再撕下来整理。

E．读书卡片。做读书笔记，可以用小本子。但用卡片的形式优点较多，如便于分类、保存和查找等。读书卡片有文摘卡、索引卡、心得卡等。

上述材料可用原始的手抄笔记本记录下来，也可以用电子文档记录下来。从易于检索和使用的角度来看，我们更倾向于将所有材料用电子文档分类记录下来。

（4）教研论文材料的分类整理

为了提高材料的效用，在收集材料的过程中，就应该注意边收集、边整理，要对材料进行分门别类、排列组合，要按材料的横向联系与纵向联系做一番整理，使之系统化。

分类整理材料，就是将材料按一定属性进行分项归类。下面是辽宁大学王连山老师列出的项目分类。

- 理论类，包括：经典作家、名人名言；概念；科学的定义、定理、法规；一般常识、成语、谚语、警句、名言；材料作者的观点。
- 事实类，包括：个别事例，包括材料作者所引用的古今中外的事实、人物活动、言论等；各种统计数字、图表；材料作者的片段论述。
- 随想类，包括：本人随时记下的随想；观察所得；调查所得；零星的文字记录。

(5) 积累材料要做到“四勤”

①勤阅读。

阅读是搜集材料最重要的途径。持之以恒，必能采集到很多“珍珠美玉”，使自己的资源宝库蔚为大观。

②勤思考。

一方面，要经常想一想应该搜集哪些方面的材料，从哪里搜集；另一方面，在阅读、筛选时要深入运用思考，判断出哪些东西是有用的，是值得积累、去伪存真的，分析工作可使积累的材料有较高的质量。

③勤整理。

要经常对搜集到的材料进行加工制作、分类编排，以方便查阅。在整理过程中，还要对已失去价值的材料予以剔除，随时补充新的材料，使积累的材料如淙淙的小溪，源源不断。

④勤翻阅。

积累材料的目的在于运用，在于对教学、研究和学习有所助益。因此，教师要经常翻阅、查一查积攒下的材料。这样做有两点好处：一是学习材料内容提供的知识，扩大视野；二是加深对有关材料的印象，便于及时发现、挖掘材料的价值，及时把它派上用场，使“死”的材料“活”起来。

4. 拟定教研论文提纲

教研论文提纲是教研论文的缩影、蓝图，教研论文提纲中出现的结构上的毛病比成文后更易于发现和修改，修改教研论文提纲的代价比修改论文要小。拟定教研论文提纲对保证教研论文的写作质量来说至关重要：一是可帮助作者进一步构思，防止思路过早定型，拟定提纲的过程可使构思更加成熟；二是可保持论文首尾贯通、逻辑严密；三是有利于强调重点。在拟定提纲的过程中，作者将更清楚地意识到教研论文中哪些内容是重要的，哪些内容是次要的，它们应占多大篇幅。总之，提纲使作者的写作思路具体化，有利于作者去推敲、完善，从而保证论文的质量。

写作提纲是教研论文的“骨架”，是作者对教研论文的设计蓝图。撰写教研论文，一般都应该先拟好提纲，然后按提纲写作。如果不先拟好提纲，一开始就急于动手撰写，就常常会走弯路，并有可能全部返工。

写作提纲分为条目提纲和观点提纲两类。条目提纲就是从层次上列出教研论文的纲目，而观点提纲则是在此基础上列出各部分所要叙述的观点。

提纲的形成一般是由“大”到“小”，先粗后细，先观点后材料，逐层细化。提纲的粗细，反映了作者对写作内容思考的深度。提纲越细，说明思考得越深、越具体，在动笔写作时就越“顺手”。拟定教研论文提纲可以考虑按以下步骤进行。

①拟定题目和中心论点。

②列出自己能想到的所有带有创新意义的观点。

③对所列的观点进行分层、排序、系统化。

- 列“大”观点—列“小”观点—列具体材料，层层分派，层层具体化。（注意：分论点为中心论点服务，材料为分论点服务。）
- 对前面所列提纲分层按认识和内容的内在逻辑及论文布局的美化、对称性进行先后安排。
- 注意各段落的过渡和同一标题下的同一层次观点的排比。同一级各个标题的结构要相同或相似，意义要相关，语气要一致。

④教研论文提纲的检查与修订。

教研论文提纲初稿拟定完成后，还要全方位做一次检查和修订，教研论文提纲的检查和修订可以从以下三个方面来考量。

- 整体性：是否突出主题？观点是否明确？主次搭配是否平衡？内容安排是否符合逻辑？前后是否一致？
- 层次性：论点、论据、逻辑是否一致？论点与论点之间是否混乱？过渡是否自然？
- 制约性：各部分是否有机联系？是否偏离中心？论点与论据之间的关系是否密切？

5．撰写教研论文初稿

一篇教研论文往往要几易其稿才能最终完成。撰写教研论文初稿要按照拟好的写作提纲进行，并且在写作的过程中要遵循以下几点要求。

（1）观点上力求创新

研究的生命在于创新，教研论文的价值是创新。作者在教研论文中应尽可能地反映自己在研究过程中获得的新见解、新观点。但是创新必须以科学为基础，它有赖于立论的准确、论据的充分、论证的严密。

（2）观点和材料必须一致

教研论文应以观点为轴心，用材料、数据说明观点，做到材料、数据与观点相统一。也就是说，要协调好论文的论题、论据、论证三个要素。论文的观点不是凭空而来的，而是来自对大量事实材料的提炼。这些材料可以成为作者观点的论据，但并非所有的材料都要堆砌到论文中，作者必须围绕主要的观点来选取最典型的、具有广泛代表性和说服力的材料作为论据。目前，幼儿园教师的一些研究论文中经常出现的问题是协调不好论题、论据、论证这三个要素。具体表现是：

- 论述与题目不一致。论文观点不明确，对所要论述的变量的概念没有进行明确界定，作者还不清楚究竟要说明什么就开始组织材料进行论证，结果导致用大量论据论证了半天却与论题风马牛不相及。
- 只有观点没有论据。论文空洞无物，坐而论道，没有说服力。
- 有材料，但不知论点是什么，即缺少分析、不得要领。
- 在教育理论的应用上，或一点儿理论分析都没有，完全是就事论事，或通篇是理论的堆砌。

（3）行文精练简洁，表达准确完整

我国著名语言学家吕叔湘先生认为，行文表达要注意三件事：一是要明白，使读者少用精神瞎猜；二是要简洁，使读者少用时间；三是要生动，给读者留下深刻印象。这三点也适合教研论文的写作。初学写论文者在表达方面易犯的毛病有：

- 逻辑问题。这类问题表现在部分与整体并列、种属并列；先后发生的事写成同时发生；因果无据的事情却使用诸如“因为”“所以”等因果关联词。
- 费解。表达不明白，特别是引用外国材料时，译文不通顺、晦涩难懂。
- 烦冗。随便用词，意思重复，啰唆冗长。
- 歧义。一句话可以引出不同的理解。
- 层次不清。这个问题往往在长句中容易出现。句子一长，主语、谓语、宾语这些句子的主要成分就会淹没在次要成分的堆砌中，使人如堕五里雾中，难辨其向。

6．教研论文修改与定稿

(1) 教研论文修改

写教研论文不能指望写完最后一个字就大功告成了，好文章必须经过不厌其烦的思考和修改。所以有人说，好文章不是写出来的，而是改出来的。

修改教研论文的方法有热改法和冷改法。热改法，是指在初稿完成后趁热打铁立即进行修改的方法。这种方法的优点是：记忆清晰，印象鲜明，改动及时，避免遗忘。缺点是：作者处于写作兴奋状态，对需要删改的部分不易看出，往往难以割爱；论文刚脱稿，原有思路有滞后性，一写完就修改，往往跳不出原构思的圈子。所谓冷改法，就是初稿完成后放上一段时间再修改的方法。这时，原有思路淡薄了，也许会得到新的启发或有新的想法，再做修改，效果可能会更好一些。

如果可能，教研论文修改后还应当请别人审读并提出意见后再修改。一个人写教研论文，难免有考虑不周之处，写完教研论文后请别人来看看，听听别人的意见，是一个很好的办法。当然，作者在听了别人的意见后，要进一步消化、分析、取长补短、集思广益，进而通盘考虑，摈弃自己的成见，吸收他人的真知灼见，使教研论文达到比较理想的水平。

修改教研论文要从内容和形式两个方面去考虑。应先考虑大问题，再考虑小问题；先考虑整体问题，再考虑局部问题。具体包括以下问题。

- 全局性问题。比如，教研论文是否真正地阐述了所研究的问题而不是重复众所周知的常识，教研论文中是否表达了自己与众不同的观点，对自己的观点是否提供了有力的事实和足够的论证，教研论文是否反映了教研活动的突出贡献，等等。
- 局部性问题。这些问题包括数据是否准确、说明是否清楚、前后是否呼应、概念表达是否准确、用词是否恰当等。
- 细节问题。这些问题包括错别字、标点符号、图表、参考文献、页码等。

教研论文修改的过程，也就是不断地对自己提出上述问题，并逐一解决的过程。经过对初稿进行修补、删除、更换、移动等种种加工后，论文的篇幅应保持在适当的长度，一般以5000字以内为宜。各期刊要求不一，但最多不超过8000字。

（2）教研论文定稿

初稿完成以后，不必急于修改，间隔数日，再去重读，作者会从初稿的思维定式中解脱出来，比较客观地去重新审视初稿。定稿时，必须通盘考虑教研论文的所有细节，必要时应毫不犹豫地重定某些部分。有时也可将初稿呈送专家或同事一阅，让他们对论文内容、结构、文字等方面提出意见和评论，以便充实、修改。在提交教研论文之前，作者还需要对教研论文做最后的润色。终稿时，作者应满怀信心地认为这是自己所写的最好的教研论文。

（四）幼儿园教研论文结构与规范

教研论文一般由题目、作者姓名、摘要、关键词、正文及参考文献等部分组成，每部分的写作都有其相应的规范要求。

1. 署名的规范

署名一般写在题目之下，用作者的真实姓名，并写上作者的工作单位。署名的目的是表示对文章负责，并记下作者为发展幼儿教育科学所付出的劳动，给予他们应得的荣誉。有时教研论文是集体成果，可署集体名称或课题项目组名称。通常要在标题或署名后打个“*”号，在该页最下面画一条横线，做脚注，说明课题项目名称、课题组成员，注明是谁执笔，以及对课题研究做出的贡献（包括向提供材料、设备、研究经费、赞助等的人或单位致谢），署名按对课题研究贡献大小的顺序排列。作者单位的署名是告知读者，让读者了解研究人员，当读者对研究有兴趣或疑问时，也便于与研究者沟通。

2. 摘要的书写规范

摘要，也称内容提要。它是以提供文献内容梗概为目的，不加评论和补充解释，简明扼要地记述文献重要内容的短文。它以高度概括、简练的语言扼要地介绍论文的主要内容，是论文的浓缩、梗概（按3%~5%浓缩）。摘要的文字要清晰易懂，长度应按刊物的要求，5000字左右的论文其摘要一般以不超过250字为宜。写摘要的目的有二：一是便于读者查找所需要的材料，因为摘要给读者提供与论文选题相关的信息，使读者未看到原文就能得知文中的重要内容和创新之处，以便在最短的时间内确定有无必要阅读全文；二是便于制作材料卡片或进行材料的计算机管理，当然，它们的最终目的也是为了方便读者进行材料查找。教研论文摘要的质量高低，直接影响着该教研论文的被检索率和被引频次。

（1）教研论文摘要的内容

教研论文摘要的主要内容包括：为什么研究此课题，研究了哪些主要内容，研究结论与价值。

（2）教研论文摘要的写作形式

①报道性摘要。

报道性摘要，即材料性摘要或信息性摘要。它要求概括地、不加注释地陈述论文的目的、方法、结论等主要信息，向读者提供论文中的全部创新内容和尽可能多的定量或定性信息。在一次文献中，专题研究论文应撰写报道性摘要，一般论文应尽量写成报道性摘要，报道性摘要一般不超过400字。

②指示性摘要。

指示性摘要，即概要性摘要或简介性提要。它只简要地介绍论文的论题，或者概括阐述论文研究的目的、主要内容及取得的进展，使读者对论文的主要内容有一个概括的了解。综述性论文应撰写指示性摘要，一般不超过200字。

③报道—指示性摘要。

报道—指示性摘要，即以报道性摘要的形式表述论文中价值最高的那部分内容，其余部分以指示性摘要的形式表达。资料性、评论性的论文应撰写报道—指示性摘要，一般不超过300字。

（3）写教研论文摘要应注意的问题

①应使用第三人称。

作为一种可阅读和可检索的独立使用的文体，摘要只能用第三人称而不能用其他人称来写。有的摘要以“我们”“作者”“本文”作为陈述的主语，这会减弱摘要表述的客观性，并且在逻辑上也讲不通，因为摘要进入二次文献，已脱离了原文，独立存在，再使用“本文”等已不恰当。摘要应采用“对……进行了研究”“报告了……的现状”“进行了……调查”等记述方法标明一次文献的性质和文献的主项。比如：

摘要 研究幼儿心理行为问题与其心理需要的关系，指出环境、教育都只是影响幼儿产生心理行为问题的外因，而心理需要则是幼儿心理行为问题产生的内因；只有了解幼儿心理行为问题产生的内因，才能对幼儿的心理行为问题进行标本兼治并取得预期效果。[1]

②不论长短均不分段。

摘要虽然置于正文之前，但却是论文写好之后，经过认真思考提炼出来的，其内容应是全篇的精华，其文字应高度精练。有人说，学术论文的作者，如能把五六千字的论文用二三百字概括出来而不失其基本内容，那他就大体上懂得如何有效地表达自己的思想了。

③应有自明性和独立性，并拥有与一次文献同等量的主要信息。

要做到让读者不阅读文献的全文，就能获得必要的信息。因此，摘要是一种可以被引用的完整短文。

④不得简单重复论文篇名中已经表述过的信息。

⑤要客观如实地反映原文的内容，要着重反映论文的新内容和作者特别强调的观点。

⑥要语言严谨、语义确切、表述简明；切忌发空洞的评语，不做出模棱两可的结论。

⑦要采用规范化的名词术语，不用非共知、非共用的符号及名词术语。

⑧排除学前教育领域已成为常识的内容。

⑨不进行自我评价。

3．关键词的书写规范

关键词是为了文献标引工作而从教研论文中挑选出来的用以表示全文主题内容信息款目的单词或术语，是指构成教研论文的起支架作用的词，是能够反映论文内容和主题的3~8个词，应能代表论文核心内容及特征。其作用主要是便于资

---

[1] 莫源秋．从心理需要的角度透视幼儿的心理行为问题［J］．上海托幼，2000（5）．

料文献的计算机储存和检索。在文献的计算机储存中，一般都是把关键词储存进去。当读者需要查找时，主要考虑几个与所查找资料有关的词并输入计算机，计算机便会找到有此关键词的文章。在教研论文中，关键词放在摘要之后、正文之前。权威性学术刊物都要求有此部分。在写关键词时，有些教师认为将论文题目上的名词简单拆分出来就是关键词，这种认识是不对的。关键词是该论文所论及的主要对象名称，它不一定都来自论文的题目。

一般作者在写关键词时容易出现以下问题。

- 写成词组或短语。
- 不能准确地反映主题内容，比如一篇讨论教学方法的论文，关键词竟是“新课标”“建构主义”等。
- 将一些泛意词选作关键词，如“研究”“使用”“方法”“分析”“问题”“质量”（几乎任何论文都能用，不能反映本文的特色）。
- 随意性太强，比如论文题目是关于科学教育中的道德教育，关键词却是“德育”“教师”“幼儿”。

4. 正文的书写规范

正文是论文的主体，包括阐明作者的主张、论证观点、批评谬误、分析原因和提出解决问题的办法等内容。

作者通过对所收集的材料进行认真的思考，逐步形成自己的观点和见解，再把这些见解提炼为论点。要先确立全文的基本论点，然后确立基本论点下的小论点。最好能把大小论点都各用一句话写出来，并把它们按照一定的层次关系安排好；同一层次的论点，在表述语气、格式、长短方面应该保持相对一致。这实际上也是全文的写作提纲。执笔时按此提纲展开就易于做到观点明确、层次分明。教研论文篇幅较长、层次较多时，可设分标题和序码标题。论点的层次顺序，可按以下方法来编排。

第一层，用汉字数字，在每个序数后加顿号，即“一、”“二、”“三、”“四、”，顿号占一格。有时不用顿号，特别是带序号的小标题，在序号和小标题之间空一格即可。

第二层，用加小括号的汉字数字，如“(一)”“(二)”“(三)”“(四)”等。小括号加序数，占两格或三格。

第三层，用阿拉伯数字，加小圆点，如“1.”“2.”“3.”“4.”等。

第四层，用加小括号的阿拉伯数字，如“(1)”“(2)”“(3)”“(4)”等。写法占一格、二格、三格均可。

第五层，用带圆圈的阿拉伯数字，如“①”“②”“③”“④”等。写法占一格。

凡用了小括号，就不再在小括号外用任何标点符号了。

也可以用汉语拼音字母大写或小写加小圆点等，如：“A.”“B.”“C.”；“a.”“b.”“c.”；“第一”“第二”“第三”“第四”；“一是”“二是”“三是”；“首先”“其次”“再次”“最后”；“其一”“其二”“其三”；等等。

此外，为了在形式上避免连续罗列层次数的板滞，在第二、第三、第四、第五层次，同一层是序次并列关系的，也可以在每段名首前用破折号（——）、圆圈（○）、三角（▲）、间隔号（·）或五角星（★）等。

应注意的是，如果层次不多，可直接用第一层、第二层、第三层的序数的，不宜直接用第四层次的序数。同时，五个层次的序数的顺序不能颠倒，也不能混用。即在一篇文章里，第一层内容用了第二层的序数“(一)”“(二)”“(三)”，然后第二层内容用“一”“二”“三”，或用第四层的序数“(1)”“(2)”“(3)”就不好。对同一层的内容混用不同层次的序数，如“1.”“(2)”“(3)”“④”等，更不好。

作者的研究成果、新鲜见解，主要反映在正文部分，所以说正文是论文质量水平高低的关键部分。要写好正文部分，就必须掌握充分的材料，然后对材料进行分析、综合、整理，最后得出正确的观点，并以观点为轴心贯穿全文，用材料说明观点，做到材料与观点的统一，这是论文正文写作的基本要求。初学写教研论文者，在写正文方面易出现的毛病有二：一是只限于表述自己的论点，而缺乏科学论证，只有论点，没有材料，这种论文有骨无肉，空洞无物，没有说服力；二是罗列大量材料，平铺直叙，看不出主要论点是什么，使人读起来感到臃肿、繁杂，不得要领。二者究其原因就是没有做到论点与论据相统一。

为了写好正文部分，作者在写作时必须做到“四有”，即有中心、有条理、有论证、有新意。

(1) 有中心

有中心，就是正文要有统率全文、贯彻始终的中心思想或中心论点。这是全文的灵魂。中心论点必须明确，不能含含糊糊、模棱两可，提倡什么、反对什么，要有明确的观点表述出来。

（2）**有条理**

有条理，就是正文内容脉络清楚、层次分明。先讲什么、后讲什么，要有一个相对集中的安排，不能东拉西扯。为此，正文一般要分段论述，一段写一个主要意思，每段开头设一个观点提示句，或者设分标题，每一个分标题之下再分若干有内在联系的段落，表达相对集中的内容。

（3）**有论证**

有论证，就是有分析、有证明、有用材料说明观点的过程。论证必须做到观点和材料统一，要用一定的材料说明一定的观点（不是观点与材料的机械相加），用一定的观点统驭一定的材料（不是材料与观点的机械相加）。有论证，论文才会有说服力。论证就是用论据阐述、证明论点，论证的过程是判断、推理、分析、综合、归纳、演绎、类比的逻辑思维过程。

论文论证的常用方法有以下五种。

①摆出事实——事例论证。

即用事实来证明论点。它是论证常用的方法之一。采用事例论证法应该注意以下几点。

- 事例与论点要对口。事例是用来说明论点的，因此作者应尽量选择那些典型事例来证明论点。所谓典型事例，一是事例与论点对口，能充分证明论点；二是事例新颖、有趣，有说服力。
- 简叙与详叙要得当。论文论证的过程少不了叙事，但这里的叙事与记叙文的叙事是有区别的。论文的叙事以简明扼要为基本特征，把事例说清、能证明观点即可。具体来说，又有简叙与详叙之分。一般来说，凡别人比较熟悉的事例可以简述，而别人不够熟悉的事例则可稍详叙述。
- 叙事与议论要结合。事例论证不能光摆事实、不讲道理，而是要把摆事实与讲道理结合起来，或者先摆事实后讲道理，或者先讲道理后摆事实，或者一边摆事实一边讲道理。

②讲清道理——理论论证。

教研论文属于议论文范畴，能否写好议论文要看是否能说清道理。只说道理不摆事实的文章可以称为教研论文，而只摆事实不讲道理的文章却不能称为教研论文。运用理论论证的方法说清道理，是写好一篇教研论文的基本要求。

从实践的角度来说，许多教师撰写论文，觉得最伤脑筋的就是说道理。他们长年累月在第一线从事教育教学工作，手边的材料应有尽有，可一旦写起来，却又觉得“事实一大堆，理论说不清”。这其中的原因有三：一是平时对有关的理论学习不够；二是对客观事物缺乏分析能力；三是写作实践较少，对理论论证的方法不甚了解。下面我们侧重从理论论证的角度来做些说明。

- 运用基本理论说理。这里所说的“基本理论”，除了马克思主义、毛泽东思想、邓小平理论外，侧重指与教育教学关系密切的教育学理论、心理学理论、学科教学法理论等。教师要善于运用有关理论来观察、分析、解决问题。
- 引用名言说理。引用名人名言来说理，是理论论证的常用方法。名人因为名气大，其言论的影响力也比一般人大；名人一般有超人的见识，其言论有发人深思之处。因此，引用名言说理，常常有极强的说服力。
- 分析事例说理。先简述事例，再从事例中引出发人深思的道理，也是理论论证的一种具体方法。事例可以是一个，也可以是一组；可以是具体的事件，也可以是概括的现象和倾向。总之，事例一定要有代表性，不是个别的、偶然的现象。有了事例，还要善于析理，要对事例进行深入的、反复的分析，提出有创意的见解。

③用货比货——对比论证。

俗话说，“不怕不识货，只怕货比货”。货比货，就是对比论证。通过对比，事物的本质特征会更加鲜明，从而增强说服力。对比有正反对比、前后对比、特征对比等各种具体形式。

④打比方——比喻论证。

打比方，可以把深奥的道理讲得更通俗、更形象，从而增强文章的说服力。通过打比方来说清一个道理，我们把这样的方法叫作比喻论证。

⑤击中要害——反驳论证。

论证有两种基本方式：一是立论，二是驳论。立论是就一定的事件或问题正面提出并阐明自己的见解和主张，即确立正确的观点。驳论是指批驳错误见解和主张的议论。写驳论，一定要击中要害，抓住关键问题予以反驳，这样才能收到事半功倍之效。

（4）**有新意**

有新意，就是要有自己独特的见解，如新观点、新材料、新方法、新角度等。教研论文是表达新成果的文章，如果全为人云亦云，毫无新鲜观点或材料，那就根本称不上是教研论文。当然，新是相对的，并非一定要句句新、字字新，因为任何研究都不可避免地要继承前人和他人的研究成果。

5．参考文献的书写规范

教研论文引用的参考文献，不论是直接引用，还是间接引用，均应注明出处。它包括引文注释、参考文献和附录。标出引文注释、参考文献的意义有三：一是证明教研论文所引资料和观点的翔实性，读者会从论文所列的参考资料的数量和质量来判断论文的学术价值；二是便于有兴趣的读者进一步查阅有关文献；三是对原作者劳动的尊重。

引文注释分为页末注（脚注）、文末注（段落后注）、文内注（行内夹注）、编后注等几种。页末注是在本页文章的下端，与正文之间画一条横注线，在横注线下方注释。文末注是在段落后边，一般使用“注”字或“注1”“注2”等。文内注一般用小号字体，穿插在引文后面。编后注是在每篇文章后面，编制一个顺序，依次加以注释。引文注释应按引文出现的先后顺序标明数码或符号“*”“※”等，最后依次加以注释。

（1）**引用别人资料应该注意的问题**

- 最好使用别人已公开发表过的材料。
- 使用别人没有公开发表过的材料要经过原作者的同意。
- 材料的直接引用要在有关的文字处加双引号。
- 不管是直接引用还是间接引用都要标明出处。
- 最好使用权威刊物的材料。

（2）**参考文献的书写规范**

根据中华人民共和国国家质量监督检验检疫总局和中国国家标准化管理委员会2015年5月15日发布的《中华人民共和国国家标准：信息与文献　参考文献著

录规则》（GB/T 7714—2015），幼儿园教研论文文后参考文献的书写应遵循以下规范。

①报纸类参考文献的书写规范。

格式：

［序号］主要责任者．论文题目［文献标识］．报纸名称，年－月－日（版次）．

举例：

[1] 张舒．学前儿童应该做家务吗？[N]．中国教育报，2015-10-25（002）．

② 期刊类参考文献的书写规范。

格式：

［序号］主要责任者．论文题目［文献标识］．期刊名称，年，卷（期）：页码．

举例：

[1] 王志丹，周爱保，张荣华，等．学前儿童基于物体重量归纳推理的发展：中美跨文化比较 [J]．心理学报，2018，50（12）：1381-1389．

上例中“50”为该文所在期刊的总卷数，“(12)”为该文所在期刊的当年第12期。

③ 著作类参考文献的书写规范。

格式：

［序号］主要责任者．书名［文献标识］．出版地：出版者，出版年：引文页码．

举例：

[1] 莫源秋．做幼儿喜爱的魅力教师 [M]．2版．北京：中国轻工业出版社，2019：18-20．

④译著类参考文献的书写规范。

格式：

［序号］主要责任者．书名［文献标识］．译者姓名，译．出版地：出版者，出版年：引文页码．

举例：

[1] COPPLE C，BREDEKAMP S．0—8岁儿童发展适宜性教育 [M]．刘焱，等译．北京：中国轻工业出版社，2021：1-30．

⑤析出文献的书写规范。

格式：

［序号］主要责任者．章节/篇名［文献标识］//原文献主要责任人．书名．出版地：出版者，出版年：引文页码．

举例：

［1］顾荣芳．幼儿健康教育若干问题［M］//中国学前教育研究会．迈向21世纪的中国学前教育研究优秀论文集．南京：南京师范大学出版社，1999：21-23．

⑥学位论文类参考文献的书写规范。

格式：

［序号］主要责任者．论文题目［文献标识］．授予学位单位所在城市：授予学位单位，授予学位年份：页码．

举例：

［1］丁海东．儿童精神：一种人文的表达——论儿童精神的人文性［D］．济南：山东师范大学教育科学学院，2005：23-27．

⑦网络类参考文献的书写规范。

格式：

［序号］主要责任者．论文题目［文献标识］．年－月－日．论文网址．

举例：

［1］刘晶波．师幼互动行为研究的两种视野［OL］．2020-04-10．https://wenku.baidu.com/view/56a1584e690203d8ce2f0066f5335a8103d2665c.html．

参考文献书写中的标点符号及其作用见表6-1。

表6-1　参考文献书写中的标点符号及其作用说明表

标点符号	标点符号在参考文献书写中的作用
.	表示一级并列关系，主要责任者、文献题名、出处著录，常用实心点“.”隔开。如，用于题名项、析出文献题名项、题名、其他责任者、析出文献其他责任者、连续出版物的“卷、期、年、月或其他标志”项、版本项、出版项、出处项、专利文献的“公告日期或公开日期”项、获取和访问路径以及“著者—出版年”制中的出版年前。每一条参考文献的结尾可用“.”。
:	用于其他题名信息、出版者、引文页码、析出文献的页码、专利国别前。
,	二级并列关系，主要责任者之间、报刊名与出版时间之间用逗号“,”。如，用于同一著作方式的责任者、“等”或“译”字样、出版年、期刊年卷期标志中的年或卷号、专利号、科技报告号前。
;	用于期刊后续的年卷期标志与页码以及同一责任者的合订题名前。
//	用于专著中的析出文献的出处项前。
()	用于期刊年卷期标志中的期号、报纸的版次、电子文献更新或修改日期以及非公元纪年。
[ ]	用于文献序号、文献类型标志、电子文献的引用日期以及自拟的信息。
/	用于合期的期号间以及文献载体标志前。
-	用于起讫序号和起讫页码间。

部分文献类型、电子文献载体及其标志代码如表6-2所示。

表6-2　部分文献类型、电子文献载体及其标志代码

文献类型或电子文献载体	标志代码
普通图书	M
会议录或论文集	C
汇编作品	G
报纸文章	N
期刊文章	J
学位论文	D
网络文章	OL
光盘（CD-ROM）	S
磁盘（disk）	DK

(3) 参考文献的书写容易出现的问题

参考文献的书写容易出现的问题主要有以下三种。

- 规定的信息不全。
- 不附参考文献。
- 参考文献过少。

6．致谢

致谢的作用主要是为了表示尊重所有合作者的劳动，它有利于促进研究者形成相互帮助的社会风气。致谢中提供的信息对读者判断论文的写作过程和价值也有一定的参考作用。但是致谢态度要端正，措辞要恰如其分，可以在文尾直书其名，也可写敬称，如“××× 教授”“××× 博士”，切忌为了抬高论文的身价而对事实上并未审阅或指导论文的专家致谢词。致谢一般写在正文末与参考文献之间。

如何避免学术不端行为[1]

论文的撰写

在撰写论文时，首先要避免剽窃（或抄袭，在本文中我们对“剽窃”和“抄袭”二词的使用不做区分）。剽窃，是指在使用他人的观点或语句时没有做恰当的说明。

许多人对剽窃的认识存在两个误区。

第一个误区是，认为只有剽窃他人的观点（包括实验数据、结果）才算剽窃，而照抄别人的语句则不算剽窃。比如，有些人认为，只要实验数据是自己做的，那么套用别人论文中的句子来描述实验结果就不算剽窃。也有人认为，只有照抄他人论文的结果、讨论部分才算剽窃，而照抄他人论文的引言部分则不算剽窃。这些认识都是错误的。即使是自己的实验数据，在描述实验结果时也必须用自己的语言描述，而不能套用他人的语句。引言部分在介绍前人的成果时，也不能直接照抄他人的语句。

第二个误区是，只要注明了文献出处，就可以直接照抄他人的语句。在论文

---

[1] 节选自：方舟子．如何避免学术不端行为［N］．中国青年报，2007-02-14（010）．

的引言或综述文章中介绍他人的成果时，不能照抄他人论文或综述中的表述，而必须用自己的语言进行复述。如果需要用他人的表述，则必须用引号把照抄的部分引起来，以表示是直接引用。否则，即使注明了出处，也会被认为构成文字上的剽窃。虽然对研究性论文来说，剽窃文字的严重性比不上剽窃实验数据和结果，但同样是一种剽窃行为。

在看待剽窃的问题上，也要防止采用过分严格的标准。这需要注意三种情形。

其一，必须对别人的观点注明出处的一般是指那些比较新颖、比较前沿的观点，如果不做说明就有可能被误认为是论文作者的原创。对于已经成为学术界的常识和那些即使不做说明也不会对提出者的归属产生误会的观点，则可以不注明出处。比如，在提及自然选择学说时，没有必要特地注明出自达尔文的《物种起源》；在提及DNA双螺旋结构模型时，没有必要特地注明出自沃森、克里克的论文；等等。

其二，有可能构成语句方面的剽窃的，是指那些有特异性、有一定长度的语句，由不同的人来书写会有不同的表述，不可能独立地碰巧写出雷同的句子。如果语句太短、太常见（比如只有一两句日常用语），或者表述非常格式化，比如对实验材料和方法的描述，不同的人书写的结果都差不多，那么就不存在剽窃问题。

其三，科普文章和学术论文的标准不完全相同。因为科普文章一般是在介绍他人的成果，即使未做明确说明也不会被读者误认为是作者自己的成果，因此没有必要一一注明观点的出处。科普文章必须着重预防的是表述方面的剽窃，必须用自己的语言进行介绍。

在论文中引用他人已经正式发表的成果，无须获得原作者的同意。但是如果要引用他人未正式发表的成果（比如通过私人通信或学术会议的交流而获悉的成果），就必须征得原作者的书面许可。

在论文注解中应该表明物质利益关系，写明论文工作所获得的资助情况。如果是由某家相关企业资助的研究项目，则更不应该隐瞒资金来源。

论文的署名

只有对论文的工作做出了实质贡献的人才能够作为论文的作者。论文的第一作者是对该论文的工作做出了最直接、最主要贡献的研究者，一般是指做了论文中的大部分或全部实验的人。论文的通信作者是指就该论文负责与期刊和外界联系的人，一般是论文课题的领导人，通信作者为论文工作确定了总的研究方向，并且在理论上或技术上对其他作者的研究进行了具体指导。在多数情况下，通信作者是第一作者的导师或上司，也可以是第一作者的其他合作者或第一作者本人。论文的其他作者应该是对论文工作做出了一部分实质贡献的人，比如参与了部分实验工作的人。

在确定论文的署名时，注意不要遗漏了对论文工作做出实质贡献的人，否则就有侵吞他人学术成果的嫌疑；但是，也不要让没有做出实质贡献的人挂名。第一作者的导师、上司或赞助者并不等于天然就是论文的通信作者，如果他们没有对论文工作进行过具体指导，也不宜担任论文的通信作者或其他作者。论文的合作者应该是对论文工作做出了实质贡献的人，如果只是曾经对论文工作提出过某些非实质性的建议，或者只是在某方面提供过帮助，比如提供某种实验试剂、允许使用实验仪器，或帮助润色论文的写作等，那么也不宜在论文中挂名，而应该在论文的致谢中提及。有的国际学术期刊（如英国《自然》）鼓励投稿者在论文尾注中具体说明各个作者对论文所做的贡献。

论文一般由第一作者或通信作者撰写初稿，然后向共同作者征求意见。论文的任何结论都必须是所有的作者一致同意的，如果某个作者有不同意见，他有权利退出署名，撤下与其有关的那部分结果。在论文投稿之前，所有的作者都应该知情并签名表示同意；不应该在某个人不知情的情况下就将其列为共同作者。

一篇论文一般只有一名第一作者和一名通信作者。如果两个人的贡献确实难以分出主次，可以以注明两人的贡献相等的方式表明该论文有两名第一作者。但是一篇论文有多于两名的第一作者，或有多于一名的通信作者，都是不正常的现象，会让人猜疑是为了增加一篇论文在评价工作中的使用价值所做的安排。

论文的署名是一种荣耀，也是一种责任。如果在论文发表后被发现存在造假、剽窃等问题，造假者、剽窃者固然要承担最主要的责任，但是共同作者也要承担连带责任，不应该以不知情作为借口，试图推卸一切责任。因此，不要轻易在自己不了解的论文上署名。

二、幼儿园教育案例的写作步骤与规范

幼儿园教育案例的水平是幼儿园教师专业化水平的集中体现，是幼儿园教师教育理论、教育思想、教育能力、写作水平的综合反映。经常研究幼儿园保教工作实例，撰写幼儿园教育案例研究文章，能使幼儿园教师从失败和成功中获得教训和经验，对幼儿园教师的专业成长能起到很重要的作用。将幼儿园教育案例知识纳入幼儿园教师的知识系统，就如同医生拥有医案、律师拥有法律案例、工程师拥有工程案例一样。幼儿园教师掌握大量的教育案例，将有助于他们从中获得知识、形成观念，并提高其决策和行为的能力。

幼儿园教育案例的核心是真实保教工作情境中问题的提出与解决，这与广大幼儿园教师的实际工作方式十分接近，所以他们对幼儿园教育案例有着天然的熟悉与亲近感。因此，探讨幼儿园实际教育案例中所描述的问题，恰恰构成了幼儿园教师开展研究的优势与源泉。一个好的幼儿园教育案例胜过一打枯燥干瘪的幼儿园教育理论，它对提高幼儿园保教工作质量、对促进幼儿园教师的专业成长都有着十分重要的作用。

（一）幼儿园教育案例的定义

幼儿园教育案例，是指发生在幼儿园教育过程中的在某个方面含有丰富信息和意义的一个事例。它比较详细地叙述了一段具体的教育教学情节、一件发生过的事实，向人们提供人物、场合、过程、结果，引发大家的思索。它呈现特定的问题情境，探讨产生的原因和影响，并做一定的分析和反思，希望引发讨论，从中体现一定的思想和理论。

幼儿园教育案例不仅记叙教育行为，还记录伴随教育行为而产生的思想、情感及灵感，反映幼儿园教师在教育活动中遇到的问题、矛盾、困惑，以及由此而产生的想法、思路、对策等。它既有具体的情节、过程，真实感人，又从教育理论、教学方法、教学艺术的高度进行归纳、总结，悟出其中的育人真谛，予人以启迪。可以说，幼儿园教育案例就是一个具体教学情境的故事。在叙述这个故事的同时，幼儿园教师常常会发表一些自己的看法或点评。所以，一个好的幼儿园教育案例，

就是一个生动、真实的故事加上精彩的点评。

案例性事件，在幼儿园教师的教育生涯中层出不穷，每天他们从清晨跨入幼儿园到傍晚离开幼儿园，都会有一些值得回味的事例：在某项活动中孩子的特殊表现（情感、态度、行为、认知、语言、提问、回答）；幼儿园及其周围发生了一些对教育活动产生影响的特殊事件；在组织教育活动时发现预设的课程计划与幼儿的兴趣有很大的差距；特殊幼儿的特殊表现；幼儿认为教师处理事情不公而与教师关系紧张；幼儿园要进行某项改革而教师难以接受；教师所持的观念与新纲要的理念产生冲突……诸如此类的问题实际上都可以经过一定的思维加工，以案例的形式呈现出来，成为大家共同探讨的对象。

幼儿园教师的最大财富就是掌握大量具体而又生动的教育教学事件，拥有宝贵的教育教学实践经验，教师把这些事件编写成一个个非常具有个性化的案例，供大家分享、讨论，实际上也是一个重新认识这些事件、整理自己的思维、更新自己的教育教学理念的过程。

（二）好的幼儿园教育案例的标准

好的幼儿园教育案例应该符合以下标准。

1. 应讲述一个幼儿园教育故事

像所有好故事的标准一样，一个好的幼儿园教育案例必须要有有趣的情节，要能把事件发生的时间、地点、人物等按一定结构展示出来，当然，其中对事件的叙述和评点也是必要的组成部分。

2. 把注意力集中在一个中心论题上

一个好的幼儿园教育案例要把注意力集中在一个中心论题上，要突出一个主题，如果有多个主题，叙述就会显得杂乱无章，难以把握事件的主线。

3. 描述的是现实生活场景，具有真实性

一个好的幼儿园教育案例描述的是现实教育场景，应该反映的是近5年发生的教育事件，因为这样的教育案例读者更愿意接触。

4．对面临的疑难问题提出解决办法及对此的评价

一个好的幼儿园教育案例需要包括对已经做出的解决问题决策的评价。也就是说，一个好的幼儿园教育案例不仅要提供问题及问题解决方法，也要有对这种问题解决方法的评价，以便为新的决策提供参照点。

5．叙述要具体、特殊，而不是抽象、概括地说明

以往有的幼儿园教师撰写的教学论文、教学经验总结，要么只有理论性或经验性的知识，要么只有抽象的某类幼儿，而没有具体的、独特的幼儿，也没有教师个人的真实理解和体验。幼儿园教育案例重新关注教师自己的亲身经历，不仅把自己放进去，也要把活生生的幼儿放进去，而且把写作的对象从知识事件转换为人的事件，是人与知识打交道或人与人打交道时发生的某个故事。也就是说，幼儿园教育案例不应是对事物大体如何的笼统描述，也不应是对事物具有的总体特征所做的抽象化、概括化的说明。

6．具有有效性

幼儿园教育案例所研究的问题应是被教师们所认同的，要有理论价值和实践价值，要有现实的指导意义。比如，它可提供正面的经验或反面的教训，能对教师们的后续教学工作有指导、借鉴意义。

7．具有典型性

幼儿园教育案例所描述的教育事件包含教师和幼儿的典型行为、思想和观念等。它应该能反映事件发生的特定教育背景，能隐含普遍存在的、大家关心的、比较重要的问题，能体现问题的深刻性，有实用的价值；它有相对完整的情节，能以小见大，反映出某一类事物或教育活动的基本共性，有较强的研讨价值，有助于教师总结经验、吸取教训、提升教育理念。因此，作为幼儿园教育案例的事件要具有一定的典型性，要能够通过对这一事件的分析、解决来说明、诠释类似事件，给他人以较大的借鉴作用。

8. 具有创新性

幼儿园教育案例所描述的幼儿园教育事件或所引发的议论及产生的观点，应该给人耳目一新的感觉，这样的教育案例更具有可读性，可以给读者以新的收获和新的体验。

各有各的特点

一个孩子用橡皮泥做了个玩具，然后对老师说："看，我做的比莉莉做的好。"老师马上纠正她："不是比她的好，而是你做的和她做的有不同的地方。"孩子坚持说："我认为我的就是比她的好。"老师也更加严肃地纠正道："不对，我认为你们两个做的东西有不同之处，各有各的特点。"

我想，老师的意图是很明显的，就是想让孩子能接纳别人的不同特点，而不是贬低别人、抬高自己。孩子们一旦具有了接纳意识，那么在他们心目中，人人都是平等的，每个人都有自己的特点，他们就不会轻易地从内心深处和行为举止上排斥别人。所以，在孩子们面前，成人应多强调每个孩子的特点，而不是强调所谓的优点或缺点，更不要进行所谓优劣的评比，这样孩子们就更容易接纳别人了。

启示：教育的真正意义在于让每个孩子发现自己的特点，在于教会幼儿尊重彼此的特点。

（三）幼儿园教育案例的类型

以研究涉及的时空范围为标准，幼儿园教育案例可分为偏于宏观的和偏于微观的两类。幼儿园教育案例写作涉及的对象可以大到一个地区、一个较长时期的幼儿园教育发展状况，也可以小到一个班级、一次教育活动、一个孩子的教育教学问题。

按研究的表述方式分，可分为偏于实践描述的幼儿园教育案例和偏于理论分析的幼儿园教育案例。幼儿园教育案例以叙事为主要方式，一般重在叙述、描写及说明，但也可以从某个特定的情境出发，展开较多的分析和议论。

按幼儿园教育案例写作的目的和功能分，也可分为理论验证型幼儿园教育案例、问题呈现型幼儿园教育案例、经验分享型幼儿园教育案例、知识产生型幼儿园教育案例等。

目前，比较常见的幼儿园教育案例分类标准是以幼儿园教育的内容特点为依据。按照这个标准，可将幼儿园教育案例分为幼儿园教育教学案例、幼儿园保育工作案例、幼儿园管理工作案例三大类。

从幼儿园教师研究的现状和需要看，还可以尝试按特定的研究对象来分类，如一次教育活动、一件事、一个人、一次活动，等等。这种分类在逻辑层面上有所交叉，但在一定程度上适应了教师的工作特点和研究思路，具有较强的针对性和实践性。

按幼儿园教育案例写作涉及对象来分，可将其分为以下四种类型。

1. 一次教学活动的案例

教学活动是幼儿园教育的主要途径之一，也是教师工作和研究的主要内容。一次教学活动作为一个相对完整的教育教学单位，比较集中地体现了教师在日常工作中所面临的各种教学问题，是教师开展案例研究十分合适的内容和对象。

教学活动的内容是非常丰富的，根据情境的特征和研究的需要，教师可以从不同的角度切入，以选择和确定恰当的研究范围和研究主题。这些观察和思考的角度包括：一次教学活动的整体设计与实施，如设计的思路、活动的基本过程、教学要点、教学效果等的研究；一次教学活动的某个环节或侧面，如教育过程的特定阶段、教学内容的处理调整、教师的教学行为、幼儿的学习方式等；教学活动中的意外或偶发事件，如幼儿的争吵或冷场阻碍了教育活动的进程、教师困窘于幼儿提出的难题等。

教学活动由活动前、活动中、活动后三个部分所组成。根据实际情况，可以把三个阶段作为一个完整的教学过程和研究对象，也可以有重点地研究其中的某一部分。比如，某节公开课前集体备课过程中的争议，或课后评课引发的不同议论和评价，都是很有价值的研究内容。尤其是评课阶段所反映的观点和观念的冲突，对于促进教师深入思考问题、提高专业水平，有十分明显的作用。

2. 一次游戏活动、节日活动、劳动活动、生活活动等的案例

除教学活动外，游戏活动、节日活动、劳动活动、生活活动等，都是幼儿园教育的重要组成部分。与教学活动相比，它们更具开放性、生成性及不确定性的特点。在各种教育活动的组织、开展和指导过程中，有许多值得研究的案例。

3. 一件事的案例

教师工作实际上是由一系列的事件所构成的，幼儿园教育中发生的每一件事都可以说是一个情境。在多彩而又繁复的幼儿园生活中，有一些事情会给教师以特别的印象，即使时过境迁，这些事情仍会留在教师记忆的深处，触动其情感和心灵。关注这些事件，教师就会发现许多值得思索和研究的内容，如一次与幼儿的对话、一次对幼儿的帮助、一次幼儿间冲突事件的处理、一次成功或失败的家访、一个教师面对自己失误或错误的场景、一个幼儿的作品等。

选择一件事作为研究的对象和内容，故事的生动感人常常是触发教师研究和写作动机的起因。这里需要注意的是，“生动”是叙事方式的一个基本特征，它是研究的一个起点，但不应是追求的最终目标。从幼儿园教育案例写作的角度看，案例研究水平的高低，或者说衡量好与不好的标准，主要还在于故事所蕴含的“教育意义”。

4. 一个人的案例研究

教育研究也是对人的研究。作为研究者的教师经常会对某个特定的对象予以特别的关注，并产生进一步了解和研究的兴趣。这个特定的对象可能是一个难以接近的孩子，也可能是一个有特殊天赋的资优孩子，还可能是本园一位成功或失败的教师。通过对这些对象的研究，教师可以从中发现、体会和借鉴许多有益的、宝贵的教育教学经验，如一条教育原则、一种教学风格、一套管理措施等。

把一个人作为研究对象，就需要对他有比较全面的了解，因此往往需要通过几件事或一系列事件来反映全貌。由于人的活动和经历往往是丰富和复杂的，而案例研究受主题和篇幅的限制，反映的事件并不是越多、越详细越好，因此，幼儿园教师还要依据一定的研究重点和研究对象的特点，选择较有代表性的事例来反映研究主题和研究结果。

自我描述内容

朱小娟

（教师画了一幅自画像，并对此进行解释。）

从我的装束中可以看出我的天真、活泼、直率。我的眼睛不大，但总是睁得圆圆的，以便认真观察，发现问题；我的耳朵总是处于警惕中，不断地倾听；我的大嘴总是说个不停，与家长交流；我长了八只手，忙着工作，忙着写东西，忙着拥抱孩子；我还有一颗容纳众多家长、孩子、同事的心……

分析：这是一名工作5年以上的青年骨干教师的自述。从这位教师的画像及语言描述中，可以看出该教师对工作积极主动，责任心非常强，她对工作、对幼儿有一种发自内心的爱。正是这份爱，使该教师能够认真关注孩子，发现问题；能够认真倾听家长的信息，给予反馈。但从该教师的自述中也能体会到，她在工作中总是处于一种很忙、很紧张的状态。她在自画像中画了圆圆的大眼睛去看，画了大大的耳朵去听，画了八只手去忙，画了一颗大大的心去爱……却唯独没有提及用大脑思考。此教师很具有代表性。多种调查显示，很多教师都是一天到晚忙忙碌碌的，工作显现出事务性的特点，十分缺乏思考。对于这些教师，应加强培养他们分析、研究、思考问题的意识与能力。

（四）幼儿园教育案例的撰写

每个幼儿园教育案例都是由它的内在结构和外在结构有机构成的。其内在结构包含五个要素（背景、主题、细节、结果、评析），但在具体写作时，五个要素并不是截然分开的，而是有机整合后以它的外在结构呈现出来。幼儿园教育案例的外在结构是幼儿园教育案例的表层结构，是五个要素在幼儿园教育案例中的外化形式。一般来说，幼儿园教育案例的外在结构包括三大部分：案题、案情、案析。我们在写作幼儿园教育案例时，既要深入思考它的内在结构，也要认真构建它的外在结构，要使两者有机结合起来。

1. 幼儿园教育案例的内在结构

（1）背景

案例中的事件发生在一定的时空框架之中，依托一定的背景。在案例的叙述中，对背景的交代之所以重要，是因为对案例中问题解决方法的分析、评判离不开背景，完整地把握事件的原委也离不开背景。背景的叙述可分为两个组成部分：间接背景和直接背景。所谓间接背景，是指与事件相关但关联程度并不直接的背景。所谓直接背景，是指直接导致事件发生、与事件联系甚为密切的背景。一些教师善于描述事件，但常忽略背景的描述，因为他们注意的焦点主要在问题的发生与解决上。实际上，背景的描述同样重要。背景不同，解决问题的方式与方法可能会有很大差异，并且幼儿园教育案例写完以后，读者在分析幼儿园教育案例时，也需要参照背景对解决问题的方法做出评论。在直接背景与间接背景的描述上，一般间接背景在前，略写；直接背景在后，详写。

撰写幼儿园教育案例的背景，要向读者交代故事发生的有关情况：时间、地点、人物、事情的起因等。比如，介绍一次幼儿园教育活动，就有必要说明这次教育活动是在什么背景情况下开展的，是有经验的优秀教师负责还是新手教师负责，是经过准备的“公开课”还是平时的“家常课”，等等。背景介绍并不需要面面俱到，重要的是说明故事的发生是否有什么特别的原因或条件。

（2）主题

幼儿园教育案例要有一个主题。写幼儿园教育案例，首先要考虑这个案例想反映什么问题，是反映对某个新理念的认识、理解和实践，还是说明教师角色如何转变，教师教的方式、幼儿学的方式怎样变化，或是介绍对新教育内容重点、难点的把握和处理，等等。写作时应该从最有收获、最有启发的角度切入，选择并确立主题。

（3）细节

有了主题，就要对原始材料进行筛选，有针对性地选择最能反映主题的特定的内容，把关键性的细节写清楚。要特别注意揭示人物的心理。因为人物的行为是故事的表面现象，人物的心理则是故事发展的内在依据。面对同一个情境，不同的教师可能有不同的处理方式。为什么会有各种不同的做法？这些教育教学行为的内在逻辑是什么？执教者是怎么想的？揭示这些，能让读者既知其然又知其所以然。在这个环节中，要讲明问题是什么、问题是如何发生的，问题可以和事实材料交织在一起。这是整个案例的主体，要详尽地描述，展现问题解决的过程、步骤以及问题解决中出现的挫折，也可以涉及问题初步解决成效的描述。

（4）结果

案例不仅要说明教育教学的思路、描述教育教学的过程，还要交代教育教学的结果——某种教育教学措施的即时效果，包括幼儿的反应和教师的感受，解决了哪些问题，未解决哪些问题，有何遗憾、打算、设想等。以“问题”为主线，有矛盾、冲突甚至“悬念”，才能引起读者的兴趣和深入思考。

（5）评析

评析是在记叙基础上的议论，表明对案例所反映的主题和内容的看法和分析，以进一步揭示事件的意义和价值。评析可以是自评，就事论事，有感而发，也可请专家点评、深化。通过对背景、问题、解决问题方法的描述，作者可以反思自身的教育教学行为，总结利弊得失和启示。

每个幼儿园教育案例都必须反映上述五个方面的内容。

2．幼儿园教育案例的外在结构

（1）案题

案题，即幼儿园教育案例的题目。好的题目能点亮读者的眼睛。教师在进行幼儿园教育案例写作时，要借助题目反映事件的主题或形貌。有些教师不给案例定题目，或者标题就叫“案例”，这就无法发挥用题目提供信息、反映主题的重要作用。案例既然是记叙性短文，它的题目就应该鲜明、生动、形象，而不应该是论述式、说理式的题目。

①两种确定幼儿园教育案例题目的方式。

- 用事件确定题目，即用案例中的突出事件作为标题，吸引读者进一步了解相关信息，如《对“××”事件处理的反思》《〈××〉教学片段及反思》等。
- 用主题确定题目，即把事件中包含的主题离析出来作为案例的标题，使读者把握事件要说明的是什么，如《宽容的力量》《呵护孩子那颗脆弱的心》等。

两种确定题目的方式都是允许的，也各有千秋。前者展示事件，吸引读者进一步了解相关信息；后者反映主题，能使读者把握事件要说明的是什么。

②确定幼儿园教育案例题目要注意的问题。

- 案例的题目要紧扣案例。提炼题目必须以案例为基础，题目要能涵盖案例的所有内容，并能表达案例所要表达的主要思想，题目不能脱离案例随意确定。
- 案例的题目要有新意。确定题目的角度要新颖，确定的题目往往是在意料之外，又在情理之中。如果在题目中体现主题，则应让读者看了题目就有看正文的欲望。

（2）案情

案情，即幼儿园教育案例的来龙去脉，也就是幼儿园教育案例发生的时间、地点、情节及其结果。如果说案题是幼儿园教育案例的眼睛，案情则是幼儿园教育案例的主体部分，也是整个幼儿园教育案例最具魅力的部分。介绍案情时要注意以下几点。

①情境完整。

幼儿园教育案例要写出事件发生的背景，即写出特定的时间、地点和条件，如教师和幼儿的基本情况、教育教学的条件、教育教学的环境等，要写出解决一个问题的全过程，要有一个从开始到结束的完整情节。

②取舍恰当。

幼儿园教育案例通常篇幅较短，要求文字简练。因此，情境介绍的主次要分明，在写作时要恰当取舍，尽量写好主要事件，精简那些与主题关系不大的内容。

③消除偏见，反映真实情感。

作者要正视自己可能对描述对象存在的偏见，既要反映真情实感，又不能陷于感情宣泄。

④可以是一个或多个案例，反映纵向的变化或横向的比较。

幼儿园教育案例描述可以是正面的，也可以是反面的；可以是完整的（如整个教育活动方案的内容，包括教学内容分析、幼儿分析、教学目标与总体构想、课堂实录等），也可以是片段的；可以是他人的，也可以是自己的；可以是一次教育活动，也可以是一项训练活动；可以侧重对教师行为的分析，也可以针对幼儿的表现进行分析；等等。

（3）案析

案析，即对幼儿园教育案例进行分析，具体地讲，就是用一定的教育理论、教育观念对幼儿园教育案例进行分析。案析的主要任务是评析幼儿的学习效果，反思自己或他人的教育理念，提炼教育教学经验与教训。分析时，教师要从教育活动的实际出发，把自己或他人的教育教学行为提升到新的教育理念的高度进行审视。对于案例所反映的主题和内容，包括教育教学的指导思想、过程、结果以及利弊得失，作者要有一定的看法和分析。评析是在记叙基础上的议论，可以进一步揭示事件的意义和价值。案析不一定是理论阐述，可以是就事论事，有感而发。这是对解决问题的方法的深入分析，阐明哪些遵循了教育规律，哪些违反了教育规律，应如何改进等，便于读者在以后的教育教学中引起注意和改进。

进行幼儿园教育案例分析时要注意以下几点。

①理论与实际紧密结合。

对幼儿园教育案例中描述的事实、提出的问题，要运用现代幼儿教育科学理论进行科学分析，力求提出解决具体问题的较好的措施。分析自始至终要紧扣案例，不能脱离案例本身去讲教育理论，要能找出案例的基本目的和主要问题，力求抓住要害，深入细致地进行分析。论述时要画龙点睛，把问题点明、道理说清，把主题揭示出来。

②分析务必实事求是。

幼儿园教育案例分析要有求实精神，不夸大、不缩小。分析要实在、有针对性，要讲关于这个幼儿园教育案例的具体的小道理，而不要讲永远正确的空洞的大道理。不要热衷于抄录教育理论，而要将教育理论的观点自然地融入分析之中。

③要有独到的见解。

同一件事，可以引发不同的思考。从一定意义上说，幼儿园教育案例的质量是由作者的思考水平决定的。因为，选择典型事件、揭示人物心理，都是从一定的观察角度出发，在一定的思想观点的引导下进行的。要从纷繁复杂的幼儿教育现象中发现问题、提出问题、解决问题，需要有一双“慧眼”。具备这样的功力没有什么秘诀和捷径，只有在不断的理论学习和长期的磨炼中去领悟和掌握。

④突出重点。

对于已写成的教育案例，要反复阅读，找出案例的基本目的和主要问题，深入分析。案例分析的文字一般为200~300字。

撰写教育案例之初，可能写得不好，因此，写作要求不能太高。只要能写出比较典型的案例并能清楚地描述就可以了。至于写案例分析，还可以适当降低要求，只要能把主要观点说清楚就行。如果能够循序渐进、坚持不懈地写下去，教师的幼儿园教育案例必定会越写越好，教师对幼儿教育理论的理解必定会越来越深刻，教师的业务素质必定会有较大的提高。

（五）进行幼儿园教育案例写作应该注意的事项

幼儿园教育案例写作是以讲故事的方式表达对教育的解释和理解。它不直接定义教育是什么，也不直接规定教育应该怎么做，它只是给读者讲一个或多个教育故事，让读者从故事中体会教育是什么、应该怎么做。进行幼儿园教育案例写作应该注意以下两点。

1. 平时要注意丰富幼儿园教育案例的素材

教师进行幼儿园教育案例写作，首先要有素材，才不会“巧妇难为无米之炊”。每一位教师在其教育教学生涯中，都可能会面对一些学习困难或心理适应困难的幼儿；所教的幼儿中，可能有些幼儿在某个领域学得较好，而在其他领域却显得薄弱；也有的幼儿会出现认知与情感发展不均衡的情况。诸如此类的事件，实际上都可以经过一定的思维加工，以案例的形式呈现出来，成为大家共同探讨的对象。

案例存在于教育事实之中，隐藏于教育现象的背后。只要存在着教育现象，并且这种现象中存在一定的问题，就存在着案例的素材。有的时候，好的案例是可遇而不可求的。因此，教师要做教育的有心人，处处留心学习、实践、积累，注意捕捉案例研究素材，为案例研究提供必备的基础。

教师除了关注自己的案例外，还可以发现和搜集其他教师或研究者撰写的不同教育教学情境中的案例。这种搜集工作可以发生在日常教研活动中，也可以发生在教师阅读教育著述的过程中，还可以发生在听课评课之际。

总之，只要有心，幼儿园教师搜集案例素材的渠道将是十分丰富的。而通过他人的案例得出自己的心得，如同把他人作为自己的“镜子”，能够为个人化的反思提供素材，这种“关注”的过程本身就是教师自我成长的很好途径。

2．幼儿园教育案例写作要有理论支撑

幼儿园教育案例写作不能没有故事，否则就不是案例研究。但在讲故事以前，必须首先弄清楚自己所述问题的教育理论背景和理论逻辑，明确在一个什么样的理论传统里研究和讨论问题。只有这样的案例才具有教育性，才有可能做进一步的分析提炼和理论概括，进而将案例一般化；否则，就会把案例研究变成单纯的讲故事，这样就会使案例研究失去其应有的价值和意义。因此，建议大家平时多学一些心理学和教育学的理论。

要写好幼儿园教育案例，教师首先要有实践的基础和经验的积累，其次要有一定的写作技能，更重要的是要加强幼儿教育理论学习，不断地进行实践探索。一篇好的幼儿园教育案例，可以胜过许多泛泛而谈。说到底，好文章不是“写”出来的，而是“做”出来的。

三、幼儿园教育经验总结的写作步骤与规范

幼儿园教育经验总结也是幼儿园教研成果的一种表述形式。下面在论述幼儿园教育经验总结的定义和要素的基础上，着重介绍其写作步骤和有关规范。

（一）幼儿园教育经验总结的定义

幼儿园教育经验总结，是指对自然状态下的一个完整的幼儿园教育过程进行分析和总结，揭示教育措施、教育现象和教育效果之间的必然或偶然的联系，发现或认识教育过程中存在的客观规律及其作用，为以后相同或类似的教育工作提供借鉴。

幼儿园教育经验总结中的经验可以是自己的经验，也可以是他人的经验；可以是一位幼儿园教师的教育经验，也可以是一所幼儿园、一个团体，甚至是一个地区的幼儿教育经验。

从性质来分，可以将幼儿园教育经验分为成功的经验和失败的经验（也叫作教训）。所谓成功的经验，是指幼儿园教师的教育实践活动符合教育规律而取得成功时他所获得的经验性认识。所谓失败的经验，是指幼儿园教师的教育实践活动违背教育规律而导致工作失败时他所获得的经验性认识。不论是成功的经验，还是失败的教训，在认识上都是有价值的。它们从不同的角度帮助幼儿园教师获得真知，特别是当两者相对照时，能更清晰地显示出教育规律所在。因此，幼儿园教师在总结教育经验时，不但要善于发现、挖掘成功的经验，揭示某些教育措施与良好的效果之间的内在联系，而且要正视失败的教训，探寻其缘由，以加强经验总结的深度和客观性。

当然，在具体的教育工作中，成功的经验与失败的经验经常是交叉、混杂在一起的。一位成功的幼儿园教师会有失败的经历，一位不太成功的幼儿园教师在某些方面也会有成功之举。因此，在总结幼儿园教育经验时，将成功者与不成功者的经验进行比较，以及将实践者自身的成败经验进行比较，都有十分重要的意义，也是十分必要的。

对于幼儿园教研来说，教育经验总结具有特殊的意义：一方面，教育经验上升到教育理论的高度，可以丰富和发展幼儿教育科学理论；另一方面，教育经验易于别人学习和模仿，具有较强的可接受性。每位幼儿园管理者和教师都可以总结自己的办园经验、教学经验、教育经验、保育经验，这不仅可以锻炼他们的教育研究素质，提高他们的教育研究水平，还可以指导他们自己的工作实践，有很强的实用性和推广价值。比如，如何教育那些任性、撒泼、攻击性较强的幼儿，这是一个令幼儿园教师非常头疼的问题。北京市特级教师琚贻桐老师将其教育这类幼儿的经验总结为：深入了解教育对象的个性特点，进而紧紧抓住情感这条线，激发幼儿爱的情感，创设情境来引导儿童，把握教育时机，不断提高要求。她还将其经验总结提升为爱的教育理论，并在亚太地区幼儿教育研讨会上做了报告。她的这些经验经科学总结，丰富了幼儿教育理论，对其他幼儿园教师应对类似的教育问题也具有指导意义。

（二）幼儿园教育经验总结的要素

要撰写幼儿园教育经验总结，教师必须尽量详尽地收集幼儿园教育实践的有关材料（含经验本身），建立可靠的幼儿园教育经验总结的理论支撑点，并且提炼出幼儿园教育经验的主题，揭示幼儿园教育经验的运行机制。理论性幼儿园教育经验总结要具有这些要素，综合性幼儿园教育经验总结也要向这方面看齐，即使是描述性幼儿园教育经验总结，也应在这方面努力。

1. 详尽地收集幼儿园教育实践的有关材料

幼儿园教育实践是幼儿园教育经验总结的主要基础。经验总结必须以实践为依据，从特殊到一般，从个性到共性。因此，详尽地收集幼儿园教育实践的有关材料是幼儿园教育经验总结的第一任务，是有效地归纳、概括幼儿园教育经验总结的前提。

（1）根据材料内容分类

按材料内容所起的作用，材料可分为效果性材料与溯因性材料。前者是用来描述幼儿园教育实践效果的材料，后者是能解释其效果产生原因的材料。溯因性材料形成的基础之一是对效果性材料所起作用的深入分析，在未得到实际证明之前，它只是一种假设。

（2）根据材料来源分类

按材料的来源分，幼儿园教育实践的有关材料又可大致分为三类。

①现成的文字、音像与实物材料。

它包括幼儿园教师的教育活动计划、著作论文、经验总结、工作总结等。这类材料比较容易收集，大体能反映教师教育活动的基本轮廓、活动的效果，并能提供一些数据，供研究人员分析。

②幼儿园教育现场活动的观察材料。

幼儿园教师应直接深入幼儿园教育现场，采集第一手幼儿园教育活动材料。这些材料一般表现为幼儿园教育活动过程记录、录音、录像等。这些材料生动具体，深刻反映了幼儿园教师的教育经验和教育特色。

③调查材料。

调查材料即调查访问幼儿园教师时的谈话、记录，以及园领导、同事、幼儿、幼儿家长的反映等，这类材料综合性强，既含有评价意见，又含有较深入的探讨，是进行幼儿园教育经验总结的重要依据。

幼儿园教育实践有关材料的收集与积累必须坚持客观真实性原则，不能按事先构思好的框架去挑选一些事实来证明某些观点，更不能为了证明自己的观点而改变事实材料的本来面目。幼儿园教师应当根据获得的材料构思经验总结的主题，再初步确定主题，然后进一步补充搜集有关的材料。若经验总结的目标、主题不够明确，搜集材料时更要注意完整、全面。

总之，经验事实的发现和收集非常重要，越全面越好。离开了具体的经验事实，教育经验总结只能是空中楼阁。

2. 建立幼儿园教育经验总结的理论支撑点

幼儿园教育经验总结要依据事实，但绝不是事实的简单堆砌，因为事实的叙述只能告诉人们“是什么”，而教研则更注重解决“为什么”的问题。对幼儿园教育经验总结进行合理的解释，需要有科学理论（包括哲学、逻辑学、教育学、心理学、系统论等）的指导和支撑。应用科学理论，对大量具体的幼儿园教育经验进行分析，做出合理的解释，能使人们不仅从幼儿园教育的具体操作上掌握这些经验，而且能从教育理论上加深对这些经验的理解。笔者在1995年第6期《学前教育研究》上发表的《谈幼儿园数学教学中的引导发现法》，就是以教育心理学中的“发现学习理论”指导幼儿园数学教学实践的经验总结，没有“发现学习理论”的指导，就很难形成系统化的操作体系。

许多幼儿园教师在经验总结中常常缺乏相关理论的支持，因此他们的经验总结报告往往是针对题目列出几点具体的措施，再将大量的实例纳入其中。比如，《谈谈如何在日常生活中培养幼儿的创新意识》一文，其作者指出，在日常生活中培养幼儿的创新意识必须要做到第一点、第二点、第三点……每一点都配有大量实例——“我在日常生活活动中是这么做的”……例子介绍完了，阐述也就结束了。这类经验总结，除了让读者了解到一些具体做法之外，没有任何意义。实际上，幼儿园教育经验总结，不但要写自己做了什么，更重要的是要写为什么这样做而不那样做，这样做有什么理论依据，从具体实例的阐述上升到科学的理论高度，还要指出有什么创新和突破，等等。幼儿园教育经验总结要力求发现教育教学中那些有待发现的规律，而不只是停留在具体经验的堆积和介绍上，这些规律是应该具有某些普遍性和超前性的，应该对实践具有某种指导意义。

3．提炼幼儿园教育经验的主题

幼儿园教育经验的主题，贯穿于某项幼儿园教育经验形成的全过程，是在幼儿园教育实践过程中起主导作用的，反映该项幼儿园教育经验本质特征的理论认识。通常，它体现为一种教育思想、观念、原则或方法论。

提炼幼儿园教育经验的主题，是整个幼儿园教育经验总结过程中重要的一环。没有明确的主题，经验容易总结成事实的堆砌，不能反映经验的本质。经验总结的主题明确，才能纲举目张，使幼儿园教育的具体经验形成一个活生生的、有机的整体，才能使人们从一大堆幼儿园教育实践中把握经验的“灵魂”，便于别的幼儿园教师领会它的精神实质，而不仅仅停留在机械的模仿经验的具体操作阶段，也只有这样，才有利于进一步完善原有的经验。确定一个经验的主题，对总结材料的收集、整理、取舍以及对经验总结报告的撰写还将起到主导作用。主题不明确，在对大量的事实材料进行取舍、增补时，在总结报告撰写过程中组织材料、分析问题时，幼儿园教师都会感到困难。因此，在总结的过程中，提炼经验的主题占有极为重要的地位。

提炼幼儿园教育经验的主题，必须以有关的实践材料为基础，找出各种材料中集中反映的思想。在提炼主题的过程中，还必须善于舍弃一些与主题关系不大的事实材料。

在实际的幼儿园教育经验总结中，关于经验的主题有两种情况：

一种情况是经验创造者在幼儿园教育实践活动之初或之中就有比较明确的教育思想、观念、原理、策略或原则，也就是说，经验的主题是已经明确的。在这种情况下，经验总结的工作主要是完善经验的主题。

另一种情况是经验创造者在幼儿园教育实践中没有较明确的思想、观念、原理、策略与原则，或者说其行为是基本处于类似下意识的状态。这时，经验总结者的工作主要是发现和准确而不夸张地提炼出经验的主题。目前，相当多的幼儿园教育经验总结属于后者。

4．揭示幼儿园教育经验的运行机制

机制，原指机器的构造和动作原理。幼儿园教育经验的运行机制，是指引起幼儿园教育活动发生、发展、变化的各种要素间的相互联系和相互作用的方式。

由于这种联系和作用方式是动态的，因此称其为运行机制。先进的幼儿园教育经验产生于又必然要再次应用于大量的幼儿教育实践活动。因此，幼儿园教育经验总结就应该包含这些实践活动的运行机制。这就要求经验总结者能够清晰地揭示出这些运行机制。

总结幼儿园教育经验的根本目的，是从经验的形成和发展过程中发现教育规律，提高教师掌握和运用教育规律的自觉性。幼儿园教育是一个复杂的过程，不是一个单一的因果关系，而是幼儿园教育的环境、条件、机制、功能、结果等诸多因素间的复杂联系。只有这样分析问题，才能真正认识幼儿园教育规律。揭示幼儿园教育经验运行机制的过程也是将幼儿园教育经验上升为教育理论的过程，这是总结幼儿园教育经验中的一个重点与难点，经验总结者必须给予足够的重视。揭示幼儿园教育经验运行机制的另一个目的是便于经验成果的推广与应用。

（三）幼儿园教育经验总结的方式和步骤

幼儿园教师个人与幼儿园在进行教育经验总结时的方式和步骤也各不相同。

1．幼儿园教师个人教育经验总结的基本方式

幼儿园教师个人教育经验总结可归纳为以下五种基本方式。

（1）将先进的理论、观念转化为教育经验技能

幼儿园教师总是自觉不自觉地在某些教育理论和教育观念的影响或支配下从事教育实践活动。事实上，任何一种理论都必须经过思维这一中间环节才能与教育实践活动、教育客观对象发生联系，理论只有转化为经验技能才能真正应用于实践。笔者发表在2000年第7/8期《山东教育》上的《幼儿园数学教学中如何“为迁移而教”》一文，就是用心理学中的“迁移理论”指导幼儿园数学教学后的经验总结。

这种经验总结的主要环节可描述如下。

第一步，对照先进理论或观念找出或制定与之相符的目标、内容、方法或策略，形成某种操作体系。

第二步，结合个人自身特点、具体的教育对象和教育环境，把新的操作体系付诸实施。

第三步，观察实施效果。若与先进理论的预期相符，则证明理论正确、有效，实践者本人也在此过程中获得了由理论转化而成的教育经验技能。若不符，则说明操作体系存在着问题。当然，我们不能轻易地否定理论，而应该反复验证。

另外，平时我们在读书或听讲座时，常常会产生一些联想，从而把平时未曾认识到的经验总结出来。所以，理论学习也是一种挖掘自己潜在经验的重要途径。

（2）从实践中发现问题，尝试改进，及时总结

幼儿园教师在教育实践中，总会遇到这样那样的问题，面对这些问题，他们总是尝试通过种种办法去解决，包括通过一些具有创新意义的办法，这些尝试总会有成功、有失败，但无论成功还是失败，教师都要及时地对它们进行反思和总结，不断地完善自己的工作，提高工作的质量。

多想、多写有利于我们对自己已有的经验进行梳理和系统化。

（3）学习引进他人的经验，产生新的经验的总结

他人的先进教育教学经验要变为自己的实践和经验，需要一个再创造的内化过程。在将别人的经验变为自己的实践知识和技能的过程中，我们也会产生许多新的经验。

（4）从灵感顿悟中产生新的经验

有些潜在教育经验的出现往往很突然，或者是幼儿园教师受到外界的某种刺激而产生灵感，顿悟出一些经验和道理。灵感顿悟主要来源于以下三个方面。

- 自己工作、生活中的感悟以及与同行、幼儿、幼儿家长交往中的感悟，包括新的看法、新的体验、让自己感到吃惊或感到奇怪的事物、让自己心动的观点。
- 看书、看报时的感悟。
- 灵感火花。

灵感顿悟是长期思考的结果。顿悟灵感的产生有突发性，这是不为人的意志所控制的，它随时都有可能产生，并且很容易消失，即“来不可遏，去不可止”。所以只要有顿悟灵感出现，就应立即抓住它，否则，一旦失去就找不回来了。为了能随时随地将产生的灵感记下，幼儿园教师在办公室、口袋、床头、沙发等地方都应放一些小纸片。顿悟灵感对经验总结很重要。

（5）点滴归纳，自觉总结

幼儿园教师在教育实践中总会产生这样那样的经验，当某方面的经验积累到一定程度的时候，就可以将其归纳和系统化，进而形成比较有价值的经验总结报告。比如，笔者在《广西教育报》上发表的《操作活动与幼儿数学能力的发展》就是笔者在幼儿园见习中观察幼儿园组织的“操作活动”而写成的。

2．幼儿园教育经验总结的主要加工形式

幼儿园教育经验总结的加工形式主要有以下四种。

（1）从分散到集中

从分散到集中，即将分散在各个环节、过程、实践中的幼儿园教育经验通过总结得到集中，使其成为系统有序的组合，使人们更容易了解和把握。

（2）从实践到理论

从实践到理论，即通过总结把蕴含在具体的幼儿园教育实践经验中的某些规则、原理挖掘出来，使人们从理论的高度来接受经验。

（3）从执果到寻因

幼儿园教育经验往往体现于实践结果，总结应以结果为起点，回过头来追寻其取得成功的原因，找出其必然性和规律性。比如，发现某方面的教育工作做得特别好，然后去分析自己是怎样做的，再去研究为什么这样做效果就会好，就属于执果寻因的一种经验总结。

（4）从局限到扩展

幼儿园教育经验产生于特定的环境，没有普遍性但有一定的代表性，通过总结可以尽量扩大其适用范围，从而增大其价值。

3．幼儿园教育经验总结的操作步骤

幼儿园教育经验总结的操作一般包括下述七个步骤。

（1）发现先进的幼儿园教育经验

幼儿园教育经验总结一般由发现先进的幼儿园教育经验开始。幼儿园教师本人、教研组或幼儿园自身，如果认为本人、本组、本园的保教工作做得很好，即可对其进行总结，从而发现先进的教育经验。一般而言，先进的教育经验有以下一

些特征。

①高成效性。

先进的幼儿园教育经验显示较高的教育成效，即幼儿园教师开展的教育活动成绩突出、效益显著。衡量某一教育经验是否有高成效性，可以通过以下四个方面。

- 它能够高质量地促进幼儿的全面发展，不仅促进幼儿掌握知识，还促进幼儿能力的发展；不仅促进幼儿智力因素的发展，还促进幼儿非智力因素的发展。先进的教育经验可能集中于教育的某一侧面或教育过程的某一环节，对于达到教育的某一阶段目标或具体目标特别有效。同时它还应有利于教育方针的全面贯彻，有利于受教育者的身心健康发展。牺牲其他方面的正常发展而求得某一方面的成效或一时成效的经验，不是高成效的经验。
- 同一般经验相比，先进的教育经验有利于教师和幼儿以最少的时间、精力、财物等的消耗，取得较大的教育成效。
- 先进的教育经验不仅有利于幼儿当前的发展，而且有利于幼儿的可持续发展。
- 高成效性是先进教育经验的生命力所在，是这些经验能够被人们接受、效仿从而产生更广泛的实际效益的基础。

②新颖性。

先进的幼儿园教育经验具有较新的内容或形式，与一般幼儿园教师的认识相比，层次更高，认识更深刻，或较原有的认识有所发展。先进幼儿园教育经验的新颖性主要有以下三种表现。

- 它是在解决幼儿园教育实践中产生的新问题时所形成的经验。由于问题是不曾有过的，因而获得的经验具有新颖性。
- 对于幼儿园教育实践中的一些老问题，教师在先进的教育观念、教育思想的指导下，通过新的途径、采用新的方法和手段加以解决时形成了经验。由于其与以往的经验相比有所创新和发展，因而具有新颖性。
- 幼儿园教师根据对未来社会、教育以及幼儿园教育的发展趋势，做出对幼儿园教育改革和发展的预测，并在幼儿园教育实践中进行大胆的探索和尝试，形成了经验。因为这类经验有着超前的意义，所以具有新颖性。这样的经验总结在教育理论上有贡献，在实际操作上有指导意义。

衡量幼儿园教育经验是否具有新颖性，离不开一定的时空条件。在一定时期、一定地区具有新颖性的教育经验，在另一时期、另一地区就不一定新颖，反之亦然。因此，要创造新颖的教育经验，就必须不断探索。同时，幼儿园教师只要从当时当地的实际出发，或创造或借鉴，努力追求教育的高成效性，就可能形成具有新颖性的教育经验。

新颖的幼儿园教育经验的形成，往往与实践者教育观念的转变、更新、发展有关。先进的幼儿园教育经验对于人们转变教育观念、适应时代要求能起到重要的引导作用。新颖性是先进教育经验能够有力地推动教育改革、为丰富和发展教育理论做出贡献的重要保证。

③可接受性。

先进的幼儿园教育经验较易被广大幼儿园教师接受，能被他们在教育实践中加以运用。追求幼儿园教育的高效益，是广大幼儿园教师的共同愿望；对富有启发性的新观念、新方法产生兴趣，是大多数幼儿园教师所共有的心态。因此，具有高成效性和新颖性的经验，容易被广大幼儿园教师接受。除此之外，可接受性强的幼儿园教育经验还应具有以下特点。

- 它较好地解决了当前幼儿园教育实践中普遍存在的、广大幼儿园教师关心并试图解决的问题。这时形成的经验可接受性强，容易推广。
- 经验的创造者本人的身份具有普遍的代表性，且经验形成时没有特殊的环境和条件。幼儿园教师在接触这种经验时，就会觉得别人能做得到的，自己也能做得到，因此这种经验容易被大多数幼儿园教师认可和接纳。
- 操作性强，方法简单明了、具体。比如，从经验中归纳出操作要点，形成若干口诀，提供一些实例，这样的经验容易学、容易理解、容易仿效，可接受性就比较强。

可接受性对于先进的幼儿园教育经验在广大教师中传播，以及在普通的教育条件下被学习运用具有重要的现实意义。提高幼儿园教育经验的可接受性，既是经验创造者的任务，也是经验研究总结者的任务。

④有相对的稳定性。

先进的幼儿园教育经验经得起教育教学实践和理论的检验，符合教育规律，其适用性应是较稳定持久的。短期效果好而长期效果欠佳的，不能被认为是高成效的经验。相反，有些幼儿园教育措施的效果在短期内不能充分显示或不能被人们充分察觉，但随着时间的推移，它的积极作用日渐显露，后效很好，这类经验就是先进的幼儿园教育经验，值得重视和总结。

（2）制订进行总结的工作计划

在确立课题、成立课题组之后，幼儿园教师就要根据对该经验的大体了解，构思经验总结的主要方向、思路、内容、方法、步骤、人员分工等，然后将以上的思考落实为一个进行该经验总结的工作计划。即使课题组只有一位幼儿园教师，或只有经验创造者自己，这一步也是不可少的。

（3）收集与幼儿园教研主题相关的经验材料

收集事实与材料，要围绕与经验创造者有关的人物和事件，要侧重于已确定的对该经验的总结方向。收集的材料，可以是经验创造者本人从事幼儿园教育活动的现成文字、音像与实物材料，也可以是在经验创造者从事幼儿园教育活动的现场取得的观察材料，还可以是从其他途径得到的调查材料。若经验创造者本人现成的事实材料不多，那么现场的观察材料与调查材料就更为重要。一般规模较大些、层次较高些的幼儿园教育经验总结，需尽量取得上述三个方面的材料，并对收集到的材料及时登记、整理与汇总。调查材料中应含有能对该经验的实际效果进行评价的客观性材料。

（4）学习有关的理论

要对反映幼儿园教育经验的所有事实进行正确的概括、做出合理的解释，必须学习有关的教育理论，寻找并确立确切可靠的幼儿园教育经验的理论支撑点。

（5）整理分析相关的事实材料

对相关材料中的数据性资料，要整理制成统计图表。典型事实可以制成卡片，详细记述事实发生的过程与变化。然后，要对材料进行分类、集中，写出提要或主题词，以供进一步分析和研究。

（6）提炼幼儿园教育经验的主题，揭示经验的运行机制

这一环节是幼儿园教育经验总结的关键，其有关的概念和内涵已在前文提过。

（7）撰写幼儿园教育经验总结报告

撰写幼儿园教育经验总结报告时，幼儿园教师要依据客观的事实和教育理论先构建一个总体框架。经验总结报告应从事实出发，讲清经验的实施；要根据经验的主题，充分展示经验的运行机制。

（四）幼儿园教育经验总结的一般结构

幼儿园教育经验总结一般包括以下四个部分。

- 对某一阶段的幼儿园教育工作进行简单回顾，使读者对情况的前前后后有个清晰的印象；也可谈谈与该经验所针对的问题有关的理论背景或现实背景，从而增强该经验的意义和价值，并引起读者的注意。
- 描述工作中的主要教育措施、实施情况及主要教育结果。在幼儿园教育实践中做过的具体工作可能很多，在这一过程中也会出现许多情况，这些都是总结的素材，但总结进文章的应是经过精心选择的。
- 对措施与结果之间因果关系的认识与讨论。先进的幼儿园教育经验之所以有效，其重要原因是它符合心理和教育规律。尽管幼儿园教师在工作实践中有时不一定有意识地运用这些规律，但总结时则有必要从理论的高度来分析思考这些事实或现象的原因、意义、作用，找出它们之间的联系和规律。对于先进的幼儿园教育经验，如果仅仅直接做现象的描述，则较难迁移、推广，必须通过理性思辨，对其做科学的总结。
- 对如何在今后的幼儿园教育工作中发扬成绩、克服缺点的想法和建议。这部分无须多费笔墨，稍微谈谈即可。如果没有这方面的考虑，或者从整个文章的思路发展来看，无须这方面的内容，也不必勉强加上这个结尾。

幼儿园不同教育经验总结报告的结构

一、描述性幼儿园教育经验总结报告的结构

描述性幼儿园教育经验总结报告有两种常见结构。第一种，其结构为幼儿园教育实践活动的过程、效果与体会三大部分；第二种，其结构只涉及幼儿园教育实践活动的过程，主要描述活动的内容、程序、方法等。

第一种结构

(1) 某次幼儿园教育实践活动的目的或必要性，即问题的提出。

(2) 此次幼儿园教育实践活动的过程。

(3) 此次幼儿园教育实践活动的效果。

(4) 此次幼儿园教育实践活动的体会。

第二种结构

(1) 某次幼儿园教育活动的第一阶段活动。

(2) 此次幼儿园教育活动的第二阶段活动。

(3) 此次幼儿园教育活动的第三阶段活动。

……

二、综合性幼儿园教育经验总结报告的结构

综合性幼儿园教育经验总结报告也有常见结构。第一种，其结构为某类或某方面幼儿园教育活动的指导思想、基本程序、基本做法及操作过程的关键、运用范围或条件、优越性及举例等；第二种，其结构只涉及幼儿园教育活动的基本阶段或做法。

第一种结构

(1) 某类（或某方面）幼儿园教育活动的指导思想。

(2) 组织此类（或此方面）幼儿园教育活动的基本程序、基本做法及操作过程的关键。

(3) 组织此类（或此方面）幼儿园教育活动的运用范围或条件。

(4) 组织此类（或此方面）幼儿园教育活动的优越性。

(5) 组织此类（或此方面）幼儿园教育活动的例子，也可插在 (2) 中。

第二种结构

(1) 某类（或某方面）幼儿园教育活动的第一阶段活动（第一种做法）。

(2) 此类（或此方面）幼儿园教育活动的第二阶段活动（第二种做法）。

(3) 此类（或此方面）幼儿园教育活动的第三阶段活动（第三种做法）。

……

三、理论性幼儿园教育经验总结报告的结构

理论性幼儿园教育经验总结报告的常见结构也有两种。第一种，其结构为幼儿园教育经验的概述、效果与特色、理论思考分析、实践操作分析、产生与发展、价值与意义等；第二种，其结构只包括幼儿园教育经验理论思考分析与实践操作分析。

第一种结构

(1) 对某种幼儿园教育经验的概述（背景、目的、时间、对象、方法手段与过程等）。

(2) 该幼儿园教育经验的效果与特色。

(3) 该幼儿园教育经验的理论思考分析。

(4) 该幼儿园教育经验的实践操作分析。

(5) 该幼儿园教育经验的产生与发展。

(6) 该幼儿园教育经验的价值与意义。

第二种结构

(1) 对某种幼儿园教育经验的理论思考分析。

(2) 该幼儿园教育经验的实践操作分析。

使用第一种结构时，如果想突出所总结经验的意义，可在“概述”中给出简明和较抽象的叙述；较细致的具体讨论和对应用推广的设想则仍放在最后一部分。

（五）幼儿园教育经验总结的表达形式

幼儿园教育经验总结包括总结活动方面与总结认识方面。前者偏重于“经历”——感性方面，后者偏重于“体验”——理性方面。于是，幼儿园教育经验总结在写法上就有偏重于何者的不同。有人根据这种不同，把幼儿园教育经验总结分为三种表达形式或写法。

1．描述性写法

描述性写法重“经历”轻“体验”，着重描述或说明亲身经历中成功的或感受深刻的环节、步骤等，在描述经历的基础上对成功之处的体验加以概括，包括这些环节和步骤的意义、作用或所体现的某些原则、规律，给人以启示。该写法多用于写一事一得或多事一得，适用于总结亲身经历的一次或几次有意义的教育教学活动。这类总结在理论、方法上要求不高，与教育教学实践联系紧密，因此很适合幼儿园教师用于开展教研活动。但它的作用很明显地受到具体时间、环境、条件的限制。

2．概括性写法

概括性写法轻“经历”重“体验”，往往着重从多次经历的实践中概括出共同的原则、方法。这些原则和方法是在归纳了实践中取得良好效果的共同环节、步骤后得到的。撰写时要结合描述这些环节、步骤来予以说明。概括性写法多属于多事一得或多事多得，适宜于总结一段幼儿园教育教学实践。作者通过对幼儿园教育教学实践中有意义的环节、步骤、方法等加以分析研究，概括出解决某一类问题的原则、方法、途径。这种概括由于是基于多次经历获得的，所以能在一定程度上摆脱具体情境的局限，具有一定的普遍性。

3．论述性写法

论述性写法是在概括性写法的基础上，超出具体的“经历”和“体验”的范围，运用一定的教育理论，对概括出的原则、方法、途径等做系统的分析、阐述，并揭示其所蕴含的深刻道理。总结中也描述一些具体的事实，但只是将其作为论证某些观点、原则的材料。论述的经验是在多次反复实践的基础上形成的。只有从多次反复实践中概括出来的原则、方法、途径才更具有一般性，这种一般性就是理论概括的特色。这种写法已完全摆脱具体实践环境与条件的局限，具有普遍性与更广泛的应用价值。

从以上分析可见，这三类总结在普遍性和理论层次上的差别，归根结底是源于其所总结的幼儿园教育经验在数量上的差别。幼儿园教师应该不断地积累和丰富自己的教育教学和保育经验，并根据自己的经验选择适当的经验总结方式。

下面是笔者整理的幼儿园教师可投稿的部分期刊的投稿邮箱和开设主要栏目(见表6-3)，供大家投稿时参考。

表6-3　幼儿园教师可投稿的部分期刊

期刊名称	投稿邮箱	开设主要栏目
《学前教育研究》	xqjyyj@163.com	学前教育基本理论，学前教师教育与专业发展，儿童早期学习与发展，学前教育课程与教学，学前教育管理与政策，幼儿园教科研
《教育导刊》	jydk@163.com	教改聚焦，理论探索，调查与分析，课题研究，课程与教学，教师发展，比较与借鉴，管理与评价，德育与心理，高教研究
《学前教育》	xqjywww@163.com（视界、教研、家园），xqjy202@126.com（诊断、管理），2955610533@qq.com（话题、课程、启蒙者），liyuan259@126.com（童心、技能、随笔）	视界，专题，专栏，每月话题，诊断，教研，课程，童心，技能，话题，管理，家园，启蒙者，随笔
《幼儿教育（教育科学版）》	yejyjkb@126.com	热点聚焦，课程与教学，课题研究，儿童发展，管理论谭，教师教育，家庭与社区教育，家园互动，研究综述，国外教育
《早期教育（教育科研）》	zqjy28_427@163.com	观点论述，政策与管理，教师发展，儿童发展，课程与教学，家庭与社区
《当代学前教育》	ddxqjy@163.com	长江幼教评论，专题研讨，理论思考，实践探索，名家专栏，名师访谈，家园共育，托育天地，观点辑录
《上海托幼》（教师刊）	shtuoyou@163.com	专题，人物，学者视线，论苑，案例，探索与实践，教研园，相约名师
《幼教园地》（山东教育·幼教刊）	yjyd111@163.com	经验荟萃，教养随笔，幼教人心语，教科研，活动案例，管理之窗，游戏与玩具，家庭教育，百草园

（续表）

《儿童与健康》	youjiaocankao@foxmail.com	保健保育课堂，心理健康，经验交流，亲自然玩与学，案例面面观，家园共育园地，游戏化活动，教育札记
《今日教育（幼教金刊）》	yjjk@vip.163.com	教师成长，管理，家园，游戏，课程，教学，活动设计，学习故事，地域，问诊策略，教研，区域
《幼儿教育研究》	youerjiaoyu@yeah.net	学术论坛，专题·区域活动，专题·微课程，专题·家园共育，专题·教师专业成长，专题·体育活动，专题·科学教育，专题·美术教育，专题·教研活动，专题·幼儿园音乐教育
《保育与教育》	baojiao@vip.163.com	人物，绘本观察，戏剧教育，0~3岁保育与教育，美术馆，外面的世界，研究·视野，课程故事，管理·教研，实践探索，活动方案
《幼儿100（教师版）》	youeryibai@163.com	资讯，专题，探索与实践，案例与分析，教研，家园共育，教师手记，课程
《幼儿美术》	youermeishu@qq.com	新理念，课程，原创，材料，环创，绘本，艺术中的故事，话题，圈内动态

主要参考文献

[1] 陈炳玉．自荐式开课：园本教研的新模式［J］．教育导刊：下半月，2010（11）：59-60．

[2] 崔岚，黄丽萍．如何当好教研组长：幼儿园教研组长最新工作手册［M］．上海：华东师范大学出版社，2011：157-158，162-169．

[3] 董旭花．园本教研主持人的角色定位和素质要求［J］．幼儿教育：教育科学，2009（Z6）：54-57．

[4] 方舟子．如何避免学术不端行为［N］．中国青年报，2007-02-14（010）．

[5] 符春梅，张艺毅．以主题教研活动为抓手，促进教师专业发展［M］//卢筱红．一路走来：园本教研在江西．南昌：二十一世纪出版社，2010：131-135．

[6] 高巧珍，陈雁，邓大庆，等．幼儿园周教研活动计划范例［J］．早期教育，2001（12）：27-29．

[7] 戈柔．入乎其内，出乎其外：浅谈园本教研共同体中园长应有的两种境界［J］．学前课程研究，2009（Z1）：102-104．

[8] 韩莹，黄忠．立足园本教研　促进教师成长［J］．早期教育：教师版，2010（1）：52．

[9] 黄芳．园本教研制度建设初探［J］．厦门教育学院学报，2007（2）：63-66．

[10] 黄志敏，黄子强．园本教研中教师主体性问题浅析［J］．山东教育：幼教版，2007（Z6）：9-11．

[11] 姜瑛俐．园长推动园本教研有效开展的策略［J］．当代学前教育，2013（4）：4-5．

[12] 金晓茹．园长在园本教研中的角色定位［J］．课程教材教学研究：幼教研究，2012（1）：2-3．

[13] 李冰．情境再现式园本教研：如何与家长进行沟通［J］．早期教育：教师版，2010（9）：38-39．

[14] 李艳艳，李琳．我们喜欢这样的教研活动［J］．早期教育，2006（5）：25．

[15] 刘旭东. 园本教研的策略与方法[M]. 重庆：重庆出版社，2008：12.

[16] 毛敏华. 构建园本教研文化 引领教师专业成长[J]. 教育导刊：幼儿教育，2010（6）：69-71.

[17] 莫源秋. 从心理需要的角度透视幼儿的心理行为问题[J]. 上海托幼，2000（5）.

[18] 莫源秋. 开展幼儿园教研活动应有的放矢[J]. 幼教博览，2010（5）：8-10.

[19] 莫源秋，韦凌云，等. 幼儿教师实用教育教学技能[M]. 北京：中国轻工业出版社，2013：215-221.

[20] 莫源秋. 幼儿园教育研究新探[M]. 南宁：广西人民出版社，2007：3-8，161-175.

[21] 母秀莉，申毅，邓伟莲，刘萍. 浅谈业务园长在教研管理中的主要任务[J]. 山东教育：幼教版，2000（5）：18-19.

[22] 彭兵，谢苗苗. 幼儿园园本教研活动实施的策略[J]. 学前教育研究，2010（3）：58-63.

[23] 彭陈莲. 同课异构异彩纷呈 异曲同工殊途同归：对“同课异构”教学教研方式的探究[J]. 中学政治教学参考，2014（10）：29-30.

[24] 彭林. 立体构筑幼儿园教研活动 提升体验式教研成效[J]. 学周刊：学前教育，2021（20）：175-177.

[25] 彭奇志. 设计和组织园本教研的基本策略[J]. 教育导刊：幼儿教育，2011（8）：63-65.

[26] 石艳，潘虹岚，于玲. 促进教师专业成长的园本教研管理[J]. 学前教育研究，2010（4）：63-66.

[27] 谭曼娜. 浅议园本教研中园长的角色定位[J]. 学前教育研究，2005（5）：31-32.

[28] 万迪人. 现代幼儿教师素养新论[M]. 南京：南京师范大学出版社，2002：27.

[29] 翁丽红，吴艳青. “会诊式”园本教研，助推教师在实践中成长[J]. 幼儿教育研究，2018（2）：57-59.

[30] 严碧芳. “会诊式”教研值得推广[J]. 福建教育，2016（12）：14-16.

[31] 严婧. 园本课程开发下幼儿教师的反思研究——以幼儿园“审美性”阅读课

程为例［D］．上海：华东师范大学，2014：32-34．

［32］杨凯红．园本教研中有效主持的基本策略［J］．教育导刊：幼儿教育，2007（5）：32-33．

［33］叶南燕．幼儿园会诊教研模式的构建［J］．新课程，2015（1）：178．

［34］翟清．幼儿园实现园本教研的方式与途径［J］．考试周刊，2009（30）：231-232．

［35］张惠珍．园本教研中的角色分析——由一次“有效提问”研讨活动所引发的思考［J］．学前课程研究，2009（Z1）：110-112．

［36］张琼，等．园本教研新视角［M］．广州：暨南大学出版社，2012：11-15．

［37］赵虹．例谈案例式园本教研的组织与实施［J］．教育导刊：下半月，2015(6)：74-75．

［38］周洁．让教研与教师的体验“相遇”：幼儿园体验式教研活动的实施与思考［J］．早期教育：教育教学，2020（1）：22-24．

［39］朱家雄．幼儿园园本教研再议［J］．教育导刊：幼儿教育，2006（6）：4-6．

［40］邹尚智．校本教研指导［M］．北京：首都师范大学出版社，2010：1-2，14-18．